SCM
R.Brockhaus

Edition C Bibelkommentar
Altes Testament

Band 26

Herausgegeben von:
HELMUTH PEHLKE

unter Mitwirkung von
Ralf Albrecht
und
Walter Hilbrands

JULIUS STEINBERG

Das Hohelied

SCM

Stiftung Christliche Medien

Titelbild: Jesaja-Rolle vom Toten Meer, 2. Jh. v.Chr.
Foto: Prof. J.C. Trever / © A. Schick – Bibelausstellung Sylt
Mit freundlicher Genehmigung entnommen aus dem Dokumentationsband von A. Schick »Faszination Qumran« (ISBN 3-98397-382-6).
Zum Ausleih für Gemeinden: Große Qumran- & Bibelausstellung mit Faksimiles der Schriftrollen vom Toten Meer, Modell von Qumran, Kopien der Tonkrüge etc.
Bibelausstellung Sylt c/o Alexander Schick,
Friedrichstr. 19, D-25980 Westerland/Sylt.

Bodenborn 43 · 58452 Witten
Internet: www.scmedien.de; E-Mail: info@scm-brockhaus.de

Umschlaggestaltung: Stefanie Brunner
Umschlagsatz: Johannes Käser, Witten
Satz: Breklumer Print-Service, Breklum
Druck und Bindung: Finidr s.r.o.
Gedruckt in Tschechien
ISBN 978-3-417-25086-2
Bestell-Nr. 225.086

Für Ulrike

Inhalt

Abkürzungen

Allgemeine Abkürzungen:

➛	Querverweis (Kapitelangabe, Sachregister)
AT	Altes Testament
BHS	Biblia Hebraica Stuttgartensia
EBrev	Elberfelder Bibel revidiert
EÜ	Elberfelder Übersetzung
GNB	Gute Nachricht Bibel
griech.	griechisch
hebr.	hebräisch
HfA	Hoffnung für Alle
Kap.	Kapitel
LÜ	Lutherübersetzung
LXX	Septuaginta (griech. Übersetzung des AT)
NT	Neues Testament
par	Parallelstellen
TUAT	Texte aus der Umwelt des AltenTestaments

Biblische Bücher:

1Mo	1. Mose (Genesis)
2Mo	2. Mose (Exodus)
3Mo	3. Mose (Levitikus)
4Mo	4. Mose (Numeri)
5Mo	5. Mose (Deuteronomium)
Jos	Josua
Ri	Richter
Rut	Rut
1Sam	1. Samuel
2Sam	2. Samuel
1Kön	1. Könige
2Kön	2. Könige
1Chr	1. Chronik
2Chr	2. Chronik
Esr	Esra
Neh	Nehemia
Est	Ester
Hiob	Hiob
Ps	Psalmen
Spr	Sprüche
Pre	Prediger
Hld	Hoheslied
Jes	Jesaja
Jer	Jeremia
Kla	Klagelieder
Hes	Hesekiel
Dan	Daniel
Hos	Hosea
Joel	Joel
Am	Amos
Obd	Obadja
Jona	Jona
Mi	Micha
Nah	Nahum
Hab	Habakuk
Zef	Zefanja
Hag	Haggai
Sach	Sacharja
Mal	Maleachi
Mt	Matthäus
Mk	Markus
Lk	Lukas
Joh	Johannes
Apg	Apostelgeschichte
Röm	Römerbrief
1Kor	1. Korintherbrief
2Kor	2. Korintherbrief
Gal	Galaterbrief
Eph	Epheserbrief
Phil	Philipperbrief
Kol	Kolosserbrief
1Thess	1. Thessalonicherbrief
2Thess	2. Thessalonicherbrief
1Tim	1. Timotheusbrief
2Tim	2. Timotheusbrief
Tit	Titusbrief
Phlm	Philemonbrief
1Petr	1. Petrusbrief
2Petr	2. Petrusbrief
1Joh	1. Johannesbrief
2Joh	2. Johannesbrief
3Joh	3. Johannesbrief
Hebr	Hebräerbrief
Jak	Jakobusbrief
Jud	Judasbrief
Offb	Offenbarung des Johannes

Umschrift für Hebräisch:

Konsonanten

א		’
ב		v/b
ג		g
ד		d
ה		h
ו		w
ז		z
ח		ch
ט		ṭ
י		j
ך	כ	k
ל		l
ם	מ	m
ן	נ	n
ס		s
ע		‘
ף	פ	f/p
ץ	צ	ṣ
ק		q
ר		r
שׂ		ś
שׁ		sch
ת		t

Vokale

◌ַ	a
◌ָ	ā
◌ִ	i
◌ֵ	ē
◌ֶ	ä
◌ֹ	ō
◌ֻ	u
◌ָי	â
◌ִי	î
◌ֵי	ê
◌ֶי	ê
◌ָה	āh
◌ֵה	ēh
◌ֶה	äh
◌ֹה	ōh
◌ְ	ə
◌ֲ	ă
◌ֱ	ĕ
◌ֳ	o/ŏ
וֹ	ô
וּ	û

Vorwort der Herausgeber

Eine Kommentarreihe zum Alten Testament herauszubringen war zu jeder Zeit ein Wagnis, denn das Alte Testament erfreut sich selbst in evangelikalen Kreisen nicht der gleichen Wertschätzung wie das Neue. Das mag daran liegen, dass die geschichtlichen, kulturellen und religiösen Hintergründe des Alten Testaments von unserem Kulturkreis und unserer Zeit zu weit entfernt liegen. Besonders für den Christen in der westlichen Hemisphäre, mit seiner humanistischen Prägung und seinem Demokratieverständnis, bleibt der Zugang zu diesem ersten Teil der Bibel häufig verwehrt. Ferner wird wenig berücksichtigt, dass das Alte Testament die Bibel Jesu Christi und der Apostel war. Die Aussagen des Alten Testaments bilden die Grundlage für das Neue.

Das erste Hauptmerkmal dieser Reihe ist eine ausführliche Einleitung in das jeweilige Bibelbuch, die dem Leser die Botschaft des jeweiligen Buches verständlich machen möchte. Dazu gehört eine Synthese der Botschaft, die helfen soll, das betreffende Bibelbuch in seiner Gesamtheit zu erfassen und zu verstehen, besonders in seiner theologischen Dimension.

Das zweite Hauptmerkmal soll eine solide historisch-grammatische Exegese am hebräischen Text sein. Dazu gehört eine flüssige Übersetzung des hebräischen Textes, die in einzelne Sinnabschnitte mit entsprechenden Überschriften gegliedert ist. Das Kernstück des Kommentars bildet die Auslegung des Textes. Wurden dazu andere Arbeiten benutzt oder zugrunde gelegt, werden die jeweiligen Autoren in Klammern mit entsprechender Seitenzahl angegeben. In der am Ende des Kommentars erscheinenden Literaturliste können der Titel, Erscheinungsort und -jahr nachgeschlagen werden. Es ist nicht die Absicht dieser Kommentarreihe, die wissenschaftlich notwendige Auseinandersetzung mit anderen Meinungen zu führen. Im Vordergrund und im Mittelpunkt der Edition C soll die Arbeit am biblischen Text stehen, wie er uns vorliegt.

Das dritte Hauptmerkmal ist, dass die Benutzer dieser Reihe Hilfe bei der Predigt- und Bibelstundenvorbereitung erhalten. Dazu sollen die homiletischen Hilfen und Einteilungen dienen. Sie wollen aber nicht die eigene Arbeit am biblischen Text ersetzen.

Am Anfang wurde darauf hingewiesen, dass das Alte Testament die Bibel unseres Herrn und der Apostel war. Das bedeutet, dass das Alte Testament zuerst geschrieben worden war und dann das Neue. Deshalb darf Christus nicht in das Alte Testament hineingelesen werden, sondern er muss herausgelesen werden. Daher sollte das Alte Testament zunächst als Altes Testament verstanden werden. Das Neue Testament entwickelt die theologischen Hauptkonzepte des Alten Testaments weiter und zeigt, dass das ganze Heilsgeschehen in Christus und in seiner Erlösungstat zur Vollendung kommt.

Die einzelnen Autoren und die Herausgeber freuen sich und sind dem Verlag dankbar, dass er sich der Auslegung der ganzen christlichen Bibel verpflichtet weiß und dass sie das Wagnis auf sich nimmt, diese Kommentarreihe zum Alten Testament zu verlegen. Wir würden es als Lohn unserer Arbeit ansehen, wenn durch diese Kommentarreihe das Alte Testament besser verstanden und mehr gepredigt werden würde.

Die Herausgeber

Vorwort des Autors

Die Liebe zwischen Mann und Frau gehört zu den großen Themen unseres Menschseins. Die Bibel wäre nicht vollständig ohne ein Buch, das sich ganz dieser besonderen Schöpfungsgabe Gottes widmet. Und wie kann man über die Liebe schöner reden als mit einem Liebeslied?

Das Hohelied ist vieles in einem: eine Sammlung von Liebesgedichten; eine Liebesgeschichte in Gedichtform; ein Buch mit Texten zur Aufführung bei der Hochzeit; ein durchkomponiertes literarisches Kunstwerk über die Liebe; und schließlich ein alttestamentliches Weisheitsbuch, das am Beispiel vorführt, wie man die Liebe zwischen Mann und Frau auf eine gelingende Weise genießen und gestalten kann.

Es war mir in den vergangenen zwei Jahren eine große Freude, diesen literarischen »Garten der Liebe« zu durchwandern und zu erkunden. Ich bedanke mich bei allen, die mich bei dem Projekt unterstützt haben:

bei meinen Eltern Herrn Eberhard und Frau Dr. Christa-Maria Steinberg und meinem Freund Lothar Wiese für hilfreiche Anmerkungen und Rückmeldungen zum Manuskript; bei meinem Kollegen im Fachbereich der Ethik, Pastor Christian Bouillon, für Unterstützung bei den sexualethischen Fragen; bei Jugendpastor Simon Birr und »seinen« Teens für Unterstützung im Bereich »Jugendliche und Sexualität«; bei den Herren stud. theol. Daniel Jander, Emanuel Krenz und Micha Reischuck für die Literaturbeschaffung und für die Materialsammlung zum Sachregister; bei den Herausgebern Dr. Walter Hilbrands, Ralf Albrecht und Prof. Dr. Helmuth Pehlke für die gute Zusammenarbeit, sowie Frau Cron-Böngeler für ihr fleißiges Korrekturlesen.

Und last, but not least bedanke ich mich bei meiner Frau Ulrike. Wir haben einige der Bibelarbeiten gemeinsam erarbeitet, und auch bei der Übersetzung des Hohenliedes in modernes Deutsch hat sie mich unterstützt. Unsere Gespräche über das Hohelied haben in verschiedener Hinsicht positiv auf unsere eigene Beziehung zurückgewirkt. Meiner Frau soll dieses Buch gewidmet sein.

Julius Steinberg
Ewersbach, im Januar 2011

1. Einleitung in das Hohelied

Wer in seiner Bibel das Hohelied Salomos aufschlägt und zu lesen beginnt, der sieht sich schnell mit einer Reihe von Fragen konfrontiert. Dabei geht es anfangs weniger um das Verständnis einzelner schwieriger Verse, sondern viel grundlegender darum, wie man das Hohelied insgesamt einordnen soll. Ist das darin Beschriebene wörtlich gemeint oder ist es im übertragenen Sinne zu verstehen? Gibt es eine durchgehende Handlung oder handelt es sich um eine Sammlung einzelner Lieder? Wie passt das Thema des Hohenliedes mit der übrigen biblischen Lehre zusammen? Welche Erkenntnisse soll man als Leser aus diesem Text ziehen?

Diese grundsätzlichen Fragen sollen in der nun folgenden Einleitung besprochen werden. In vier Abschnitten (1.1 bis 1.4) werden zunächst Zusammenhänge oder Kontexte vorgestellt, in denen das Hohelied steht: der Kontext des biblischen Kanons, der Kontext der alttestamentlichen Weisheitsliteratur, der Kontext, der mit dem Namen Salomo verbunden ist, sowie der Kontext der damaligen Kultur des Vorderen Orients. Die Beachtung dieser Zusammenhänge hilft, das Hohelied gedanklich einzuordnen, also gewissermaßen den richtigen Platz für dieses ganz besondere biblische Buch zu finden.

Vier weitere Abschnitte (1.5 bis 1.8) widmen sich dann dem Hohenlied selbst, wobei zuerst die literarische Gattung, dann der Gesamtaufbau, die Bildsprache und schließlich eine nacherzählende Zusammenfassung des Liedes vorgestellt werden.

Zum Abschluss (1.9) werden die theologischen Aussagen des Hohenliedes thematisch aufbereitet und zusammengestellt, und zwar in der Form einer kleinen »Theologie der Liebe zwischen Mann und Frau«.

1.1 Ein Liebeslied in der Bibel?

Dass die Heilige Schrift ein erotisches Liebeslied enthalten soll, hat Bibelleser aller Zeiten verwundert und befremdet und zum Widerspruch herausgefordert. Nicht selten wird das Hohelied als ein Fremdkörper im Alten Testament empfunden. Insgesamt lassen sich drei Haltungen unterscheiden:

1. *Ablehnung:* Im Verlauf der Auslegungsgeschichte wurde immer wieder einmal erklärt, das Hohelied könne nicht Teil des biblischen Kanons sein.

2. *Umdeutung:* Verbreitet ist die Ansicht, dass das Hohelied nicht wörtlich, sondern allegorisch zu verstehen sei. Braut und Bräutigam gelten dabei als Symbole für Gott und Israel bzw. für Christus und die Gemeinde. Damit ist das Hohelied zwar als Teil des Kanons anerkannt und sogar wertgeschätzt, das eigentliche Anliegen des Liedes aber verworfen.

Beide Haltungen sind verständlich, wenn man bedenkt, dass die christliche Theologie von früher Zeit an große Schwierigkeiten mit dem Thema der Liebe zwischen Mann und Frau hatte. Die Sexualität galt als nicht vereinbar mit dem Heiligen, sie wurde als »irdisch« abgewertet, ja, sie wurde – auch von prominenten Vertretern der Theologie wie dem Kirchenvater Augustinus – als unentrinnbar sündig eingestuft. Zu dieser Haltung bildet das Hohelied Salomos, das die Liebe freudig bejaht, offensichtlich einen starken Kontrast. Aber auch derjenige Leser, der die Sexualität als Schöpfungsgabe Gottes wertschätzt, kann von dem offenen und geradezu freizügigen Umgang des Hohenliedes mit dem Thema überrascht und irritiert sein.

3. *Annahme:* Die Liebe zwischen Mann und Frau ist eine Schöpfungsgabe Gottes und somit ein »biblisches« Thema. Sie ist auch in theologischer Hinsicht bedeutsam genug, ihr ein eigenes biblisches Buch zu widmen. Es lässt sich sogar sagen: Das

Alte Testament wäre nicht vollständig ohne ein Buch, das sich ausschließlich mit diesem für das Menschsein so entscheidenden Thema befasst.

Bevor diese dritte Position im Verlauf der Einleitung weiter entfaltet wird, sollen zunächst die erste und zweite Haltung zum Hohenlied noch ausführlicher besprochen werden.

1.1.1 Das Hohelied als Teil des Kanons

Die Zugehörigkeit des Hohenliedes zum biblischen Kanon wurde von Zeit zu Zeit infrage gestellt. So führten am Ende des ersten nachchristlichen Jahrhunderts die Rabbiner des Lehrhauses von Jabne (am Mittelmeer, westlich von Jerusalem) eine Diskussion, bei der es unter anderem um die Kanonizität des Hohenliedes ging. Im 4. Jahrhundert n. Chr. wandte sich der damals berühmte Bibelausleger und Bischof Theodor von Mopsuestia gegen die Kanonizität des Hohenliedes. Er verstand es als ein erotisches Liebeslied und lehnte es aus diesem Grund ab. Ganz ähnlich argumentierte über ein Jahrtausend später der Humanist und Theologe Sebastian Castellio in einer Auseinandersetzung mit dem Genfer Reformator Johannes Calvin (Maier 21; Carr 52).

Gegenüber solchen Diskussionen ist jedoch festzuhalten, dass das Hohelied nach den historischen Bibelhandschriften und Kanonlisten immer Teil des biblischen Kanons gewesen ist. Es ist fester Bestandteil sowohl der hebräischen Bibel, wie sie von jüdischer Seite überliefert wurde, als auch der Septuaginta (LXX), der alten griechischen Bibelübersetzung, die bereits in vorchristlicher Zeit angefertigt wurde (Barton).

Schon um 180 v. Chr. verarbeitet der Weisheitslehrer und Schriftgelehrte Jesus Ben Sirach in seinem gleichnamigen Buch viele Texte der Bibel und nimmt auch Anspielungen auf das Hohelied Salomos auf (Sirach 24,13-17; 30-31 nach der EÜ bzw. Sirach 24,17-24; 40-42 nach LÜ ausführlich Steinberg 2006, S. 179-183).).

Es steht somit außer Frage, dass das Hohelied Salomos zur Heiligen Schrift gehört. Dass der Kanon immer auch Widerspruch hervorruft, ist Teil seiner Natur. Jede Generation ist dazu herausgefordert, auf diese jahrtausendealten und gleichzeitig zeitlosen Texte neu zu antworten.

Viele jüdische und christliche Ausleger der vergangenen zwei Jahrtausende haben das Hohelied dann auch als kanonisch anerkannt und wertgeschätzt – allerdings nicht selten zum Preis einer allegorischen Auslegung.

1.1.2 Zur allegorischen Auslegung und ihrer Problematik

Der Begriff »Allegorie« setzt sich aus den griechischen Wortbestandteilen *allos* »anders« und *agoreo* »verkünden« zusammen. Dem Begriff entsprechend geht die allegorische Auslegung davon aus, dass der Text etwas anderes »verkündet«, als er zu verkünden scheint. Meistens wird die wörtliche, historische oder konkrete Bedeutung des Textes abgelehnt und stattdessen nach einer geistigen oder geistlichen Botschaft gesucht. Für das Hohelied wird davon ausgegangen, dass nur scheinbar ein menschliches Liebespaar im Zentrum steht. In Wirklichkeit geht es nach dieser Ansicht um die Liebe zwischen Gott und Mensch.

Die allegorische Auslegung des Hohenliedes ist vor allem deshalb weit verbreitet, weil sie der Erwartung entgegenkommt, dass die Bibel in erster Linie geistliche Wahrheiten vermitteln will. Das Thema der geschlechtlichen Liebe scheint demgegenüber zu profan und wird als nicht kompatibel mit dem Heiligen empfunden. Die Allegorie auf der anderen Seite will zum Verständnis der tieferen, »eigentlichen«, geistlichen Zusammenhänge anleiten. Gerechtfertigt wird die allegorische Auslegung damit, dass auch sonst in der Bibel die Ehe immer wieder als Bild für die Gemeinschaft zwischen Gott und den Menschen verwendet wird. Warum dann nicht auch im Hohenlied?

Dennoch gibt es tief greifende Einwände gegen ein solches Vorgehen. So ist es zwar richtig, dass beispielsweise auch die alttestamentlichen Propheten die Ehe als Bild verwenden. Doch unterscheiden sich diese Bildworte in zweifacher Hinsicht vom Hohenlied:

1. Die Propheten geben jeweils eindeutige Hinweise darauf, wenn Aussagen bildlich zu verstehen sind (z.B. Hos 1,2; Jes 62,5). Im Hohenlied finden sich solche Hinweise nicht.
2. Das Hohelied beschreibt ein erotisches und auch körperbetontes Liebesverhältnis. Die Propheten verwenden erotische Sprache zwar auch, wenn es um den Götzendienst geht, niemals aber, wenn das Verhältnis zu Gott behandelt wird. Zugespitzt gesagt: Aussagen über reizvolle Brüste (Hld 4,5) oder formvollendete Schenkel (Hld 7,2) haben in der Beziehung zwischen Gott und Mensch keinen Platz.

Die Schwierigkeiten mit der allegorischen Deutung von Körperteilen lassen sich leicht an Beispielen aufzeigen. So heißt es in 1,13: »Ein Beutelchen von Myrrhe ist mir mein Geliebter, das zwischen meinen Brüsten ruht.« In der Allegorie wird daraus z.B. die Anwesenheit Gottes auf der Bundeslade zwischen den beiden Cherubim oder Jesus Christus zwischen dem Alten und dem Neuen Testament. Die Brüste werden also mehr oder weniger willkürlich einer geistlichen Größe zugeordnet, ohne dass ein konkreter Anhaltspunkt besteht. Eine solche Auslegung richtet sich nicht danach, was der Text sagt, sondern was der

Auslegende hören will (Beispiele nach Keel 16; vgl. Carr 21-24; Longman 20-38).

Eine andere Auslegungsvariante ist die Typologie. Auch hier findet eine Übertragung statt. Anders als bei der Allegorie wird in der Typologie die historische oder konkrete Bedeutung des Textes nicht abgelehnt. Vielmehr tritt die geistliche Aussage als zusätzliche Dimension zur konkreten Textbedeutung hinzu. Ein Vorteil dieser Methode ist, dass nicht jede im Text genannte Einzelheit, wie etwa die Körperteile der Frau, geistlich gedeutet werden. Eine Übertragung ist dennoch möglich. So lässt sich z.B. generell formulieren, dass die Liebe zwischen Mann und Frau, wie sie im Hohenlied beschrieben wird, ein Abbild der Liebe Gottes darstellt. Mit einer solchen Aussage ist man auf sicherem Grund, da sowohl das Alte als auch das Neue Testament an mehreren Stellen Gottesbund und Ehebund miteinander in Beziehung setzen. Für eine in diesem Sinne »geistliche« Auslegung des Hohenliedes setzt sich z.B. Gerhard Maier (S. 24f.) ein.

Eine große Gefahr der typologischen Auslegung des Hohenliedes besteht darin, dass unter der Hand doch wieder die geistliche Ebene zur eigentlichen Ebene wird, dass man den Gottesbund zur Hauptsache und den Ehebund zur Nebensache macht. In diesem Streben nach einer »geistlichen« Auslegung geht aber dann gerade geistlich Entscheidendes verloren. Die Liebe zwischen Mann und Frau ist nach der Bibel nicht nur Abbild, sondern vielmehr auch Ausdruck des Bundes mit Gott. Ehe ist gelebter Glaube. Es gilt deshalb, dieser Schöpfungsgabe Gottes selbst Aufmerksamkeit zu widmen, sie von Gott her zu verstehen und von Gott her zu gestalten.

Das wichtigste Argument gegen die allegorische Auslegung sei abschließend noch einmal genannt: Sie ist nicht textgemäß. Eine seriöse Auslegung hört auf das, was der Text selbst mitteilen will.

Der Text aber gibt keinen Hinweis darauf, dass er bildhaft verstanden werden will. Er spricht über den Ehebund, nicht über den Gottesbund.

1.2 Das Hohelied und die alttestamentliche Weisheit

Wenn das Hohelied nun ein integraler Bestandteil der Bibel ist – wie lässt es sich konkret in den biblischen Zusammenhang einordnen? Was der Platz des Hohenliedes im Kanon nahelegt, bestätigt sich auch inhaltlich: Das Hohelied ist am besten als Weisheitsbuch zu betrachten.

1.2.1 Der Ort des Hohenliedes im Kanon

Im christlichen Alten Testament hat das Hohelied seinen Platz im Abschnitt der Lehrschriften: Hiob, Psalter, Sprüche, Prediger und Hohelied. Die Anordnung ist chronologisch zu verstehen: Die Erzählung über Hiob handelt in der Zeit der Erzväter; der Psalter ist in der Hauptsache David zugeordnet und die drei folgenden Schriften seinem Sohn Salomo. Diese Ordnung der Bücher geht auf die Septuaginta (LXX), die alte griechische Bibelübersetzung, zurück.

Die jüdische Bibel folgt dagegen einem anderen Aufbau. Sie ist in die drei Teile Gesetz, Propheten und Schriften untergliedert, hebräisch *Thora*, *Neviim* und *Ketuvim*. Das Hohelied gehört zum Kanonteil der Schriften oder *Ketuvim*. Dieser kann in sich wiederum unterschiedlich aufgebaut sein.

Seit dem Mittelalter gehört das Hohelied zu den sogenannten *Chamesch Megillot*, d.h. »Fünf Rollen«. Es handelt sich um die fünf Bücher Rut, Ester, Prediger, Hohelied und Klagelieder, die im Zusammenhang mit bestimmten jüdischen Festen vollständig vorgelesen wurden. Das Hohelied ist dem Passahfest zugeordnet (Zakovitch 105f.) und wird auch heute noch häufig am ersten Tag des Passahfestes gelesen.

Die ältere jüdische Überlieferung kennt die liturgische Zusammenstellung der fünf *Megillot* allerdings noch nicht. Die älteste und zugleich von jüdischer Seite autorisierte Angabe über den Aufbau der *Ketuvim* stammt aus der Zeit bis zum 2. Jahrhundert n. Chr. und steht im Babylonischen Talmud, Traktat Baba Bathra 14b. Den Angaben des Talmuds zufolge geht die Textstelle auf die *Rabbanan* zurück, die Rabbis, die bis zum 2. Jahrhundert n. Chr. die jüdische Lehre überlieferten. An dieser Stelle ist die Reihenfolge der elf *Ketuvim* wie folgt angegeben:

Rut, Psalmen, Hiob, Sprüche, Prediger, Hohelied, Klagelieder, Daniel, Ester, Esra/Nehemia*, Chronik.

Wenn man die Bücher in dieser Reihenfolge behandelt, ergeben sich interessante Zusammenhänge. So bildet das Hohelied den Abschluss einer weisheitlichen Reihe, die aus den vier Büchern Hiob, Sprüche, Prediger und Hohelied besteht. Die Reihe beginnt mit der Aufarbeitung von Leid und endet mit einem Höhepunkt an Lebensfreude.

Auch die vier folgenden Bücher Klagelieder, Daniel, Ester und Esra/Nehemia bilden eine Reihe. Diese reicht vom Untergang Jerusalems bis zum Wiederaufbau, sie beginnt also ebenfalls mit Leid und endet ebenfalls mit Freude. Während die weisheitliche Reihe das Leben des Einzelnen in den Blick nimmt, befasst sich die zweite Reihe parallel dazu mit dem Schicksal des Volkes.

Gerahmt werden die beiden Reihen von den beiden historisch, literarisch und theologisch sehr umfassenden Büchern Psalter und

*) Esra und Nehemia zählen als ein Buch.

Chronik. Das Buch Rut führt in die *Ketuvim* ein und bereitet insbesondere den Psalter vor, indem es von der Vorgeschichte Davids erzählt. Die Chronik bildet nach dieser Ordnung eine Art abschließende Zusammenfassung des gesamten Alten Testaments.

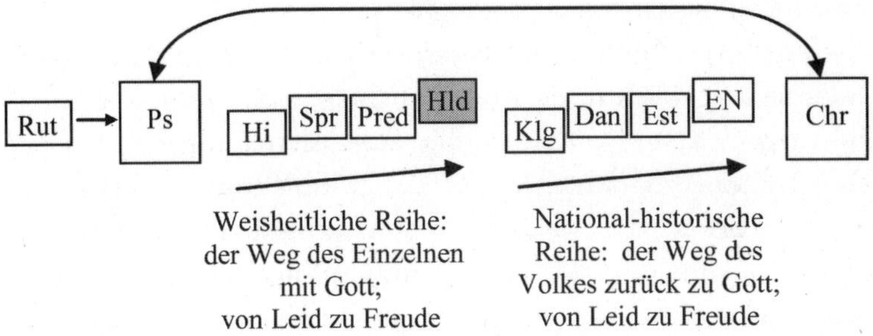

Diese ganzheitliche Sichtweise auf die *Ketuvim* nach dem Talmud wird ausführlich vorgestellt in Steinberg 2006.

Sowohl die christliche als auch die alte jüdische Überlieferung stellen das Hohelied in den Bereich der Lehrbücher bzw. Weisheitsbücher. Diese Zuordnung ist inhaltlich gerechtfertigt, ja sie birgt geradezu einen Schlüssel für das richtige Verständnis des Liedes. Um dies nachzuvollziehen, müssen wir uns nun mit dem Denken der alttestamentlichen Weisheitslehrer vertraut machen.

1.2.2 Was ist »Weisheit«?

Die Weisen des Alten Testaments berufen sich für ihre Erkenntnisse nicht auf eine direkte Offenbarung Gottes, wie etwa die Propheten. Stattdessen lernen und lehren sie vor allem dadurch, dass sie die Welt um sich herum beobachten. Dies scheint zunächst eine rein profane Angelegenheit zu sein. Die Weisen gehen aber von der folgenden Voraussetzung aus: Als Gott die Welt schuf, gab er ihr weise Ordnungen (Spr 8,22-31). Wer die

Schöpfung beobachtet und ihre weisen Ordnungen nachvollzieht, handelt deshalb nicht rein pragmatisch, sondern macht sich göttliche Weisheit zu eigen.

Die Weisen leiten also an, die Schöpfung und insbesondere das menschliche Miteinander zu *beobachten*. Dabei untersuchen sie wiederkehrende *Verhaltensmuster*. Sie zeigen, welche Taten zu welchen *Folgen* führen und helfen so, Situationen zu durchschauen und das *eigene Handeln* entsprechend anzupassen, damit das Leben besser gelingt.

Die Weisen geben keine Gebote oder Verbote von außen vor, sondern ermutigen den Leser, selbst nachzuvollziehen, warum eine Verhaltensweise gut und eine andere schädlich für das eigene Leben ist.

Ein Beispiel: In Spr 7,6-27 *beobachtet* der Weisheitslehrer einen jungen Mann, der von einer Prostituierten verführt wird. Er deckt die *Verhaltensmuster* und Gesetzmäßigkeiten auf, die dabei zur Wirkung kommen, z.B. wie allzu leicht ein Mann in bestimmten Situationen seine gute Erziehung fahren lässt. Er beschreibt die katastrophalen *Folgen*, die sich aus dem falschen Handeln der beiden ergeben. So will er seine Leser anleiten, Situationen wie diese mit all ihren Konsequenzen zu durchschauen und das *eigene Handeln* entsprechend auszurichten.

Schließlich betonen die Weisen auch, dass Weisheit nicht an Gott vorbei gesucht werden darf. Ein immer wiederkehrender Mottosatz der Weisheit lautet: »Die Furcht des HERRN ist der Anfang der Erkenntnis« (Spr 1,7; vgl. Pre 12,13; Hiob 28,28; Ps 111,10). Die Weisheit findet in der Gottesfurcht ihre Grundlage, aber auch ihre Grenze. (siehe Frydrych; Steinberg 2007)

Dieses weisheitliche Denken steht, wie nun gezeigt werden soll, auch hinter dem Hohenlied Salomos.

1.2.3 Das Hohelied als Weisheitsbuch

1. Wenn die Weisen typisches zwischenmenschliches Geschehen beobachten, um zu gelingendem Leben anzuleiten, dann fällt selbstverständlich auch die Liebe zwischen Mann und Frau in ihr Ressort (z.B. Spr 5,15-19; 30,18f.; Pre 9,9). Von allen Verhältnissen, in denen der Mensch steht, etwa zur Natur, zur Arbeit, zur Familie usw., ist das Verhältnis zwischen Mann und Frau ohne Frage das weitaus bedeutsamste. Nur das Verhältnis zu Gott selbst steht nach biblischem Verständnis noch darüber.

2. Dabei sind das Hohelied und die Sprüchesammlungen (ab Spr 10) darin ähnlich, dass über weite Strecken Beobachtungen wiedergegeben werden, die für sich stehen und für sich selbst sprechen. Die Liebe wird studiert, indem sie zunächst einfach beschrieben wird.

3. Doch finden sich im Hohenlied auch auswertende Kommentierungen. Eine davon wird durch den »Mottosatz« des Liedes gegeben. Er steht an drei Stellen (2,7; 3,5; 8,4; vgl. 5,8) und lautet:

Ich beschwöre euch,
Töchter Jerusalems,
bei den Gazellen
oder bei den Hirschkühen des Feldes:

dass ihr nicht weckt,
dass ihr nicht erregt die Liebe,
bis es ihr gefällt!

Hier wird also nach dem gefragt, was »der Liebe gefällt«. Dies ist ein typisch weisheitlicher Gedanke: Anstatt dem Leser Gebote oder Richtlinien vorzugeben, wird dieser aufgefordert, selbst darüber nachzudenken, was der Sache angemessen ist (vgl. Sparks 285f.). Mit dem Hohenlied wird der Leser eingeladen, einige der *Gesetzmäßigkeiten*, die der Liebe selbst innewohnen, zu *beobachten* und zu studieren. Was er verstanden hat, kann er entsprechend im *eigenen Handeln* umsetzen, damit auch bei ihm das Leben, und hier die Liebe, besser gelingt.

4. Der abschließende Höhepunkt des Liedes, der Treueschwur der Geliebten, ist mit einer Aussage verbunden, die in Form und Inhalt typisch weisheitlich ist, also beispielsweise mit der Sprücheweisheit vergleichbar (8,6b-7). Die Stelle beschreibt die Liebe als eine grundlegende Macht im Leben der Menschen, dem Tode ebenbürtig und der Verfügbarkeit des Menschen nicht unterworfen.

Die im Hohenlied gesammelten Beobachtungen über das gegenseitige Verlangen der Partner werden hier zu einer abschließenden Reflexion zusammengefasst. Nur an dieser Stelle meldet sich der Weisheitslehrer gewissermaßen selbst zu Wort.

5. Noch etwas anderes ist im Hohenlied für die Weisheit typisch. Die Weisheit hat großes Interesse daran, Phänomene zu sammeln und zu katalogisieren (z.B. 1Kön 5,13). So sind etwa in der Rede Gottes im Hiobbuch diverse Wetterphänomene und viele Tierarten zusammengestellt, um die Größe und Unbegreiflichkeit der Schöpfung Gottes vor Augen zu führen. Das Hohelied sammelt in seinen Liedern gewissermaßen all das, was geeignet ist, die Freuden der Liebe im Bild darzustellen: kostbare Früchte, duftende Kräuter, edle Materialien, exotische Orte, Symbole des Lebens und der Liebe (Maier 22f.).

6. Zu dem weisheitlichen Denken, das sich durch das Hohelied hindurchzieht, kommt ein äußeres Merkmal hinzu: König Salomo gilt im Alten Testament als der »Vater« der Weisheit. Dass das Hohelied Salomos Namen trägt, ist auch als Hinweis auf den weisheitlichen Charakter des Liedes zu verstehen (Childs 573-575).

1.2.4 Das Hohelied als Abschluss eines weisheitlichen Lernweges

Zum Abschluss soll noch einmal zu der Kanonordnung zurückgekehrt werden, die im Babylonischen Talmud angegeben ist. Dort sind meiner Ansicht nach die Weisheitsbücher bewusst auf eine Weise angeordnet worden, die uns helfen soll, sie im Zusammenhang zu verstehen. Die vier Bücher zeichnen einen Weg weisheitlicher Bildung vor.

Zunächst muss mit **Hiob** der Respekt vor Gott gelernt werden. In eine tiefe Lebenskrise geführt, lernt Hiob zu begreifen, dass Gottes Souveränität über allen menschlichen Versuchen steht, die Zusammenhänge der Welt ergründen zu wollen. Gott ist allmächtig, weise, unergründlich, aber dennoch gerecht.

Nachdem auf diese Weise das Motto »Die Furcht des HERRN ist der Anfang der Weisheit« verinnerlicht wurde, kann mit dem **Sprüchebuch** der »Grundkurs Weisheit« beginnen. Das Buch wendet sich an den noch Unerfahrenen (Spr 1,4; 9,4) und lädt ihn ein, den Weg der Weisheit zu beschreiten. Es lehrt, sich den Zusammenhang von Taten und Folgen bewusst zu machen und wirbt damit, dass Weisheit zu einem gelingenden Leben führt, während Torheit am Ende Untergang bedeutet.

Das Buch **Prediger** bildet den »Erweiterungskurs Weisheit«. Der Prediger befasst sich vor allem mit solchen Zusammenhängen, die sich mit den im Sprüchebuch erarbeiteten Mustern *nicht* erklären lassen. Das Predigerbuch lotet die Grenzen der Erkenntnis und der gelingenden Lebensgestaltung aus und entlarvt falsche Sicherheiten. Davon ausgehend wirbt das Buch für einen Lebensstil, der von Respekt vor Gott und von der dankbaren Annahme des von Gott geschenkten Lebensglücks geprägt ist.

Genieße das Leben mit der Frau, die du liebst …! (Pre 9,7-9)

Das **Hohelied** schließt sich an die positiven Ausführungen des Predigers zum Genuss des Lebens an. In dem Wissen, dass man sein Leben aktiv gestalten kann und soll, dass aber andererseits wahres Lebensglück auch immer Geschenk Gottes ist und bleibt, darf sich der Leser nun dem Höhepunkt menschlichen Lebensglücks zuwenden, der Liebe zwischen Mann und Frau. Er darf lernen, diese Liebe dankbar aus Gottes Hand zu nehmen, sie zu genießen und sie bewusst zu leben und zu gestalten.

Auch wenn die einzelnen Weisheitsbücher zu unterschiedlichen Zeiten geschrieben wurden und unterschiedliche Blickwinkel einnehmen, so bietet uns die Zusammenstellung der *Rabbanan* einen Weg an, sie als Einheit zu begreifen. Damit erscheint dann auch das Hohelied mit dem Thema der menschlichen Liebe nicht mehr als ein Fremdkörper in der Bibel, sondern findet seinen Ort im größeren Zusammenhang.

Wie schon gesagt, ordnet auch der Name »Salomo«, der am Anfang des Hohenliedes genannt wird, dieses Buch dem Bereich der Weisheit zu. Über die Beziehung zwischen Salomo und dem Hohenlied ist noch einiges mehr zu sagen.

1.3 Das Hohelied und Salomo

Die Überschrift in Hld 1,1 nennt den Namen Salomo zusammen mit der hebräischen Präposition *l*ᵉ. Die Präposition wird in einer Überschrift normalerweise verwendet, um eine Autorschaft anzuzeigen, sie kann aber auch eine Zugehörigkeit im allgemeineren Sinne ausdrücken. Dementsprechend ist *l*ᵉ + *Sch*ᵉ*lōmōh* wahrscheinlich als »von Salomo« zu übersetzen, es kann aber auch »Salomo zugeeignet« bedeuten.

Der Name Salomo steht allerdings nicht nur im Titel des Liedes, er kommt auch an anderen Stellen vor. In Hld 1,5 werden

Vorhänge Salomos als Beispiel für eine besondere Kostbarkeit genannt. In 3,6-11 erscheint Salomo als Bräutigam in seiner Sänfte. In 8,11-12 wiederum lehnt die junge Frau es ab, die Weinberge Salomos zu hüten, da sie sich lieber um ihre eigenen Interessen kümmern möchte. Daneben sind die Stellen zu nennen, an denen der Liebhaber des Liedes als »König« bezeichnet wird (1,4.12; vgl. 7,6). Außerdem ist in 6,8.9 von einem königlichen Harem die Rede, der sechzig Königinnen und achtzig Nebenfrauen umfasst.

Wie lassen sich diese ganz unterschiedlichen Bezüge auf Salomo und den königlichen Hof einordnen?

1.3.1 Das Hohelied – ein Lied von Salomo: Zur Frage der Autorschaft und Datierung

Zunächst einmal liegt es nahe, aufgrund von Hld 1,1 Salomo als Autor des Hohenliedes anzunehmen. Allerdings irritiert dann, dass im Lied in der dritten Person über ihn geschrieben wird, und dies teilweise in negativ-abgrenzender Weise (8,11-12). Natürlich ist es möglich, dass Salomo genügend Selbstironie besaß, um sich selbst auf diese Weise zu porträtieren. Vielleicht entstand das Lied aber auch unter Salomos Autorität oder in seinem Auftrag.

Salomo war der erste israelitische König, der in großem Maßstab internationale Beziehungen pflegte. Dazu gehörte auch der Austausch von Diplomaten. Diese damaligen Beamten, die »Weisen«, vereinten in sich die Aufgaben des Schreibers, Verwalters und Beraters. So finden sich in den Beamtenlisten Salomos in 1Kön 4 manche ausländische Namen. Es gibt auch biblische Beispiele für israelitische Weise an fremden Königshöfen, wie z.B. Josef, Daniel und Mordechai. Auf diesem Wege kam besonders in der Zeit Salomos internationales Kulturgut nach

Israel, wo es seine spezifisch israelitische Ausprägung erhielt. So lassen sich beispielsweise in Spr 22,17-24,22 Parallelen zu einer älteren ägyptischen Weisheitslehre nachweisen, der »Lehre des Amenope«. Das Hohelied selbst ist in mancherlei Hinsicht mit ägyptischen Liebesliedern verwandt, wie noch dargestellt werden soll. Demnach ist es gut vorstellbar, dass das Hohelied unter der Autorität Salomos in einem Kreis von Weisen am Königshof entstand.

Die »Weisheit« wurde allerdings nicht nur unter Salomo gepflegt. In Spr 25,1 finden wir beispielsweise den Hinweis, dass Sprüche Salomos im Auftrag des Königs Hiskia zusammengestellt wurden. Die jüdische Tradition nimmt diese Stelle als Anlass zu der Vermutung, dass mit dem Hohenlied ebenso verfahren worden sei: Die einzelnen Texte seien von Salomo geschrieben und unter Hiskia zusammengestellt worden. Auch einige moderne Ausleger vermuten, dass das Werk in Salomos Zeit seinen Ursprung hat, aber später noch weiter bearbeitet wurde (z.B. Carr 18). Solche Urteile gehen allerdings davon aus, dass das Hohelied eine Sammlung einzelner Stücke ist. Dieser Eindruck trifft meiner Ansicht nach nicht zu. Das Hohelied ist nicht prozesshaft »entstanden«, sondern es wurde »verfasst« – wie noch gezeigt werden soll.

Salomo regierte von 971 bis 931 v. Chr. Wenn er Autor bzw. Auftraggeber des Liedes ist, steht damit auch die Entstehungszeit fest. Meiner Ansicht nach spricht nichts gegen diese Zuordnung, doch sollen auch die anderen Datierungsvorschläge der Forschung erörtert werden. Sie reichen von der späteren Königszeit (8. bis 6. Jahrhundert v. Chr., z.B. Keel 12-14) bis hin zur hellenistischen Zeit (3. bis 2. Jahrhundert v. Chr., z.B. Gerhards 28-86).

Für die Spätdatierungen werden vor allem sprachliche Argumente angeführt. So ist das hebräische Wort für »Lustgarten« in Hld 4,13 als Lehnwort aus dem Persischen identifiziert worden (hebr. *pardes* von persisch *pairidaeza*; vgl. griechisch *paradeisos* und deutsch »Paradies«), und das Wort für »Sänfte« in 3,9 wird von einem griechischen Begriff abgeleitet (hebr. *appirjon* von griechisch *phoreion*). Außerdem seien verschiedene Einflüsse aus der aramäischen Sprache erkennbar (z.B. Gerhards 29-52).

Aramäische Einflüsse galten vor allem früher als Argument für die Spätdatierung eines Bibeltextes. Inzwischen hat man Aramaismen auch in solchen Bibelteilen entdeckt, die als sehr alt eingestuft werden. Die beiden eng verwandten Sprachen Hebräisch und Aramäisch existierten über Jahrtausende nebeneinander her (Carr 19). Einer neueren Untersuchung zufolge handelt es sich bei den scheinbaren Aramäismen in Wirklichkeit um Einflüsse eines nordisraelitischen Dialekts (Noegel 2009). Auch was mögliche Lehnwörter betrifft, bleibt die Argumentation unsicher. Insgesamt unterscheidet sich der Sprachschatz des Hohenliedes deutlich von dem der anderen alttestamentlichen Bücher: Das Hohelied verwendet etwa 470 unterschiedliche Vokabeln – eine große Anzahl für ein so kleines Buch. Von diesen stehen 47 ausschließlich im Hohenlied, weitere 51 kommen im übrigen Alten Testament nur ein bis fünf Mal vor, weitere 45 erscheinen sechs bis zehn Mal. Beinahe in jedem Vers des Hohenliedes steht also ein seltenes Wort (Angaben nach Carr 41). Der besondere Sprachschatz des Hohenliedes hat mit seinem Inhalt zu tun. Die exotischen Begriffe sind geradezu ein Stilmerkmal des Liedes. Damit wird die besondere Kostbarkeit der Liebe unterstrichen. Andere altisraelitische Liebesgedichte, mit denen wir das Hohelied sprachlich vergleichen könnten, liegen nicht vor. Rückschlüsse über das Alter der Sprache müssen daher im Bereich von Vermutungen bleiben (vgl. Maier 17f.).

Die im Hohenlied verwendeten poetischen Formen sind demgegenüber durchaus als alt einzustufen. Sie ähneln beispielsweise dem sprachlich als alt und ursprünglich eingestuften Lied des

Barak und der Debora aus der Richterzeit (Ri 5) und begegnen außerbiblisch im 14. und 13. Jahrhundert in Texten aus Ugarit (Pope 1977, 33.51f.; Müller 1992, 5).

Eine ganze Reihe der im Hohenlied genannten Dinge lassen sich gut mit Salomo in Verbindung bringen. So besaß Salomo ägyptische Pferde (1Kön 10,28; vgl. Hld 1,9), er importierte Zedernholz aus dem Libanon (1Kön 4,20.27f., vgl. Hld 4,8; 5,15); die aufgezählten Gewürze können mit Salomos Handelsbeziehungen erklärt werden (Maier 16). Was die Erwähnung der Stadt Tirza betrifft, siehe zu 6,4.

Insgesamt lässt sich sagen: Betrachtet man die im Hohenlied zum beschriebenen sozialen und kulturellen Lebensumstände, so kommt die israelitische Königszeit für seine Entstehung sicher am ehesten infrage. Auch steht das Lied von Form und Inhalt den alten ägyptischen Liebesliedern wesentlich näher als der griechischen Dichtung, etwa den Idyllen Theokrits aus dem 3. Jahrhundert v. Chr. (Keel 14). Auch von den anderen geistigen Strömungen der hellenistischen Zeit, wie sie etwa in den Makkabäerbüchern oder im Buch Jesus Sirach dargestellt werden, unterscheidet sich das Hohelied deutlich.

Gerlemann schreibt: »Ist ... eine Spätdatierung des Hohenliedes wegen sprachlicher Gründe nicht zwingend, scheinen inhaltliche und literarische Indizien sehr bestimmt auf eine frühe Ansetzung zu weisen ... Es mag in der Tat schwer sein, eine Periode der Geschichte Israels zu finden, die für die Entstehung einer erotischen Dichtung hätte förderlicher sein können als die des salomonischen Humanismus« (S. 76).

Es spricht also nichts dagegen, die Angabe in 1,1 in der Weise zu verstehen, dass eine historische Beziehung zu Salomo und seinem Königshof besteht.

Doch dies ist nicht die einzige Verbindung zwischen Salomo und dem Hohenlied.

1.3.2 Das Hohelied – ein Lied über Salomo

Möglicherweise wird Salomo in Hld 1,1 nicht (nur) deshalb genannt, weil er der Autor ist, sondern weil das Hohelied von ihm handelt bzw. an verschiedenen Stellen auf ihn anspielt. Hld 1,1 wäre dann entsprechend zu übersetzen mit »Salomo zugeeignet«.

Einige Ausleger meinen, das Hohelied beschreibe insgesamt eine Hochzeit Salomos. Beispielsweise sieht Delitzsch im Hohenlied die Geschichte einer Liebe zwischen dem König Salomo und einer wahrhaft edlen Frau vom Lande. »Salomo erhebt dieses Kind zur Königin und wird an dieser Königin zum Kinde« (S. 7).

Doch eine solche Sicht wirft neue Schwierigkeiten auf. Zwar erscheint in 3,6-11 Salomo als der Bräutigam. Doch wird der Liebhaber in 1,7-8 als Schafhirte bezeichnet. Außerdem passt die abgrenzende Bemerkung über die Weinberge Salomos in 8,11-12 nicht recht ins Bild.

Einige Bibelausleger des 18. und 19. Jahrhunderts schlossen daraus, dass das Hohelied von einer Dreiecksbeziehung handelt, bei der Schulamit, eine Schönheit vom Lande, von König Salomo umworben wird, sich schließlich aber doch für ihren Hirtenliebhaber entscheidet (so Mazor). Diese Konstruktion stützt den Text des Hohenliedes nicht. Ein inneres Ringen um eine Entscheidungund ein Vergleich der beiden Liebhaber wird nirgendwo beschrieben (vgl. Delitzsch 8f.; Carr 48).

Eine schlüssige Lösung ergiebt sich, wenn man die Verweise auf Salomo bildhaft versteht. Die Bildsprache des Hohenliedes verwendet Pflanzen, Tiere, Orte und andere Dinge, die kostbar und beeindruckend sind und die sich mit bestimmten symbolischen Bedeutungen verknüpfen, um die Liebe auf eine emotionale Art und Weise zu beschreiben. Ebenso wird auch der Name Salomo benutzt: Das Hohelied ist gewissermaßen von einer salomonischen Aura umgeben. Der Name ist Inbegriff für Frieden, Wohlstand, Ästhetik, Lebensgenuss usw. Mit seinem großen Harem ist Salomo der alttestamentliche »König der Liebe«. Wenn das Hohelied sich auf Salomo bezieht, sagt es damit: Die Liebe ist ein wahrhaft königliches Glück (Fischer 216.233-237; Gledhill 22f.; Gerhards 238f.).

Diese Ansicht lässt sich durch die Beobachtung stützen, dass auch in der altägyptischen Liebeslyrik oft königliche Namen verwendet werden, um die festliche Atmosphäre des Geschehens zu unterstreichen (Carr 48). Daneben sind Hochzeitsbräuche aus dem syrischen Raum bekannt, bei denen das Brautpaar gekrönt wird: Am Tag der Hochzeit dürfen sich die Brautleute wie König und Königin fühlen (➛ 1.4.3).

1.3.3 Das Hohelied – ein Lied im Geiste Salomos

Im Kanon des Alten Testaments hat der Name Salomo noch eine weiter gehende Bedeutung: Weil Salomo gewissermaßen der »Vater« der israelitischen Weisheit ist, steht sein Name für die Weisheit schlechthin (Childs 573-575; Longman 3f.). Das Hohelied ist demnach aus der Sicht der alttestamentlichen Weisheit zu verstehen.

Gleichzeitig ist mit Salomos Lebensgeschichte auch die Warnung verbunden, dass selbst höchste Weisheit den Gehorsam gegenüber Gott nicht ersetzen kann. So verstanden sagt die Angabe »Salomo zugeeignet« in Hld 1,1 aus, dass das Hohelied als ein Werk der Weisheit gelesen werden soll, wobei der Inhalt des Buches selbstverständlich innerhalb des Rahmens der *Thora* bzw. der Bibel zu verstehen ist.

1.4 Das Hohelied und die Liebeslyrik des Alten Vorderen Orients

Aus der Umwelt des alten Israel sind uns eine Reihe von Liebesliedern überliefert. Diese weisen überraschende Ähnlichkeiten, aber auch Unterschiede zu den Aussagen des Hohenliedes auf. Die Ähnlichkeiten helfen uns, schwierige Stellen des Hohenliedes besser zu verstehen. Die Unterschiede verdeutlichen uns die besonderen Akzente, die das Hohelied im Vergleich zu anderer Liebeslyrik setzt.

1.4.1 Das Hohelied und die ägyptische Liebeslyrik

Aus dem alten Ägypten sind mehrere Sammlungen von Liebesliedern erhalten geblieben, die dem Hohenlied Salomos hinsichtlich der Bildsprache, der verwendeten Formen und auch der behandelten Themen sehr nahestehen. So wurde beispielsweise bei Ausgrabungen in Theben ein Papyrus aus dem frühen ersten Jahrtausend v. Chr. gefunden, das eine Reihe von Liebesliedern enthält, unter der Überschrift: »Sprüche der großen Herzensfreude«. Das erste der Lieder lautet wie folgt (zitiert nach Schott 39):

Die Eine, Geliebte, ohne ihresgleichen,
schöner als alle Welt.
Schau, sie ist wie der glänzende Neujahrsstern
vor einem schönen Jahr.

Die Tugendleuchtende, Strahlenhäutige
mit Augen, die klar blicken,
mit Lippen, die süß sprechen.
Sie hat kein Wort zu viel.

Mit hohem Hals und strahlender Brust
hat sie echtes Lapislazuli zum Haar.
Ihre Arme übertreffen das Gold,
ihre Finger sind wie Lotuskelche.

Mit schweren Lenden und schmalen Hüften,
sie, deren Schenkel um ihre Schönheit streiten,
edlen Ganges, wenn sie auf die Erde tritt,
raubt sie mein Herz mit ihrem Gruß.

Sie macht die Nacken aller Männer
sich wenden, um sie anzusehen.
Es freut sich jeder, den sie grüßt.
Er fühlt sich als erster der Jünglinge.

Wenn sie aus dem Hause tritt, ist es,
als erblicke man jene, die Eine.

Es handelt sich um ein Lied, das an den verschiedenen Körperteilen der Frau entlanggeht und dabei ihre positiven Eigenschaften hervorhebt. Ganz ähnliche Abschnitte enthält auch das Hohelied Salomos (4,1-7; 5,9-16; 6,4-10; 7,1-6). Im Schlussteil des Liedes findet eine Wende von der Darstellung zum Verlangen statt (ab »raubt sie mein Herz«). Auch diese Wende ist im Hohenlied zu finden. Ebenso typisch ist das Stilmittel der Rahmung, bei dem der Schluss auf den Anfang zurückverweist, um den Abschnitt zusammenzubinden (hier »die Eine« … »die Eine«, vgl. Hld 4,1.7; 5,9.16; 6,4.10). Die Form des Beschreibungsliedes hat von Ägypten aus im ganzen Alten Vorderen Orient Verbreitung gefunden (Gerlemann 65).

In anderen Texten lassen sich weitere Verbindungen finden. So beschreibt das siebte Lied der »großen Herzensfreude« den Zustand der »Liebeskrankheit«, wie Hld 2,5. Zwei Gedichte aus der ägyptischen Sammlung der »lieblichen Sprüche« handeln davon, dass der Liebhaber abends vor dem Haus der Geliebten steht, aber nicht eingelassen wird, wie Hld 5,2-8. Auch der Vergleich der Geliebten mit einem Garten (Hld 4,12-5,1) oder des Liebhabers mit der flinken Gazelle (Hld 2,17) findet sich in den altägyptischen Liedern.

In verschiedenen Gedichten ist vom »Haus der Mutter« die Rede (vgl. Hld 3,4; 8,2). Die Mutter scheint Beraterin und Verantwortliche in Sachen Liebesdingen gewesen zu sein. So wünscht sich die junge Frau in einem der Gedichte, dass der Geliebte »zu meiner Mutter sende«. Damit ist wohl gemeint, dass er um ihre Hand anhalten oder zumindest um die Erlaubnis für eine Verabredung bitten soll. Vergleichbares ist für Hld 3,4 anzunehmen, wo es »im Haus der Mutter« um den Beginn der Hochzeitszeremonie geht. Dass das Hohelied mehrfach die Mütter, aber nie die Väter der Liebenden benennt, hat manchen Ausleger verwundert, wird aber auf diesem kulturellen Hintergrund verständlich (vgl. Gerhards 99f.).

Auch die Anrede »Schwester« in Hld 4,9.10.12 und 5,1.2 wird verständlich, wenn man berücksichtigt, dass in der altägyptischen Liebeslyrik die Geliebte ebenfalls mit »Schwester« angeredet wird. Der Begriff drückt Nähe und Intimität aus und ist hier nicht wörtlich gemeint (Keel 152).

Neben diesen und weiteren Gemeinsamkeiten sind aber auch einige Unterschiede zu benennen. Zunächst sind die altägyptischen Liebeslieder in verschiedenen Sammlungen überliefert, die insgesamt ein breiteres Spektrum an Themen und Bildern abdecken als das Hohelied. So findet sich dort z.B. das Thema der vergeblichen Liebe, das Motiv des Überwindens großer Hindernisse für die Liebe oder auch scherzhaft-hintergründige Bilder, z.B. die Liebhaberin als Tierbändigerin, die ihren Geliebten fesselt und dann mit ihrem Siegel brandmarkt; oder die Liebhaberin als Vogelfalle, bereit zum Zuschnappen, sobald der Geliebte sich nähert (Schott 40f.46f.65).

Auf der anderen Seite ist das Hohelied mehr als eine Sammlung von Liebesliedern. Bei allen Übereinstimmungen im Detail hat die Gesamtanlage des Hohenliedes eine weiterführende Ausrichtung. Die Liebe soll gefeiert, gleichzeitig aber auch aus weisheitlicher Perspektive betrachtet werden. Dies ist besonders an dem wiederholten Mottosatz des Liedes festzumachen, der nach der rechten Zeit für die Liebe fragt (2,7; 3,5; 8,4), sowie an der weisheitlichen Grundsatzaussage in Hld 8,6b-7.

Ein weiterer Unterschied betrifft die Tatsache, dass in den ägyptischen Liedern immer wieder Namen von Gottheiten genannt werden. Demgegenüber schweigt das Hohelied von Gott in geradezu auffälliger Weise. Dies hat sicher mit seinem Charakter als Weisheitsliteratur zu tun, aber auch mit dem Anliegen, Göttliches und Menschliches klar voneinander zu trennen. Gerade das Letztere wird noch deutlicher, wenn auch die kanaanäische und mesopotamische Liebeslyrik in den Vergleich mit einbezogen wird.

1.4.2 Das Hohelied und die kanaanäische und mesopotamische Liebeslyrik

Im mythischen Denken des Alten Orients erklärte man den Wechsel der Jahreszeiten mit bestimmten Ereignissen in der Welt der Götter. So war der Gott Dumuzi oder Tammus eine der Pflanzenwelt zugeordnete Gottheit, die jeweils mit dem heißen Sommer starb und dann rituell beweint werden musste. Erst wenn Dumuzi aus dem Totenreich zurückkehrte und seine Geliebte Inanna zur Frau nahm, konnte der neue Frühling beginnen.

Dieser Mythos wurde an vielen Orten auch in kultischen Feiern dargestellt. Dabei kam oft dem (Stadt-)König die Rolle des Dumuzi zu, während der Part der Inanna von einer Hohepriesterin übernommen wurde. Die symbolische oder auch tatsächliche sexuelle Vereinigung der beiden Darsteller wurde gewissermaßen als Voraussetzung dafür angesehen, dass der neue Frühling kommen konnte.

Die meisten uns aus dem mesopotamischen Raum überlieferten Liebesgedichte handeln von dieser »heiligen Hochzeit« (*hieros gamos*). Die Namen der Gottheiten wechseln zwar, ebenso der Termin der Feier. Das Phänomen an sich war aber weit verbreitet (Schmökel 8-15). Insgesamt wurde die Liebe zwischen Mann und Frau aus solch einem mythischen Blickwinkel verstanden.

Anders als heute lebten die ersten Leser des Hohenliedes unmittelbar in einer solchen mythisch gesättigten Umgebung. Auch in Israel selbst waren solche und ähnliche Vorstellungen verbreitet, wie Hesekiels Ablehnung des rituellen Beweinens von Tammus/Dumuzi (Hes 8,14) zeigt und die häufige Kritik der Propheten an den Fruchtbarkeitskulten auf den »Höhen« und unter den »grünen Bäumen« (z.B. Jer 2,20), bei denen ebenfalls Sexualität und Religion miteinander verbunden wurden.

Wer mit mit diesen Kulturen vertraut ist, wird überrascht sein, was das Hohelied alles *nicht* sagt. Es ist gut möglich, dass das Lied einen bewussten Gegenentwurf zu den Mythen seiner Umbebung darstellt: Die Liebe zwischen Mann und Frau ist nichts Religiöses, sie erhebt den Menschen nicht in den Bereich des Göttlichen, sondern ist zutiefst menschlich. Zwischen einer Vergöttlichung der Liebe auf der einen Seite und einer Dämonisierung der Liebe auf der anderen Seite weist das Hohelied also den Weg, die Liebe als eine dem Bereich des Menschen zugeordnete Schöpfungsgabe anzusehen und anzunehmen.

1.4.3 Das Hohelied und traditionelle Hochzeitsbräuche

Einige Stellen des Hohenliedes bleiben dem Leser deshalb unverständlich, weil sie möglicherweise auf Hochzeitsbräuche anspielen, die uns nicht mehr geläufig sind. Was die altisraelitischen Hochzeitsbräuche betrifft, haben wir in den biblischen Texten lediglich einige spärliche Hinweise. Einige interessante Einblicke vermitteln jedoch Studien von Hochzeitsbräuchen in traditionellen Kulturen, die mit der biblischen Kultur vergleichbar sind. So hat J. Wetzstein einige syrische Hochzeitsbräuche dokumentiert, wie er sie im 18. Jahrhundert bei Reisen in diese Gegend vorfand (zusammengestellt bei Delitzsch 162-177).

1. Nach Wetzstein ist der März der typische Hochzeitsmonat: Die Regenzeit ist vorbei, die Natur blüht auf und die Sonne ist noch nicht zu heiß. Auch das Hohelied beschreibt die Frühlingszeit als Zeit der Liebe (vgl. Hld 2,11).

2. Des Weiteren werden nach dem Brauch die Neuvermählten in den ersten sieben Tagen ihrer Ehe wie König und Königin behandelt. Es wird für sie ein gemeinsamer Ehrensitz eingerichtet, und der Brautführer übernimmt die Rolle des »Ministers«. Für die Braut wird zu diesem Zweck auch eine Krone angefertigt, mit der sie in einer feierlichen Zeremonie gekrönt wird. Eine ähnliche Sitte kann auch hinter den Bildern von König und Königin im Hohenlied stehen. Aber anders als in der syrischen Tradition ist die Hochzeitskrone in Hld 3,11 nicht für die Braut, sondern für den Bräutigam bestimmt.

3. Zum syrischen Hochzeitsfest gehören verschiedene Arten von Tänzen, unter anderem auch Tänze, die von der Braut allein ausgeführt werden. Um einen solchen Tanz mit der dazugehörigen traditionellen Aufforderung durch die Hochzeitsgesellschaft mag es sich in Hld 7,1-6 handeln.

4. Gesang begleitet die Tänze. Die Lieder besingen die körperliche Schönheit von Braut und Bräutigam. Sie haben die Form von Beschreibungsliedern, wie sie auch im Hohenlied mehrfach auftreten (4,1-7; 5,9-16; 6,4-10; 7,1-6).

Teilweise wurden Aufträge für solche Lieder an Dichter gegeben. Die Lieder werden dann im Rahmen des Hochzeitsfestes von Braut und Bräutigam gegenseitig vorgetragen. Man kann sich vorstellen, dass auch einige Abschnitte des Hohenliedes auf diese Weise eingesetzt wurden. In Jer 33,10f. klingt jedenfals ein solcher Brauch an:

> *Es wird wieder gehört werden an diesem Ort … der Klang des Jubels und der Klang der Wonne, die Stimme des Bräutigams und die Stimme der Braut …*

Natürlich liegt zwischen dem Hohenlied und den syrischen Hochzeitsbräuchen ein langer Zeitraum von mehr als zwei Jahrtausenden. Verbindungen sind daher nur mit Vorsicht herzustellen. Dennoch geben die Beobachtungen von Wetzstein hilfreiche Anstöße, wie der Kontext ausgesehen haben könnte, auf den sich das Hohelied Salomos bzw. seine einzelnen Bestandteile beziehen.

Bisher haben wir versucht, das Hohelied historisch und thematisch einzuordnen, indem wir nach dem richtigen Platz für dieses Buch im Kontext der Bibel und der damaligen Kultur gefragt haben. Mit dem hierdurch gewonnenen Wissen wollen wir den Text des Hohenliedes selbst näher in Augenschein nehmen.

1.5 Die literarische Eigenart des Hohenliedes

Ist das Hohelied eine Sammlung von Gedichten? Erzählt das Hohelied die Geschichte einer Liebe? War das Hohelied als Bühnenstück für eine Aufführung gedacht, zum Beispiel im Rahmen einer Hochzeit? Hat das Hohelied eine Botschaft für heute?

Um diese und ähnliche Fragen soll es nun gehen. Entgegen der Position vieler Kommentare, die eine bestimmte Sichtweise auf das Hohelied favorisieren und sich von allen übrigen Sichtweisen abgrenzen, ist meiner Ansicht nach jede der oben gestellten Fragen mit Ja zu beantworten. Das Hohelied ist gewissermaßen ein mehrstöckiges literarisches Gebäude, das seine Aussage auf mehreren übereinanderliegenden Ebenen entfaltet.

1.5.1 Das Hohelied – ein poetischer Text

Zu Anfang ein wenig Theorie:

Wer einen Sachtext verfasst, ist normalerweise bemüht, sich möglichst klar und verständlich auszudrücken, um keine Missverständnisse aufkommen zu lassen. Literarische Texte hingegen lassen bestimmte Dinge bewusst unausgesprochen. Wenn eine Botschaft vermittelt werden soll, wird diese oft nicht direkt in Worte gefasst, sondern muss vom Leser erschlossen werden. Dies gilt in verstärktem Maße für die Poesie, die mit Andeutungen und Anspielungen arbeitet und den Leser herausfordert, die Hintergründe und Zusammenhänge, die für das Verständnis notwendig sind, selbst zu ergänzen. Das alttestamentliche Paradebeispiel hierfür ist ohne Frage das Hohelied Salomos.

In der Literaturwissenschaft spricht man in diesem Zusammenhang auch vom Text als »System von Lücken«. Damit ist Folgendes gemeint: Zwischen den einzelnen Aussagen, die der

Text definitiv macht, bleiben gedankliche Lücken. Diese zu füllen, ist die Aufgabe der Interpretation (M. Sternberg 186-189).

Ein Beispiel: In 3,6-11 nähert sich ein Bräutigam in einem Festzug. In der folgenden Szene 4,1-7 besingt ein Mann die Schönheit einer Frau, die einen Schleier trägt. Wie lässt sich die Lücke zwischen den beiden Szenen füllen? Etwa indem man den Bräutigam der ersten Szene mit dem Mann der zweiten Szene gleichsetzt. Die Frau ist dementsprechend die Braut, der Schleier Teil ihres Hochzeitskleides. Der Bräutigam trifft also am Haus der Braut ein, um diese für die Hochzeitsfeier abzuholen, und sieht sie zum ersten Mal in ihrem ganzen hochzeitlichen Schmuck (vgl. Gerhards 180f.).

Nicht selten gibt es allerdings mehr als eine Möglichkeit, eine Lücke zu füllen. Dies führt zu einer gewissen Vielfalt an Auslegungen, die vom Dichter mitunter auch gewünscht ist oder eben zum »Eigenleben« eines Textes gehört.

Auf der anderen Seite darf daraus nicht geschlossen werden, dass die Auslegung poetischer Texte eine Sache der Willkür wäre. Vielmehr muss man davon ausgehen, dass der Autor mit seinem Gedicht ein bestimmtes Ziel verfolgt. Er will etwas Sinnvolles und Zusammenhängendes aussagen, und er erwartet, dass die von ihm ins Auge gefassten Leser es auch verstehen können. Er hat also eine kommunikative Absicht. Daraus lassen sich, was das Füllen von Lücken betrifft, drei Regeln ableiten:

1. Die Lücken sind, wo möglich, so zu füllen, dass ein sinnvoller Zusammenhang entsteht.
2. Die Lücken sind so zu füllen, dass alle Elemente des Textes gut zusammenpassen und keine Widersprüche entstehen.
3. Es ist dabei jeweils nach den Verbindungen zu suchen, die für die ursprünglichen Adressaten des Textes naheliegend waren.

Welche Verbindungen jeweils naheliegen, hängt zunächst vom »gesunden Menschenverstand« ab – wobei, ganz allgemein gesprochen, davon ausgegangen wird, dass die damaligen Leser Menschen waren, wie wir es sind. Zum anderen hängt es aber auch vom kulturellen Hintergrund und literarischen Kontext ab, in dem ein Text steht. Der Autor des Hohenliedes hatte eine bestimmte Leserschaft vor Augen, von der er erwartete, dass sie seine Andeutungen auf eine bestimmte Weise verstand. Für das Hohelied sind demnach zu berücksichtigen: die altvorderorientalische und altisraelitische Kultur und der Kontext des alttestamentlichen Kanons sowie darin insbesondere die Denkweise der alttestamentlichen Weisheit.

Wie lässt sich auf diesem Hintergrund die literarische Eigenheit oder die literarische Gattung des Hohenliedes noch genauer beschreiben?

1.5.2 Das Hohelied – eine Zusammenstellung von Liebesgedichten

Das Hohelied besteht aus einer Reihe einzelner Liebesgedichte. Diese sind teilweise durch Stichworte oder durch einen erzählerischen Zusammenhang miteinander verbunden, aber eben nicht immer. Für die einzelnen Gedichte des Hohenliedes werden Gattungen, Formen und Motive verwendet, die auch außerhalb der Bibel vorkommen, z.B. Beschreibungslieder (4,1-7), Beziehungsfantasien (7,14-8,4), das Motiv der »Türklage« (5,2-8) usw. Dies verstärkt den Eindruck, dass das Hohelied aus einzelnen Bausteinen besteht.

Für das Thema der Liebe zwischen Mann und Frau macht diese Art der Behandlung durchaus Sinn. Die Liebe ist so universell und vielseitig, dass sie sich einer völligen Vereinheitlichung entzieht. Das Hohelied strebt daher auch keine Vereinheitlichung an, sondern lässt in seinen einzelnen Gedichten unterschiedliche Facetten des Beziehungsgeschehens aufleuchten (Wagner 2007, S. 549).

1.5.3 Das Hohelied – die Geschichte einer Liebe in dichterischer Form

Immer wieder haben Ausleger hinter den einzelnen Gedichten des Hohenliedes eine fortlaufende Handlung erkannt. Wer Entwürfe dieser Art miteinander vergleicht, wird feststellen, dass die erste Hälfte des Hohenliedes (bis 5,1) relativ einheitlich interpretiert wird, für die zweite Hälfte aber die Meinungen auseinandergehen. Das Hauptproblem bildet die im Lied beschriebene Hochzeit. So deutet in 3,6-5,1 vieles darauf hin, dass eine Hochzeit stattfindet. Im weiteren Verlauf des Liedes sind die Partner jedoch offensichtlich wieder unverheiratet. – Der Versuch beispielweise von Delitzsch, die Ereignisse ab 5,2 im Sinne von Verwicklungen innerhalb der Ehe zu interpretieren wirkt eher gezwungen. Ein Ehemann brauchte nicht zu nächtlicher Stunde um Einlass zu bitten (5,2-8). Auch der Wunsch, der Geliebte wäre wie ein Bruder, den die Liebhaberin in ihr Elternhaus einladen könnte, ohne die Regeln des Anstands zu verletzen (8,1), passt nicht zu einem Ehepaar.

Ausleger, die eine voranschreitende Handlung im Hohenlied sehen, verstehen diese nicht selten auch in einem historischen Sinne. So interpretiert Delitzsch (S. 7) das Hohelied als die Geschichte einer Liebe zwischen König Salomo und einer edlen Frau vom Lande. Andere Ausleger des 18. und 19. Jahrhunderts sahen gar eine Dreiecksgeschichte zwischen Schulammit, König Salomo und einem Hirtenliebhaber. Dass der Text des Hohenliedes eine solche historisierende Auslegung nicht unterstützt, wurde oben schon aufgezeigt (➛ 1.3.2).

Ist die Idee einer fortlaufenden Handlung deshalb gänzlich zu verwerfen? Nein, denn die von den Auslegern gemachten Beobachtungen bleiben gültig. Drei Dinge müssen aber bei der Auslegung des Hohenliedes im Erzählzusammenhang beachtet werden:

1. Die beiden Hauptdarsteller des Liedes sind literarische Figuren, die das beispielhaft verkörpern, worum es bei der Liebe zwischen Mann und Frau geht (Gledhill 21). Sie laden den Leser ein, sich mit ihnen zu identifizieren – mehr als ein historischer Salomo und eine historische »Schönheit vom Lande« es könnten.

2. Die einzelnen Gedichte des Hohenliedes beschreiben Stationen auf dem Weg der Partner zueinander. Teilweise ergibt sich ein fortlaufender inhaltlicher Zusammenhang, teilweise werden typische Situationen aber auch in loser Folge präsentiert.

3. Der erzählerische Faden ist im Hohenlied durchaus von Bedeutung. Der Handlungslogik übergeordnet ist eine Art von »poetischer Logik«. Sie spannt einen Bogen vom ersten Kennenlernen am Anfang bis zur feierlichen Besiegelung der Liebe am Ende, wobei das Hochzeitsfest nicht den Abschluss, sondern das Zentrum des Liedes bildet. Die Handlung unterliegt zudem einem zyklisches Wechselspiel von Nähe und Distanz (vgl. Fischer 54-83; ➛ 1.6).

1.5.4 Das Hohelied – ein Bühnenstück für die Hochzeitsfeier

Schon der Kirchenvater Origines sah um 250 n. Chr. das Hohelied als *Drama*. Tatsächlich entspricht es der Form des Bühnenstückes, indem die Ereignisse nicht erzählt, sondern in Form von wörtlicher Rede wiedergegeben werden. Ebenfalls am besten mit der Drama-Theorie zu erklären, ist die folgende Eigenart des Hohenliedes:

Die weibliche Hauptdarstellerin spricht in ihren Ausführungen immer wieder die »Töchter Jerusalems« an. Von der Ebene der Erzählung betrachtet, sind damit die jungen Frauen der Stadt gemeint, mit denen die weibliche Hauptperson des Liedes aufgewachsen ist, ihre Freundinnen und Bekannten, die nun ihren Weg ins Liebesglück begleiten.

Allerdings sind die »Töchter Jerusalems« auch an Stellen anwesend, wo man sie eigentlich nicht erwarten würde. So irrt die junge Frau in 5,2-7 allein durch die nächtlichen Straßen, um ihren Geliebten zu finden. Nur einen Moment später bittet sie die »Töchter Jerusalems«, ihr bei der Suche zu helfen. Wo kommen diese mitten in der Nacht auf einmal her?

Versteht man das Hohelied als Bühnenstück, so lässt sich der Sachverhalt gut erklären: Die junge Frau irrt nicht durch die nächtliche Stadt, sondern sie erzählt davon; und die »Töchter Jerusalems« sind nicht in der Handlung, sondern auf der Bühne anwesend.

Man kann sich die »Töchter Jerusalems« als eine Gruppe von Darstellerinnen vorstellen, die in die Rolle eines »Publikums auf der Bühne« schlüpfen, wie der sogenannte »Chor« im griechischen Drama. Dieses besondere Publikum verfolgt die Geschichte der Liebenden und dient der weiblichen Hauptperson als Gegenüber und als Gesprächspartner (Delitzsch 11). Wenn das Hohelied auf der Hochzeitsfeier aufgeführt wurde, kann dieser Part von den Brautjungfern übernommen worden sein (vgl. Ps 45,15).

Was für die Frau die »Töchter Jerusalems« sind, sind für den Mann die »Freunde«. So endet das eigentlich sehr intime Lied vom »Garten der Liebe« in 4,12-5,1 überraschend mit der Aufforderung: »Esst, Freunde, trinkt, berauscht euch an der Liebe.« Diese Wendung erzeugt den Eindruck, dass es sich beim Gartenlied um ein Vortragsstück handelt. Braut und Bräutigam tragen sich die Sätze des Liedes gegenseitig vor, während die Hochzeitsgesellschaft lauscht (Zakovitch 208). Ähnliches gilt für das Beschreibungslied 7,1-6, das von einem Dialog mit dem Publikum eingeleitet wird.

Dass der Bräutigam der Braut vor der versammelten Hochzeitsgesellschaft ein vorher vorbereitetes Beschreibungslied vorträgt, ist aus alten syrischen Hochzeitstraditionen bekannt (➛ 1.4.3). Inwiefern das auch im alten Israel üblich war, wissen wir nicht. Bestimmte Passagen des Hohenliedes erwecken aber durchaus den Eindruck, dass das auch im alten Israel so war.

Insgesamt lässt sich daher schlussfolgern: Das Hohelied nimmt dramatische Elemente auf und versetzt uns damit zeitweilig mitten auf die stimmungsvolle Hochzeitsfeier, wo Braut und Bräutigam miteinander und mit dem Publikum interagieren. Die Hochzeitsfeier ist demnach der »Sitz im Leben« für die Texte des Hohenliedes, der Ort, der sich wie kein anderer eignet, um die Liebe zu feiern.

In seiner Gesamtheit und endgültigen Gestalt ist das Hohelied aber doch mehr als ein Theatermanuskript. Es ist ein literarisches Werk, das nicht aufgeführt, sondern das gelesen und ausgelegt werden will.

1.5.5 Das Hohelied – ein weisheitliches Liebeslied

Wie schon gesagt, ist das Hohelied gewissermaßen ein mehrstöckiges literarisches Gebäude. Auf der untersten Ebene begegnet uns eine Sammlung von Liebesgedichten. Auf der zweiten Ebene sehen wir in der Aneinanderreihung der Gedichte eine fortlaufende Handlung, nämlich die Geschichte einer Liebe. Auf der nächsthöheren Ebene erkennen wir Elemente eines Bühnenstückes. Die Hochzeitsfeier erweist sich als angemessener »Sitz im Leben«.

Auf der obersten Ebene schließlich präsentiert sich das Hohelied als ein literarisches Gesamtkunstwerk mit einer weisheitlichen Prägung. Die folgenden übergreifenden literarischen Strukturelemente verleihen dem Lied seinen weisheitlichen Rahmen (➛ 1.2.3):

- Die wiederholten Mottosätze, die Liebe nicht vor ihrer Zeit zu wecken (2,7; 3,5; 5,8; 8,4).
- Die weisheitliche Reflexion als abschließender Höhepunkt des Hohenliedes (8,6b-7).
- Die rahmende Geschichte von der Weinberghüterin und ihren Brüdern (1,5f.; 8,8-12).

Aber nicht nur diese Textabschnitte sind weisheitlich. Sie leiten vielmehr dazu an, nun auch das gesamte Geschehen des Hohenliedes als Weisheit zu betrachten. Aus der Komposition der Einzelteile zu einem Ganzen entsteht ein »Mehrwert«, der größer ist als die Summe der einzelnen Teile (Heinevetter 171). Gewissermaßen studieren wir die Liebe, während wir sie feiern. Und so wird aus dem Lied auf die Liebe auch ein Lied über die Liebe.

Dadurch wird das Hohelied allerdings nicht zu einer abstrakten Erörterung über die Liebe.

Das Hohelied berichtet nicht aus objektiver Distanz, sondern aus der Perspektive von »Betroffenen«. Die Sprecher des Liedes lieben und feiern und reflektieren. Sie sind selbst in das involviert, von dem sie reden, und involvieren auf diese Weise auch den Leser. Die schönste literarische Form, um über die Liebe zu reden, ist ohne Zweifel das Liebeslied. Wollte man die Liebe von einem wissenschaftlichen Standpunkt aus sezieren, so ginge Entscheidendes verloren.

1.6 Der literarische Aufbau des Hohenliedes

Im vorangegangenen Abschnitt wurde davon gesprochen, dass es sich beim Hohenlied um ein literarisches Gesamtkunstwerk handelt. Dies soll nun konkret am literarischen Aufbau des Hohenliedes aufgezeigt werden.

Seit den 1970er-Jahren hat sich in der Bibelwissenschaft des Alten Testaments ein neuer Zweig herausgebildet, der die biblischen Texte als bewusst gestaltete literarische Werke wahrnimmt. Die Einheit des Hohenliedes wurde wieder neu untersucht. Der genaue Aufbau des Liedes ist umstritten. Trotz der Abweichungen im Detail sind gemeinsame Grundlinien zu erkennen.

Ein gewichtiges Argument für die Einheit des Liedes sind die vielen Wiederholungen von Motiven und Phrasen im gesamten Text, z.B. die immer wiederkehrenden »Töchter Jerusalems«, mit denen die junge Frau im Dialog steht; die Beschwörungsformeln, die Liebe nicht vor ihrer Zeit zu wecken (2,7; 3,5; 8,4; vgl. 5,8); die beiden einander gegenüberstehenden Träume der jungen Frau (3,1-5 und 5,1-8); der Motivkomplex von der Weinberghüterin und ihrer Brüder am Anfang und am Ende des Liedes (1,5-6; 8,8-12) und viele andere mehrfach vorkommende Formulierungen.

Die Wiederholungen sind nicht willkürlich über das Lied verteilt. Ihre genaue Beobachtung lässt den Gesamtaufbau des Liedes sichtbar werden.

1.6.1 Die »emotionale« zyklische Struktur des Hohenliedes

Den ersten auffälligen Anhaltspunkt für die innere Struktur des Liedes bildet der Mottosatz »Ich beschwöre euch, Töchter Jerusalems …«, der an drei Stellen im Lied vollständig und an einer weiteren Stelle teilweise erscheint (2,7; 3,5; 5,8; 8,4). Beobachtungen zeigen, dass auch die den Mottosätzen vorangehenden Verse Ähnlichkeiten miteinander aufweisen. So geht dem zweiten und dem dritten Mottosatz jeweils eine Traumszene der jungen Frau voran, in der diese die Stadt nach ihrem Geliebten durchsucht und dann auf die Wächter trifft. Auch direkt vor dem vierten Mottosatz geht es darum, den Geliebten zu finden. Die Formulierung »Ich bin krank vor Liebe« steht beim ersten und dritten Mottosatz; der Wunsch »Seine Linke unter meinem Kopf / und seine Rechte soll mich umfassen!« beim ersten und vierten Mottosatz. Die Absicht, den Geliebten ins Haus der Mutter zu bringen, wird wiederum beim zweiten und vierten Mottosatz genannt. Die genannten Formulierungen finden sich *nur* an diesen Stellen. Nicht nur von den Formen, sondern auch vom Inhalt sind die Abschnitte miteinander verbunden: Alle vier den Mottosätzen vorausgehenden Abschnitte handeln von der Sehnsucht der jungen Frau nach ihrem Geliebten (2,5-7; 3,1-5; 5,2-8; 7,14-8,4).

Einen zweiten wichtigen Anhaltspunkt bilden die Stellen, an denen der junge Mann redet. Dies geschieht am Anfang des Liedes in einer Reihe von Dialogen (1,9-2,3). Im weiteren Verlauf des Liedes sind es drei große Redeblöcke 2,10b-14; 4,1-15 und 6,4-7,10, sowie 8,13. Die Blöcke sind im Wechsel mit den Mottosätzen angeordnet. Die Inhalte sind jeweils ähnlich: Der junge Mann beschreibt die Schönheit seiner Geliebten, bringt sein Verlangen nach ihr zum Ausdruck und fordert sie auf, mit ihm zu kommen, oder kündigt an, sie für sich zu »erobern«.

Bevor der Mann zu sprechen beginnt, wird jeweils auf die eine oder andere Weise von seinem Erscheinen berichtet (2,8-10a; 3,6-11; 5,9-6,3; 8,5-7). Auf die Reden des Mannes folgt jeweils eine Antwort der Frau, die ihre Hingabe zum Ausdruck bringt oder ihren Geliebten einlädt. Auch hierbei werden bestimmte wiederkehrende Formulierungen verwendet (2,16-17; 4,16; 7,11-13; 8,14).

Die Beobachtungen weisen auf eine rollende, zyklische Struktur hin, bei der Elemente immer wieder in der gleichen Reihenfolge wiederkehren.

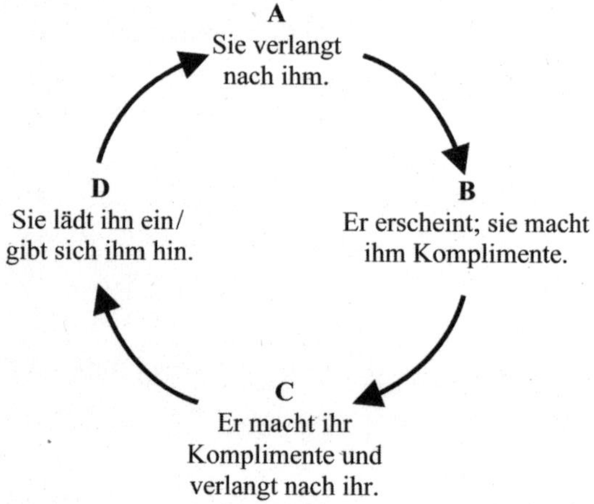

Von 2,5 an erscheint diese die Abfolge insgesamt viermal durchlaufen. Der einleitende Abschnitt 1,2-2,4 weicht in verschiedener Hinsicht ab, fügt sich aber dennoch grob in dasselbe Schema. So treten insgesamt von fünf »Zyklen des Verlangens« auf. Die Tabelle zeigt die genaue Zuordnung der Verse:

	Zyklus 1 1,1-2,4	*Zyklus 2 2,5-17*	*Zyklus 3 3,1-5,1*	*Zyklus 4 5,2-7,13*	*Zyklus 5 7,14-8,14*
A) Sie verlangt nach ihm.	1,2-4	2,5-7	3,1-5	5,2-8	7,14-8,4
B) Er erscheint; sie macht ihm Komplimente.	1,7-2,3	2,8-10a	3,6-11	5,9-6,3	8,5-7
C) Er macht ihr Komplimente und verlangt nach ihr.		2,10b-15	4,1-15	6,4-7,10	8,13
D) Sie lädt ihn ein bzw. gibt sich ihm hin.	2,4	2,16-17	4,16;5,1	7,11-13	8,14

Zu dieser Übersicht sind einige weiterführende Erläuterungen notwendig:

1. Zwei kurze Abschnitte sind in der Tabelle nicht genannt, die Verse 1,5-6 und 8,8-12. Diese bilden zwei Teile einer separaten Erzählung, die von der Hüterin der Weinberge und ihren Brüdern handelt. Die Erzählung ist als Rahmen um das Hohelied herum gesetzt und thematisiert die Frage, wann ein junger Mensch »reif« ist, eine Liebesbeziehung einzugehen.

2. Im ersten Zyklus finden wir statt der großen Redeblöcke eine Reihe von kürzeren Dialogen zwischen den Partnern. Dies entspricht der Situation des Kennenlernens, wo größere Monologe nicht angebracht wären.

3. Die mit dem Buchstaben B bezeichneten Abschnitte, die die Ankunft des Mannes beschreiben, sind durch das Lied hindurch am wenigsten gleichförmig gestaltet: Im zweiten und dritten Zyklus wird der Partner beschrieben, während er sich nähert. Im vierten Zyklus besingt die Frau ihn, während er noch abwesend ist; er muss gesucht werden. Im fünften Zyklus schließlich erscheinen beide Partner gemeinsam. Allen B-Abschnitten ist gemein, dass die junge Frau zuvor allein ist und anschließend

mit ihrem Partner zusammen. Die Variationen haben mit dem jeweiligen Erzählinhalt zu tun, wie in der Einzelauslegung gezeigt werden wird.

4. Nur im dritten Zyklus wird die abschließende Einladung der Frau (4,16) vom Geliebten beantwortet (5,1). Während sonst am Ende des Zyklus jeweils die Sehnsucht als Gefühl stehen bleibt, deutet 5,1 eine Erfüllung an. Die Szene handelt vom »Paradies der Liebe« bzw. von der Hochzeitsnacht.

Die Struktur des wechselseitigen Verlangens ist gewissermaßen die treibende Kraft des Hohenliedes, das innere Band, das die verschiedenen Lieder, Bilder und erzählenden Abschnitte zusammenhält.

Andere Ausleger teilen das Lied ähnlich ein, z.B. Herder, Delitzsch und Carr, mit dem hauptsächlichen Unterschied, dass die Beschwörungsformeln als Abschluss und nicht als Auftakt der jeweiligen Zyklen verstanden werden. Zwei Argumente sprechen jedoch dagegen:

1. Die Beschwörungsformel in 5,8 steht innerhalb eines erzählerischen Spannungsbogens (5,2-6,3) und bildet also eindeutig keinen Abschluss. Delitzsch und Carr können sie deshalb nicht in der gleichen Weise wie die übrigen Formeln behandeln. Das bedeutet, dass der erste Traum in 3,1-4 am Ende eines Zyklus zu stehen kommt, der zweite Traum in 5,2-8 dagegen am Beginn eines Zyklus.

2. Werden die Beschwörungsformeln als Abschlüsse verstanden, ergibt sich keine geschlossene »emotionale Logik«, wie sie oben dargestellt wurde. Im Gegenteil, es bleiben Verse übrig, die nicht zuzuordnen sind, z.B. der erste Traum in 3,1-5 und die Schlussverse 8,13-14.

Bei der oben vorgestellten Einteilung können dagegen alle vier Formeln gleich behandelt werden und alle Abschnitte finden ihren Platz im Gesamtaufbau.

Für die weitere Diskussion und die Gegenüberstellung mit anderen Strukturvorschlägen siehe Steinberg 2006, S. 347-367.

1.6.2 Das Zusammenspiel der Zyklen

Wenn man die fünf Zyklen des Liedes inhaltlich untersucht, wird erkennbar, dass diese jeweils unterschiedliche thematische Schwerpunkte setzen. Zum einen ist eine sich steigernde Entwicklung von Zyklus zu Zyklus erkennbar, die vom Austausch erster Komplimente bis zur abschließenden Besiegelung der Liebe reicht. Zum andern setzt aber auch der dritte Zyklus einen inhaltlichen Schwerpunkt, indem er von Hochzeitstag und Hochzeitsnacht und vom »Paradies der Liebe« handelt. Zu beachten ist dabei Folgendes: Die thematische Anordnung mit der Hochzeit im Zentrum steht über der chronologischen Reihenfolge der Ereignisse. So sind, obwohl der dritte Zyklus von der Hochzeit handelt, die Partner in Teilen des vierten und fünften Zyklus nicht verheiratet.

Zyklus 1 ↑ Kennenlernen
Zyklus 2 Frühlingseinladung
Zyklus 3 ⟶ Hochzeitstag und Hochzeitsnacht
Zyklus 4 Wilde Romantik
Zyklus 5 ↓ Die Liebe wird besiegelt

Diese Symmetrie sieht mit leicht veränderter Versabgrenzung auch Carr (S. 46), vgl. Fischer (S. 86). Insgesamt ist das Hohelied nach dieser Analyse wie folgt aufgebaut:

Erster Zyklus: Kennenlernen

A	Sie verlangt nach ihm.	1,2-4	Sie: Ich schwärme von dir.
Rahmung I		1,5-6	Die Weinberghüterin und ihre Brüder, Teil I
B	Verlangen; Begegnung;	1,7-8	Sie: Wo kann ich dich finden?
C	Komplimente	1,9-2,3	Er und Sie: Annäherungen
D	Ihr Verlangen erfüllt.	2,4	Sie: Alle Zeichen stehen auf Liebe

Zweiter Zyklus: Frühlingseinladung

A	Sie verlangt nach ihm.	2,5-7	Sie: Ich warte sehnlichst auf dich.
B	Er erscheint, sie macht ihm Komplimente.	2,8-10a	Sie und Er: Verabredung für den Abend
C	Er macht ihr Komplimente und verlangt nach ihr.	2,10b-15	
D	Sie lädt ihn ein.	2,16-17	

Dritter Zyklus: Hochzeitstag und Hochzeitsnacht

A	Sie verlangt nach ihm.	3,1-5	Sie: Im Traum suchte ich nach dir, Teil I.
B	Er erscheint, man macht ihm Komplimente.	3,6-11	Der Bräutigam erscheint in festlichem Zug.
C	Er macht ihr Komplimente und verlangt nach ihr.	4,1-7	Er: Wie schön du bist.
		4,8-11	Er: Komm mit mir vom Libanon.
		4,12-15	Er und Sie: Komm in mein Paradies der Liebe
D	Sie lädt ihn ein.	4,16; 5,1	

Vierter Zyklus: Wilde Romantik

A	Sie verlangt nach ihm.	5,2-8	Sie: Im Traum suchte ich nach dir, Teil II.
B	Sie macht ihm Komplimente. Er ist da.	5,9-16	Sie: Mein Geliebter ragt heraus …
		6,1-3	Sie: Wieder vereint
C	Er macht ihr Komplimente und verlangt nach ihr.	6,4-10	Er: Du faszinierst und erschreckst mich.
		6,11-12	Er: Mein Frühlingsverlangen treibt mich um.
		7,1-6	Er. Tanze für mich, du Schulammit.
		7,7-10	Er: Ich will mit dir schlafen.

D Sie lädt ihn ein.	7,11-13	Sie: Ich will dir meine Liebe schenken.

Fünfter Zyklus: Stark wie der Tod ist die Liebe

A Sie verlangt nach ihm.	7,14-8,4	Sie: Ach, wärst du doch mein Bruder.
B Beide erscheinen; sie besiegelt die Liebe.	8,5-7	Sie: Die Liebe währt ewig.
Rahmung II	8,8-12	Die Weinberghüterin und ihre Brüder Teil II.
C Er macht ihr Komplimente und verlangt nach ihr.	8,13	Er und Sie: Einladung
D Sie lädt ihn ein.	8,14	

1.7 Die Poesie des Hohenliedes

Die hebräische Poesie zeichnet sich vor allem durch zwei Eigenschaften aus. Zum einen durch die besondere Bildsprache, zum andern durch den sogenannten Parallelismus der Verszeilen. Stilmittel, die wir von Gedichten unserer Kultur gewohnt sind, wie Reim und Rhythmus, kommen dagegen im Hohenlied nicht vor. Wegen dieser Unterschiede ist es notwendig, die poetischen Eigenheiten des Hohenliedes etwas näher zu betrachten.

1.7.1 Die Bildsprache

Ein verschlossener Garten bist du,
meine Schwester, meine Braut,
ein verschlossener Garten,
eine versiegelte Quelle. (Hld 4,12)

Literarische Stilfiguren, wie etwa Vergleiche oder Wiederholungen, wurden in der älteren Auslegung häufig als schmückendes

Beiwerk betrachtet. Man analysierte und benannte sie und ging dann zum »eigentlichen« Inhalt des Textes weiter.

Doch wenn ein Autor eine bestimmte Stilfigur verwendet, dann doch deshalb, weil er meint, damit sein Anliegen am besten vermitteln zu können. Die neuere Forschung sieht Stilfiguren daher nicht als Beiwerk, sondern vielmehr als wichtiges Mittel der literarischen Kommunikation an. So kann ein Bild z.B. viel besser ein Gefühl vermitteln und den Leser ganzheitlich ansprechen, als eine Sachaussage es könnte. Und während man viele abstrakte Worte benötigt, um einen Inhalt beschreibend zu erfassen, ruft ein einzelner gut getroffener Vergleich beim Leser einen gesamten Vorstellungskomplex ab. – Ja, Menschen denken in Bildern. Bilder und Metaphern sind für uns grundlegend wichtig, um durch sie die Welt um uns herum zu begreifen und zu beschreiben.

Die Bilder, die das Hohelied verwendet, sind kraftvoll und tiefsinnig. Der Garten, der Frühling, die genannten Pflanzen und Tiere lassen eine starke Verbundenheit mit dem Land und der Natur erkennen. Das Hohelied arbeitet mit Räumen, etwa mit den Kontrasten von Drinnen und Draußen, von Stadt und Land, von Kultur und Natur (Zakovitch 87-90; Fischer 187-209; Hunt u.a.).

Bei näherem Hinsehen trifft der Leser allerdings auch auf so manches, was für heutige Ohren befremdlich anmutet. Den Vergleich ihrer Frisur mit einer Herde Ziegen beispielsweise (Hld 4,1) würde eine Frau heute wohl kaum als Kompliment auffassen. Auch mit dem Satz »Deine Nase ist wie ein Turm« (Hld 7,5) würde ein Verehrer kaum ankommen. Eines ist wohl offensichtlich: Die damaligen Leser müssen die Vergleiche anders verstanden haben als wir heute. Aber wie? Viele der älteren Kommentare tun sich gerade mit der Auslegung solcher Stellen sehr schwer.

Othmar Keel, österreichischer Kunsthistoriker und Theologe, hat die altvorderorientalische Bildsprache studiert und dabei wesentliche Erkenntnisse zutage gefördert, die uns helfen, die Aussagen des Hohenliedes ganz neu zu verstehen. Keel weist auf zwei wichtige Aspekte hin, die bei den Vergleichen zu beachten sind (S. 35-37):

Zum einen gab es in der Kunst des Alten Vorderen Orients eine festgelegte Bildersprache. Beispielsweise war die Taube ein traditionelles Symbol für die Liebe, das auf vielen Abbildungen von Liebespaaren zu finden war (siehe Keel 87). Heute benutzen wir in vergleichbarer Weise Herzen, um das Gefühl der Liebe bildlich darzustellen. Die Aussage »Deine Augen sind Tauben« (1,15 u.a.) wäre demnach zu übersetzen mit »Von deinen Augen fliegen Herzchen zu mir« oder »Du schaust mich so liebevoll an«.

Ein weiteres Beispiel: Die Lotusblume erblüht in Ägypten nach dem Rückgang der alles vernichtenden Nilüberschwemmung als Erste über den braunen Tümpeln. Deshalb gilt sie als ein Symbol für Leben und Lebenserneuerung (siehe Keel 81.83). Die Aussage »Seine Lippen sind Lotusblumen« (5,13) bedeutet daher etwa: »Seine Lippen sind voller Lebenskraft« oder: »Wenn er mich küsst, fühle ich mich so lebendig«.

Zum Zweiten beziehen sich Vergleiche mit Körperteilen nicht wie bei uns auf Form und Aussehen (z.B. Flaschen»hals«, Meeres»arm«), sondern auf das, was sie zum Ausdruck bringen. So steht der Arm im Alten Testament bildlich für Macht. Das Haar symbolisiert Lebenskraft. Das Schnauben mit der Nase bedeutet Unmut oder Zorn, das Recken des Halses Stolz usw.

Das Haar der Geliebten sieht also nicht aus wie eine Ziegenherde. Vielmehr bringen die schwarzen Locken Jugend und Lebenskraft, Energie und Dynamik zum Ausdruck, wie eine Ziegenherde, die hüpfend und springend einen Berghang herabstürmt. Die Sprünge der Tiere bilden dabei gleichsam die Form der Locken nach.

Entsprechendes gilt für die Nase: Ein Turm bedeutet Stolz

und Wehrhaftigkeit, und wenn die junge Frau ihre Nase krauszieht, dann bemerkt der Liebhaber anerkennend, dass sie ihren Standpunkt sehr wohl zu vertreten weiß.

Manche der Symbole haben in der Umwelt Israels einen mythischen Hintergrund. Dies hindert die biblischen Schreiber nicht daran, entsprechende Bilder zu verwenden. Ein irgendwie gearteter Götterglaube wird aber nicht mit übernommen. So ist beispielsweise die Gazelle in Israels Umwelt eine Beigabe (Attribut, *Epithet*) der Liebesgöttin (Keel 91). In Hld 2,7 wird sie einfach zu einem Attribut der Liebe an sich (weiterführend Müller 1991, 152ff.).

Die Bedeutung der einzelnen Bilder und Vergleiche wird in der Einzelauslegung jeweils erklärt werden. Zusätzlich befindet sich am Ende dieses Buches ein Sachregister, in dem die botanischen, zoologischen und kulturellen Informationen zu den einzelnen Begriffen zusammengestellt sind.

Neben den Bildern und Vergleichen sind auch die besonderen sprachlichen Formen zu beachten, die der Poesie des Hohenliedes zugrunde liegen.

1.7.2 Der Parallelismus der Verszeilen

Ein typisches Merkmal der hebräischen Poesie ist, dass jeweils zwei aufeinanderfolgende Zeilen inhaltlich zusammengehören. Dies wird als Parallelismus der Versglieder oder als *Parallelismus membrorum* bezeichnet:

Denn stark wie der Tod ist die Liebe,
hart wie das Totenreich die Leidenschaft. (Hld 8,6b)

In diesem Beispiel stehen die Wörter »stark« und »hart«, »Tod« und »Totenreich« sowie »Liebe« und »Leidenschaft« jeweils parallel zueinander. Der Parallelismus wird auch als »Gedankenreim« bezeichnet, weil sich bei ihm im Unterschied zu heutigen Gedichten zwar nicht die Wörter reimen, aber die Aussagen inhaltlich aufeinander abgestimmt sind.

Für die Auslegung des Parallelismus gilt: Die beiden Zeilen sind nicht losgelöst voneinander zu betrachten, sondern die Gesamtaussage ergibt sich aus beiden Zeilen gemeinsam. Im oben genannten Beispiel bedeutet dies konkret, dass mit »Leidenschaft« nicht etwas grundsätzlich anderes gemeint ist als mit »Liebe«, sondern dass beide Begriffe gemeinsam die Macht umschreiben, um die es hier geht. Hinter dem *Parallelismus membrorum* steht auch die Weisheit, dass die Wirklichkeit oft komplexer ist, als dass sie mit einem einzelnen Begriff oder einer einzelnen Aussage abschließend beschrieben werden könnte. Auch einen praktischen Vorteil hat der »Gedankenreim«: Leichter als andere Formen von Poesie lässt er sich in andere Sprachen übersetzen.

Das Hohelied verwendet den Parallelismus nicht nur für ganze Aussagen, sondern häufiger für Satzteile und auch einzelne Wörter:

Mit mir vom Libanon, *meine Braut,* *mit mir vom Libanon*	} Satzteil-Parallelismus mit eingeschobener Anrede
sollst du kommen, *sollst du herabsteigen,*	} Satzteil-Parallelismus
vom Gipfel des Amana, *vom Gipfel des Senir und Hermon,*	} Satzteil-Parallelismus
von den Lagerstätten der Löwen, *von den Bergen der Leoparden.* *(Hld 4,8)*	} Satzteil-Parallelismus

Die Satzteil-Parallelismen, auch Stufen-Parallelismen genannt, haben den Effekt, dass sich die Gesamtaussage Schritt für Schritt entfaltet. Jeder einzelne Aspekt ist gewichtig genug, um einen Moment auf ihm zu verweilen, bevor zum nächsten Teilsatz vorangeschritten wird. Der Effekt tritt vor allem dann hervor, wenn der Text laut gelesen bzw. vorgetragen wird.

Das obige Beispiel bildet übrigens auch insgesamt einen Parallelismus, und zwar mit einer kreuzweisen Wortstellung:

vom Libanon	╲ ╱	sollst du kommen
sollst du herabsteigen	╱ ╲	vom Gipfel des Amana

Die kreuzweise Wortstellung wird als *Chiasmus* bezeichnet, was sich von dem griechischen Buchstaben X = *Chi* herleitet.

Stufenparallelismen und wörtliche Wiederholungen von Satzteilen sind außerhalb des Hohenliedes auch im Siegeslied von Debora und Barak in Richter 5 sowie im Siegeslied des Mose in 2Mo 15 anzutreffen. Sie gelten als Merkmal archaischer hebräischer Poesie (Pope 1997, S. 51f.).

An einigen Stellen wird in den Parallelismus eine Anrede eingeschoben. Siehe dazu das vorangegangene Beispiel Hld 4,8. Wo diese Form auftritt, dient sie oft der Strukturierung, d.h. der Einleitung oder Ausleitung von Abschnitten (1,15 mit 1,16; 2,10 mit 2,13; 4,1 mit 4,7; 4,8 mit 4,11; 4,9 mit 4,10; 4,12 mit 5,1; 5,9 mit 6,1; 7,1). Auch sonst ist die in den Satz eingeschobene Anrede häufig.

Neben dem Zweizeiler, dem *Bikolon*, ist auch der Dreizeiler, das *Trikolon*, häufig. Oft sind dabei die Zeilen in der Form A-B-B oder A-A-B gruppiert:

Seht, da steht er vor unserem Haus, *A*
schaut durch die Fenster, *B*
blickt durch die Gitter. (2,9b) *B'*

Auch ganze Abschnitte des Hohenliedes sind kunstvoll strukturiert. Ein Beispiel dafür ist die *Inclusio*:

Mein Geliebter gleicht einer Gazelle
oder einem jungen Hirsch. (2,9a)
…
Gleiche doch, mein Geliebter, einer Gazelle
oder einem jungen Hirsch. (2,17b)

Die beiden sehr ähnlichen Sätze bilden einen Rahmen um den gesamten Abschnitt und unterstreichen so formal dessen Zusammengehörigkeit.

Damit auch der deutschsprachige Leser in den Genuss der hebräischen Poesie kommen kann, wurde bei der fortlaufenden Übersetzung im Auslegungsteil besonderes Augenmerk darauf gerichtet, die poetischen Formen im Deutschen nachzubilden. Außerdem wird die literarische Struktur durch die Anordnung der Zeilen und durch Einrückungen optisch deutlich gemacht, etwa bei den eingeschobenen Anreden. Insgesamt bleibt die Übersetzung so nah wie möglich am hebräischen Text.

1.8 Eine nacherzählende Interpretation des Hohenliedes

In der folgenden Zusammenfassung des Hohenliedes ist der Schwerpunkt auf die fortlaufende Handlung gelegt. Die theologische Botschaft des Liedes wird im Anschluss in Kap. 1.9 entfaltet. Die genaue Begründung für die hier vorgestellte Interpretation finden Sie in der Einzelauslegung in Kap. 2.

1.8.1 Der erste Zyklus: Die Partner lernen sich kennen (1,1–2,4)

Am Beginn des Liedes steht ein dreifaches Kennenlernen: Zum einen nähern sich Liebhaber und Geliebte einander an und erklären einander ihre Zuneigung. Zum Zweiten lernen auch die Hörer des Liedes die beiden Hauptdarsteller kennen. Schließlich werden die Hörer dabei auch in das Thema des Liedes eingeführt: die Liebe zwischen Mann und Frau.

Die weibliche Sprecherin eröffnet das Hohelied akzentuiert in drei Versen, die von Liebe, Küssen und Zärtlichkeiten handeln. Die junge Frau hat durch ihre Freundinnen vom guten Ruf des Mannes gehört, für den sie sich interessiert. In einer ersten Begegnung hat sich dieser Ruf voll und ganz bestätigt. Sie hat sich verliebt und ist nun in freudig-erregter Erwartung der Dinge, die kommen werden (1,2-4).

Jedoch stellen sich der jungen Liebe zunächst einige Hindernisse in den Weg. Es kommt nämlich zur Auseinandersetzung mit den älteren Brüdern, die dafür sorgen, dass ihre Schwester weitab vom gesellschaftlichen Leben des Dorfes einen Weinberg hüten muss. Mit dieser Maßnahme wollen sie verfrühten Liebesabenteuern einen Riegel vorschieben. Die junge Frau beklagt sich bitter darüber – nicht zuletzt wegen der unerwünschten Bräune, die mit der Arbeit in der Sonne einhergeht (1,5-6). Aber wird die Rechnung der Brüder aufgehen?

Die nächsten beiden Verse versetzen uns in die Welt der Hirten. Die junge Frau möchte am liebsten sofort bei ihrem Geliebten sein oder ihn doch wenigstens auf dem kürzesten Weg erreichen. Doch bleibt ihr nichts anderes übrig, als sich selber auf die Suche zu machen. Um ihrem Hirten zu begegnen, muss sie selber zur Hirtin werden (1,7-8).

Nun sind sich die beiden Geliebten begegnet und beginnen,

zuerst zögerlich, Komplimente auszutauschen. So bewundert der Liebhaber den Schmuck seiner Geliebten und deutet an, sie für sich besitzen zu wollen. Die Geliebte wiederum betört ihren Liebhaber mit Düften und fühlt sich in seiner Nähe geborgen (1,9-14). Als das gegenseitige Interesse festgestellt ist, werden die Partner direkter. In einem zweiten Dialog stehen daher die Schönheit der Frau und des Mannes im Mittelpunkt, dazu der Wunsch, die Liebe an einem intimen Ort in der Natur zu genießen (1,15-17). In einem dritten Wechselgespräch machen sich die beiden noch einmal wechselseitig Komplimente. Dabei bringen sie zum Ausdruck, dass sie sich exklusiv füreinander entschieden haben. Damit ist der Beginn der Liebesbeziehung gewissermaßen offiziell erklärt (2,1-3).

Die meisten Worte des ersten Zyklus entfallen auf die weibliche Sprecherin. Insbesondere beginnt und endet er mit den Ausdrücken ihres Verlangens, das so auch den gesamten Zyklus emotional antreibt. Der letzte Vers deutet eine Erfüllung des Verlangens an, sodass sich der Spannungsbogen vorerst schließt (2,4).

1.8.2 Der zweite Zyklus: Die Partner verabreden sich zum Rendezvous (2,5-17)

Nachdem sich die beiden Partner kennengelernt haben, kommt es zu einer ersten Verabredung. Die Handlung setzt ein bei den Gefühlen der jungen Frau, die voller Liebessehnsucht ist und ungeduldig auf den Geliebten wartet. Gleichzeitig ermahnt sie sich selbst, nichts zu überstürzen, denn die Liebe hat ihre eigenen zeitlichen Gesetze, die es einzuhalten gilt (5-7).

Endlich erscheint, voller Dynamik, der Geliebte. Freudig-erregt beobachtet die junge Frau, wie er sich aus der Ferne nähert und schließlich ihr Haus erreicht (8-10a). Nun spricht er sie an und lädt sie zu einem Rendezvous in der Natur ein. Um sie zu locken, schwärmt er ihr vom kommenden Frühling vor. Er lässt sie aber auch nicht im Unklaren darüber, dass sein eigentliches Interesse ihr selbst gilt. In einer doppeldeutigen Aussage schlagen die anwesenden Freundinnen scherzhaft vor, dass er ihr dann ja beim Hüten des Weinbergs und dem Vertreiben der Füchse helfen könne – ohne dabei aber selbst zum gierigen »Fuchs« zu werden (10b-15).

Die junge Frau genießt das tiefe Gefühl der Zusammengehörigkeit mit dem Partner und die Lebensfreude, die mit ihrer Liebe verbunden ist. Sie verabredet sich mit ihrem Geliebten zu einem Rendezvous am Abend (16-17).

Der zweite Zyklus folgt vollständig der emotionalen zyklischen Struktur, die dem Lied unterliegt: Sie verlangt nach ihm – er erscheint, sie macht ihm Komplimente – er macht ihr Komplimente und verlangt nach ihr – sie lädt ihn ein.

1.8.3 Der dritte Zyklus: Die Partner feiern Hochzeit (3,1–5,1)

Gegenüber der Leichtigkeit, die in den beiden ersten Zyklen vorherrscht, wird der Ton im dritten Zyklus intensiver und ernsthafter. Es geht nicht mehr nur um ein Rendezvous, sondern um die anstehende Hochzeit.

Am Abend vor der Hochzeit liegt die junge Frau unruhig auf ihrem Bett. Wird der Bräutigam auch wirklich erscheinen? Im Traum durchstreift sie die Stadt, auf der Suche nach ihm. Endlich findet sie ihn. Sie lässt ihn nicht mehr los, bis sie ihn zu ihrem Elternhaus gebracht hat. So will sie sicherstellen, dass die Hochzeit auch wirklich stattfindet. Doch auch jetzt mahnt sie sich noch einmal zur Geduld (3,1-5).

Der Hochzeitstag ist angebrochen. Die geschmückte Braut befindet sich in ihrem Elternhaus und erwartet dort die Ankunft des Bräutigams. Die Brautjungfern leisten ihr Gesellschaft. Ein anderes Familienmitglied ist derweil beauftragt, an der Stadtmauer Ausschau zu halten. Endlich erscheint der Erwartete. Der festliche Zug kündigt sich schon von Ferne durch eine Staubwolke an, die über der Steppe aufsteigt. Zunächst fällt die große, prächtig ausgestattete Eskorte ins Auge. Indem sich der Zug weiter annähert, werden die Einzelheiten der kostbar gestalteten Sänfte erkennbar und schließlich der mit seiner Hochzeitskrone geschmückte Bräutigam selbst, ausstaffiert und strahlend wie ein König. Die Brautjungfern werden aus dem Haus gerufen, um ihn gebührend zu empfangen, während die Braut ihn im Innern des Hauses erwartet (3,6-11).

Der Bräutigam betritt nun das Haus und sieht seine Braut zum ersten Mal in ihrem hochzeitlichen Schmuck. Er schaut ihr in die Augen, ist hingerissen von ihrer Schönheit und Ausstrahlung. Während sein Blick langsam über ihr Gesicht und ihren Oberkörper gleitet, formuliert er in ausdrucksstarken poetischen Bildern, was er an ihr und in ihr sieht. Sie ist sein »Wunderland der Liebe«, das er noch heute Abend betreten will (4,1-7).

Nun fordert der Bräutigam seine Braut auf mit ihm zu kommen, damit das Hochzeitsfest beginnen kann. Bisher war sie für ihn beinahe göttergleich: geheimnisvoll, erhaben und unerreichbar. Nun aber will er sie als seine Braut heimholen. Als er sie anspricht, kommt er ihr ganz nahe. Er schaut ihr tief in die Augen und wird dabei von Liebe wie berauscht. Die beiden umarmen sich, und er spürt ihre zärtliche Berührung. Er nimmt ihren Duft in sich auf und küsst seine Braut auf den Mund (4,8-11).

Den zentralen Höhepunkt des Liedes erreichen wir in dem folgenden Bild. Braut und Bräutigam sind inzwischen am Ort der

Hochzeitsfeier eingetroffen, und das Fest ist bereits im Gange. Der Bräutigam beschreibt seine Braut als einen herrlichen Garten, der reich bewässert ist und in dem die kostbarsten Pflanzen wachsen. Der Garten war bis jetzt verschlossen gewesen, doch nun öffnet die Frau ihn für den Geliebten und lädt ihn ein, den Garten zu betreten. Der Geliebte nimmt die Einladung an. Das Bild symbolisiert die Liebesfreuden, die Mann und Frau miteinander genießen. Während die Gäste noch weiterfeiern, zieht sich das Paar zurück und begibt sich mit der Hochzeitsnacht ins »Paradies der Liebe«. Die Vereinigung von Mann und Frau wird als eine Rückkehr in den Garten Eden gefeiert (4,12-5,1).

1.8.4 Der vierte Zyklus: Die Partner sind im Rausch der Gefühle (5,2–7,13)

Die Dramatik der Gefühle erreicht nun ihren Höhepunkt. Das gegenseitige Verlangen schäumt geradezu über und droht dabei zeitweise auch Grenzen zu überschreiten.

In einem Rückblick auf die Zeit vor der Hochzeit erzählt die junge Frau, wie sie in einer Stimmung zwischen Schlaf und Wachen auf ihrem Bett liegt. Auf einmal meint sie, ihren Geliebten an der Tür rufen zu hören. Zuerst hält sie ihn hin, sie ist zu bequem, noch einmal aufzustehen. Doch als sie bemerkt, wie er seine Hand durch die Türluke steckt und nach dem Riegel tastet, wird sie von Erregung ergriffen. Sie springt auf, wirft sich ein Kleid über, nimmt schnell von ihrem Duftöl und eilt zur Tür. Doch welch eine Enttäuschung: Der Geliebte ist verschwunden. Sie tritt auf die nächtliche Straße hinaus und schaut sich nach ihm um, sie eilt durch die Straßen und sucht ihn, doch sie findet ihn nicht. Nachtwächter greifen sie auf. Sie halten sie für eine Prostituierte, die sich anmaßt, das Gewand einer ehrbaren Frau zu tragen. Deshalb bestrafen sie sie mit Schlägen und nehmen ihr den Umhang weg (5,2-7).

Doch sie lässt sich von ihrem Ziel nicht abbringen. Vom Warten auf die rechte Zeit will sie diesmal nichts wissen: Der sonst regelmäßig im Zyklus auftretende Mottosatz über den richtigen Umgang mit der Liebe fällt gewissermaßen ihrer Erregung zum Opfer und geht verloren. Getrieben von ihrem Verlangen beschwört sie nun die »Töchter Jerusalems«, den Geliebten für sie zu suchen (5,8).

Allerdings wird einer überbordenden Liebessehnsucht nicht stattgegeben. Die »Töchter Jerusalems« fordern die junge Frau ihrerseits heraus: Sie soll in Worte fassen, was sie an ihrem Geliebten denn so besonders findet. Die Liebhaberin wiederum ist um eine Antwort nicht verlegen. Sie beschreibt ihn als absolut einzigartig, von edelstem Charakter, ja fast göttergleich (5,9-16).

Doch noch immer ist der Geliebte abwesend. Schließlich löst sich die Spannung, indem sich die Frau der inneren Verbundenheit mit ihrem Partner bewusst wird, die auch dann trägt, wenn er nicht körperlich anwesend und wenn nächtliche Zweisamkeit noch nicht angemessen ist (6,1-3).

Damit kehren wir zur Hochzeitsfeier zurück, auf der nun der Mann Lieder für seine Braut singt, dramatischer und direkter als zuvor. So erlebt und beschreibt er eine neue Seite an ihr, namlich eine Aura von Macht und Autorität, die von ihr ausgeht und die ihn zugleich erschreckt und fasziniert. Sie ist seine »Angebetete«, die ihn in ihren Bann zieht, der er ganz und gar verfallen ist (6,4-10).

Einer Tradition entsprechend, fordert dann das Publikum die Braut auf, für sie zu tanzen. Halb im Scherz, halb im Ernst weist der Bräutigam seine Freunde zurecht, sie nicht auf ungebührliche Weise anzustarren. Während die Braut mit ihrem Tanz beginnt, betrachtet sie ihr Bräutigam voller Bewunderung, wobei er von unten nach oben vorangeht. Füße und Beine beschreibt er vor allem in ästhetischer Hinsicht. Der Bereich der Körpermitte ist mit Bildern der Sexualität, Fruchtbarkeit und Lebenskraft verbunden. In der Beschreibung von Hals und Kopf kommen vor allem Charaktereigenschaften zum Ausdruck. Das übergreifende Thema ist die edle Ausstrahlung der Braut. Der Bräutigam ist von ihr vollkommen gefesselt (7,1-6).

Der Liebhaber geht noch weiter und bringt nun bildhaft, aber doch direkt seinen Wunsch nach sexueller Vereinigung mit der Partnerin zum Ausdruck. Das Bild vom Umklammern der Palme und dem Griff nach den Rispen verbildlicht Bewegungsabläufe des Geschlechtsaktes. Die folgende »Nahaufnahme« beschränkt sich dann aber auf den Oberkörper. Der Liebhaber stellt sich vor, wie er ihre Brüste greift, ihren heftigen Atem spürt, als sich die Gesichter einander nähern, im Zungenkuss mit ihr schwelgt … und wie beide dann noch im Schlaf von dem Erlebnis beseelt und berauscht sind (7,7-10).

Die junge Frau antwortet auf diese Worte, indem sie das Gefühl der innigen Zusammengehörigkeit mit dem Geliebten zum Ausdruck bringt. Sie lädt ihn ein, mit ihr zusammen die Nacht in der freien Natur zu verbringen. In den blühenden Weinbergen will sie ihm ihre Liebe schenken (7,11-13).

1.8.5 Der fünfte Zyklus: Stark wie der Tod ist die Liebe (7,14–8,14)

Nach dem emotional hochdramatischen vierten Zyklus führt uns der fünfte Zyklus zurück in ruhigere, dafür aber theologisch tiefe Gewässer.

Die junge Frau eröffnet den Spannungsbogen wieder mit Worten ihres Verlangens. Sie gibt sich einer Fantasie hin, in der

der Freund wie ein leiblicher Bruder ist, dem sie sich ganz unbefangen nähern kann. Anders als im vierten Zyklus findet die Geliebte nun aber wieder zu ihrer Botschaft zurück, dass nämlich die Liebe nicht vor ihrer Zeit geweckt werden soll (7,14-8,4).

Dann naht der feierliche Moment, in dem der junge Mann und die junge Frau dem Leser zum ersten Mal gemeinsam gegenübertreten: Sie sind nun ein fest verbundenes Paar. Das Wunder der Liebe, wie es sich von Generation zu Generation wiederholt, hat sich erneut ereignet. Die Partner besiegeln ihre Liebe mit einem Treueschwur, der auch grundsätzliche weisheitliche Aussagen über die Macht der Liebe enthält. Es ist der theologische Höhepunkt des Liedes (8,5-7).

Der darauf folgende Abschnitt setzt die Erzählung von der Weinberghüterin und ihren Brüdern fort, die in 1,5-6 begonnen hatte und somit als ein literarischer Rahmen um das gesamte Hohelied gelegt ist: Die älteren Brüder fühlen sich in der Verantwortung, ihre noch unreife Schwester vor einer voreiligen Liebesbeziehung zu bewahren. Wenn sich das Mädchen vor potenziellen Bewerbern verschließt, wollen sie sie darin unterstützen und bestärken. Wenn sie sich hingegen einem Liebhaber öffnet, wollen die Brüder einschreiten und die Beziehung verhindern.

Die junge Frau hingegen verkündet, dass sie nun sehr wohl reif für eine Beziehung ist, was auch äußerlich an ihren Brüsten eindeutig zu erkennen ist. Die von den Brüdern ergriffene Gegenmaßnahme, sie einen Weinberg hüten zu lassen, ist somit hinfällig. Auch die Bezahlung als Weinberghüterin interessiert die junge Frau nicht. Sie wird sich fortan um ihren eigenen Weinberg kümmern, nämlich um die Beziehung zu ihrem Liebsten (8,8-12).

Die letzten beiden Verse des Liedes, Einladung und Gegeneinladung, schließen die emotionale zyklische Struktur ab. Sie geben dem Lied einen schwebenden Ausklang. Das Wechselspiel von Distanz und Nähe, von Sehnsucht und Erfüllung setzt sich ungebrochen fort. Das Hohelied ist zu Ende, die Geschichte der Liebe geht weiter (8,13-14).

1.9 Eine kleine Theologie der Liebe

Im Anschluss an die Einleitung sollen nun die inhaltlichen Aussagen des Hohenliedes thematisch durchleuchtet und in ihren biblischen Zusammenhang gestellt werden. Auch werden Schlussfolgerungen für den Umgang mit dem Thema in der christlichen Gemeinde gezogen.

Was ist Liebe?

Wie kann man sich dem Phänomen der Liebe zwischen Mann und Frau annähern? Einleitend sollen drei verschiedene Sichtweisen auf die Liebe vorgestellt werden. Jede dieser Sichtweisen eröffnet gewissermaßen einen denkerischen Raum, innerhalb dessen man mit dem Thema umgehen kann. Die drei Sichtweisen sind: die Liebe als eine in den Menschen gelegte Urmacht, die Liebe als ein gewährter Daseinsraum – oder schöner: als ein Garten – sowie die Liebe als Geschichte.

1.9.1 Liebe ist … eine Urmacht

Liebe, Sexualität und Partnerschaft sind keine Erfindungen des Menschen. Im Gegenteil: Die Geschlechtlichkeit ist dem Menschen bereits in die Wiege gelegt. Schon Kinder müssen sich damit auseinandersetzen, dass sie Junge oder Mädchen sind, und

Heranwachsende lernen dann das ganze Ausmaß dessen kennen, was es bedeutet, geschlechtliche Wesen zu sein. Wir erleben das sexuelle Verlangen als eine starke Triebkraft, die aus unserem Innersten zu kommen scheint und doch auch ihre ganz eigene Dynamik entfaltet.

Ähnlich beobachtet es die Weisheit des Alten Testaments. So macht das Hohelied in 8,6b-7 einige grundsätzliche Aussagen über die Liebe. In mehreren Vergleichen wird hier die Liebe als eine Urmacht im menschlichen Leben charakterisiert: Die Liebe ist »stark wie der Tod«, sie ist also von ihrer Tragweite her mit dem Tod vergleichbar, unausweichlich und alles bestimmend. Ja, noch mehr: In der Liebe findet der Tod ein ihm ebenbürtiges Gegenüber. Geliebt sein bedeutet erfüllt leben. Und auch ganz konkret entsteht aus der Liebe neues Leben.

Daneben werden auch Urkräfte der Natur zur Veranschaulichung herangezogen: Die Liebe ist wie eine gewaltige Flamme, die selbst von mächtigen Wassern nicht ausgelöscht werden kann. Demgegenüber kann der Versuch, die Liebe mit Geld verfügbar zu machen, sie zu einem Rechts- oder Wirtschaftsgut zu machen, nur lächerlich erscheinen.

Die gleiche Stelle spricht von der Liebe auch als »Leidenschaft«. Das übrige Hohelied zeigt auf, wie diese Leidenschaft in der Begegnung von Mann und Frau konkret Gestalt annimmt und wie mit ihr umgegangen werden kann.

1.9.2 Liebe ist ... ein Garten

Aus der Beobachtung, dass die Sexualität dem Menschen einerseits vorgegeben ist, die Ausgestaltung aber der eigenen Freiheit und Verantwortung unterliegt, ergibt sich eine zweite Sichtweise auf die Liebe, nämlich die eines »gewährten Daseinsraums«

(Wannenwetsch 1-3). Gemeint ist damit, dass unsere Geschlechtlichkeit uns einen Raum eröffnet, in dem wir uns bewegen können. Angelehnt an Hld 4,12-5,1 lässt sich dieser Raum auch als »Garten« der Liebe bezeichnen. Der Garten lädt ein, ihn zu genießen und zu gestalten.

Im Bereich der christlichen Gemeinde besteht eine gewisse Neigung dazu, das Thema Liebe, Ehe und Sexualität vor allem von seinen Rändern her zu betrachten. Im Mittelpunkt stehen dann Fragen und Probleme wie der vor- und außereheliche Geschlechtsverkehr, die Ehescheidung, die Homosexualität usw. Dass das Hohelied Salomos diese Probleme nicht benennt, hat vor diesem Hintergrund immer wieder zu Irritationen geführt. Weil nicht sein kann, was nicht sein darf, flüchtet man dann entweder ganz in eine allegorische Auslegung des Liedes (➤ 1.1.2), oder man bemüht sich, bei der Kommentierung des Textes das Fehlende zu ergänzen. So stellen sich einige Ausleger gewissermaßen schützend vor das Hohelied, indem sie immer wieder betonen, dass die im Text beschriebene Liebe keusch und ehrbar sei, dass es den Protagonisten des Liedes in erster Linie auf die inneren Werte des Partners ankomme und vor allem, dass die im Lied besungene geschlechtliche Liebe nur im Zusammenhang mit der Ehe als einer öffentlich bestätigten lebenslangen Verbindung denkbar sei.

Die Sorge vor Missverständnissen ist durchaus nachvollziehbar. Jedoch verkennt ein solches Vorgehen das eigentliche Anliegen des Textes: Das Hohelied entfaltet das Thema der Liebe nämlich nicht von seinen Rändern, sondern von seiner Mitte. Es nimmt den Leser an der Hand und wandert mit ihm durch den »Garten der Liebe«, indem es in weisheitlicher Manier zunächst einfach darstellt, was bei der Liebe zwischen Mann und Frau typischerweise geschieht. Dabei öffnet es dem Leser die Augen und lädt ihn ein, den »Daseinsraum« der Liebe einmal als solchen bewusst wahrzunehmen und nachdenkend zu betrachten: Worum geht es eigentlich bei der Liebe? Was bewirken die enormen Kräfte der gegenseitigen Anziehung? Und in der Folgerung: Wie kann ich als Leser selbst auf eine angemessene Weise mit ihnen umgehen?

Gerade mit der letzten Frage kommen dann durchaus auch Ränder und Grenzen des »Daseinsraums« Liebe in den Blick. Aber die Liebe wird eben nicht von vornherein als ein zu reglementierendes Problem dargestellt, sondern als ein Raum, den man gestalten kann und darf.

Das Bild vom Garten der Liebe hat noch einen weiteren Bedeutungsaspekt: Manche wissenschaftlich-journalistischen Beiträge zum Thema neigen dazu, Liebe und Sexualität auf die Tätigkeiten bestimmter Hormone im menschlichen Gehirn zu reduzieren oder etwa das Werben um einen Partner auf den Darwin'schen »Kampf ums Dasein« zurückzuführen. Natürlich hat Fortpflanzung auch mit Arterhalt zu tun und Sexualität auch mit bestimmten biochemischen Vorgängen. Doch wer sagt, Liebe sei im Grunde nichts weiter als evolutionär bestimmte Biochemie, der liegt falsch. Der Mensch ist nicht nur von seinem Körper her zu denken, sondern auch von seinem Geist; nicht nur von der Natur her, sondern auch von der Kultur; er ist nicht ein Geschöpf der Erde, sondern ein Geschöpf Gottes (Illies 36-40; vgl. Precht). Auch in diesem Sinne ist die Liebe ein »gewährter Daseinsraum«, der einerseits zwar vorgegeben ist und in dem auch gewisse Gesetzmäßigkeiten herrschen, dessen Ausgestaltung andererseits aber doch der eigenen Freiheit und Verantwortung unterliegt.

1.9.3 Liebe ist ... eine Geschichte

Unser Selbstverständnis als Menschen ist zum großen Teil von Geschichten geprägt. Unsere Geschichte gibt uns Identität. Auch unsere Vorstellungen darüber, wie sich eine Liebesbeziehung oder das eheliche Leben gestaltet, sind von Geschichten geprägt. Vorbilder sind dabei in erster Linie das eigene Elternhaus, aber auch Literatur und Film. Der Psychologe Robert Sternberg hat das Zusammenleben von Partnern untersucht und den Schluss gezogen, dass dieses besonders dann gelingt, wenn beide Partner eine ähnliche Vorstellung davon haben, wie die Geschichte der Liebe verläuft. Sternberg beschreibt insgesamt 26 ganz unterschiedliche Geschichten. Als Beispiele seien genannt: die romantische Geschichte von der Prinzessin, die von ihrem Helden gerettet wird und dann für immer glücklich mit ihm zusammenlebt; die Geschichte vom »Haus und Heim«, bei der das schön gestaltete und gepflegte Heim den Mittelpunkt der Beziehung bildet; die Geschichte der Selbstaufopferung, bei der die Beziehung davon lebt, dass einer der Partner sich für den anderen aufopfert; die von der Pornografie geprägte Geschichte, bei der der eine Partner den anderen zu einem Sexualobjekt herabwürdigt, u.a. (R. Sternberg, für eine ausführliche Auflistung siehe S. 264 ff.).

Jede der Geschichten wirkt für sich flach im Vergleich zu einer real gelebten und erlebten Beziehung. Auch haben die meisten der Geschichten eine negative Seite. Und doch hilft die Aufstellung Sternbergs, manche Denkmuster und falsche Ideale aufzudecken, mit denen Partner an eine Beziehung herangehen. Positiv geprägte Geschichten können dagegen noch mehr. Sie laden ein, an ihnen Anknüpfungspunkte und auch Orientierung für das eigene Leben zu gewinnen (Wannenwetsch 56-61).

Auch das Hohelied Salomos bietet uns eine Geschichte bzw. Elemente mehrerer Geschichten an. Und zwar handelt es sich in erster Linie um die Geschichte einer romantischen Liebe und einer Liebesheirat, die aber auch einige kleinere Seitengeschichten enthält (➛ Kap. 1.8).

Natürlich ist ein biblisches Beispiel noch nicht gleich eine ethische Norm. Aber besser als ein abstraktes und sowieso unerreichbares Ideal von Ehe lädt die Beispielgeschichte ein, sich darin wiederzufinden, daran anzuknüpfen und sie auch, je nach eigener Lebenssituation, zum Vorbild zu nehmen.

Was ist die Liebe wert?

Erfüllte Liebe bedeutet für den Menschen einen Höhepunkt des Glücks und des Genusses, und kaum etwas vermittelt mehr Zufriedenheit und Geborgenheit als eine gelingende Partnerschaft zwischen Mann und Frau. In der christlichen Kirche/Gemeinde wurde dies allerdings nicht immer so gesehen. Insofern ist die Tatsache von besonderer Bedeutung, dass die Bibel mit dem Hohenlied Salomos ein Buch enthält, das die Liebe zwischen Mann und Frau ausführlich würdigt und feiert.

1.9.4 Liebe ist … eine Gottesgabe

1. Nach biblischem Verständnis ist der »Daseinsraum« der Geschlechtlichkeit dem Menschen im Zusammenhang mit der Schöpfung von Gott gegeben.

Der Mensch ist als Mann und Frau geschaffen. Die Geschlechtlichkeit des Menschen gehört zu der als »sehr gut« bewerteten Schöpfung (1Mo 1,31).

Die Fruchtbarkeit wird den Menschen als Segen Gottes zugesprochen (1Mo 1,26-28).

Der Mensch ist auf Gemeinschaft hin angelegt. Er benötigt ein Gegenüber. Mann und Frau sind füreinander und aufeinander hin geschaffen (1Mo 2,18-23). Und so gilt:

> *Darum wird ein Mann seinen Vater und seine Mutter verlassen und sich fest mit seiner Frau verbinden, und sie werden zu einem Fleisch werden. (1Mo 2,24)*

Das Hohelied Salomos stellt im Grunde eine Entfaltung dieses einen Satzes dar.

2. Auch nach dem Sündenfall (1Mo 3) bleibt die Sexualität eine Gottesgabe. Allerdings steht die Beziehung zwischen Mann und Frau – wie auch alles andere – von nun an unter Belastungen, wie 1Mo 3,16 sagt. Von Bedeutung ist in diesem Zusammenhang 1Mo 4, wo die Sexualität mehrfach mit dem Wort »erkennen« umschrieben wird:

> *Der Mensch »erkannte« Eva, seine Frau, und sie wurde schwanger … (1Mo 4,1; vgl. V. 17.25)*

In 1Mo 3 hatten Adam und Eva auf falsche Weise nach »Erkenntnis« gestrebt, dabei letztlich nicht mehr als ihre eigene beschämende Nacktheit erkannt und einander in den gegenseitigen Anschuldigungen im Grunde »verkannt«. Der Geschlechtsverkehr bedeutet dagegen einen Moment des wahren »Erkennens«, einen eingegrenzten Zeitraum, in dem der Satz »Sie waren beide nackt … und schämten sich nicht« (1Mo 2,25) wieder gilt, also gewissermaßen eine zeitweise Rückkehr in die Ganzheitlichkeit des Gartens Eden (Wannenwetsch 79-82; Heinevetter 191f.; Longman 63-67; Davidson 552f.; Trible 144; Stadler 61-62).

Sicher ist es daher kein Zufall, dass Hld 4,12-5,1 das Bild vom Garten der Liebe verwendet.

Während Erkenntnis im religiösen Sinne üblicherweise als Loslösung vom Irdischen verstanden wird, ist nach der Urgeschichte gerade der Geschlechtsverkehr ein Inbegriff ganzheitlichen Erkennens. Damit offenbart die Bibel eine zutiefst positive Sichtweise auf die menschliche Geschöpflichkeit und Geschlechtlichkeit (Carr 35).

3. Das Neue Testament befasst sich weniger mit dem Leben in der Schöpfung als mit der Erlösung des Menschen zum neuen Leben, aus der gefallenen Schöpfung heraus. Wird das Neue Testament vom Alten isoliert, kann diese Schwerpunktsetzung auch missverstanden werden und führt dann zu einer theologischen Abwertung der Schöpfung insgesamt.

Um einem solchen Fehlschluss nicht zu erliegen, ist genau darauf zu achten, was etwa Paulus meint, wenn er fordert: »So tötet nun die Glieder, die auf Erden sind:«. Die Fortsetzung nach dem Doppelpunkt lautet nämlich nicht: »gutes Essen und Trinken, schöne Kleidung, Liebe und Sexualität …«, sondern: »Unzucht, Unreinheit, schändliche Leidenschaft, böse Begierde und die Habsucht, die Götzendienst ist« (Kol 3,5 nach der Lutherübersetzung). Mit Begriffen wie »irdisch« oder »fleischlich« verwirft Paulus also nicht die Schöpfung, sondern das, was ihre Gefallenheit ausmacht; er kritisiert nicht den Gebrauch, sondern den Missbrauch der Gaben.

Unmissverständlich wendet sich Paulus gegen einige asketisch eingestellten Irrlehrer:

> *Sie gebieten, nicht zu heiraten und Speisen zu meiden, die Gott geschaffen hat, dass sie mit Danksagung empfangen werden … Denn alles, was Gott geschaffen hat, ist gut, und nichts ist verwerflich, was mit Danksagung empfangen wird … (1Tim 4,3-5 nach Luther)*

Die Gaben der Schöpfung und insbesondere auch die Ehe als Zusammenleben zwischen Mann und Frau dürfen also angenommen und genossen werden. Die Gefahr des Missbrauchs besteht dann nicht, wenn dies bewusst in der Danksagung und im Gebet vor Gott geschieht, wenn also die Gabe in Verantwortung vor dem Geber verwendet wird.

4. Auch die Tatsache, dass die Bibel die Liebe zwischen Mann und Frau oft mit der Liebe Gottes vergleicht, zeigt, dass Liebe und Sexualität grundsätzlich sehr positiv gewertet werden.

1.9.5 Liebe ist ... ein Fest

In der Bibel ist es neben der Urgeschichte vor allem die alttestamentliche Weisheitsliteratur, die sich den schöpfungsmäßigen Gegebenheiten zuwendet und diese beschreibend erforscht und würdigt. Auch das Thema der Liebe zwischen Mann und Frau hat deshalb in der Weisheit seinen angestammten Platz. Eine Reihe von Stellen behandelt den richtigen und falschen Umgang mit der Sexualität. Aber auch zum Liebesgenuss fordern die Weisen direkt auf (z.B. Spr 5,18f.; Pre 9,7-9).

Der eigentliche Ort, an dem die Schöpfungsgabe der Sexualität gefeiert wird, ist das Hohelied Salomos selbst. Als Abschluss der »weisheitlichen Reihe« gelesen (➛ 1.2.4) stellt es einen Höhepunkt gelingender weisheitlicher Lebensgestaltung dar.

1. Dass das Hohelied die Liebe feiert, ist schon an seiner *Form* zu erkennen. Es kommt nicht etwa als eine nüchterne, theoretische Darstellung daher, sondern als ein Zyklus von Liedern der Sehnsucht. Wie kann man über die Liebe schöner reden als in einem Liebeslied? Der Text ist außerdem im Ganzen und in seinen Teilen poetisch kunstvoll gestaltet. Dem »Thema Nr. 1« des Menschseins gebühren auch die schönsten sprachlichen Formen.

2. Auch die verwendeten *Bilder und Vergleiche* tragen ganz wesentlich zum festlichen Charakter des Liedes bei. Die Liebhaberin und ihr Geliebter, aber auch die Liebe selbst werden verglichen mit dem Kostbarsten, was die Natur zu bieten hat: mit Speisen und Getränken wie Milch, Honig, Trauben und Wein, Apfel und Granatapfel; mit exotischen Düften von Weihrauch, Myrrhe, Balsam, Henna, Narde, Kurkuma und anderen Gewürzpflanzen; mit dem erwachenden Frühling, blühenden Reben und jungen Trieben; mit wertvollen Materialien wie Gold, Silber, Türkis, Elfenbein, Alabaster und Saphiren; mit stolzen Türmen und wehrhaften Städten wie Tirza und Jerusalem; mit der königlichen Pracht Salomos und auch des ägyptischen Pharaos; mit geheimnisvollen, abgelegenen Orten wie dem majestätischen Libanon und dem Berg Karmel; mit einem wunderschönen Garten; mit wilden Tieren wie Löwe und Leopard; mit Symbolen des Lebens und der Lebenserneuerung wie der Lotusblume oder der Gazelle; ja, mit Sonne und Mond, mit Tod und Totenreich, mit Feuergluten und mit mächtigen Wassern – all dies zusammengenommen reicht für das Hohelied gerade hin, um auszusagen, was die Liebe zwischen Mann und Frau bedeutet.

3. Auch *inhaltlich* ist an einigen Stellen vom Feiern die Rede, besonders im dritten Zyklus des Liedes: So beschreibt die Szene 3,6-11 einen Teil der Hochzeitsfeier, nämlich die Ankunft des Bräutigams am Haus der Braut. Und der Zyklus endet mit einem Aufruf (an die Hochzeitsgesellschaft?) zum Feiern:

Esst, Freunde, trinkt,
und berauscht euch an der Liebe! (5,1)

4. Allerdings sind solche Aufrufe gewissermaßen nur die Spitze des Eisbergs: Sie bringen zur Sprache, was auch beinahe je-

der anderen Zeile des Hohenliedes *unterliegt.* Vor allem kommt der festliche Charakter des Liedes so daher, dass es den Leser emotional mit einbezieht. Was die Protagonisten des Liedes erleben, ist universal, und der Leser erlebt die unterschiedlichen Stationen der Liebe zusammen mit ihnen: die prickelnde Atmosphäre des Kennenlernens, wenn vorsichtig erste Komplimente ausgetauscht werden (erster Zyklus); das gespannte Warten auf den Partner, das Herzklopfen bei seiner oder ihrer Ankunft; das aufregende Rendezvous an einem geheimen Ort, hinter dem Rücken der Familie (zweiter Zyklus); der Hochzeitstag mit seiner Fülle von Eindrücken und die Hochzeitsnacht (dritter Zyklus); Situationen, wo das Verlangen schier übermächtig wird (vierter Zyklus); und schließlich das Gefühl von Glück und Geborgenheit, das aus dem festen Zusammenschluss mit dem Partner erwächst (fünfter Zyklus).

Die Liebe zwischen Mann und Frau gehört ohne Zweifel zu dem Größten, was wir Menschen in unserer Geschöpflichkeit erleben können. Dem setzt das Hohelied ein würdiges Denkmal, indem es die Liebe nach allen Regeln der weisheitlichen Kunst gebührend feiert.

Wie Liebe gestalten?

1.9.6 Liebe ist ... Verlangen feiern

Das Hohelied Salomos handelt von der Liebe, genauer gesagt, vom Verlangen, von der noch nicht erfüllten Sehnsucht, die die beiden Partner unaufhaltsam aufeinander zu bewegt. Diese Bewegung wird im Hohenlied bewusst gestaltet und gefeiert. Die zyklische Struktur vermittelt dabei ein Wechselspiel von Nähe und Distanz (Bergant 30). Die Abfolge der einzelnen Zyklen beschreibt unterschiedliche Stadien der Beziehung, vom Kennenlernen über das Rendezvous bis zur Hochzeit und darüber hinaus (vgl. Gledhill 28). Liebe bewusst zu gestalten bedeutet auch, zu warten. Dadurch entsteht Spannung. Diese wird allerdings nicht etwa nur in Kauf genommen, sondern im Gegenteil, sie wird ausgekostet und gefeiert. Was leicht zu haben ist, kann nicht viel wert sein. Wenn aber umgekehrt die Erwartung groß ist, dann wird auch die Erfüllung umso intensiver erlebt. So machen das Warten und Erwarten einen großen Teil des Reizes aus.

Die Bewegung der beiden Partner aufeinander zu kommt schließlich zur Erfüllung und damit auch zur Ruhe. Die beiden Partner sind innig und untrennbar miteinander verbunden: »Mein Geliebter ist mein und ich bin sein« (2,16; 6,3; 7,11), die Partnerschaft wird auf ewig versiegelt: »Lege mich als Siegel an dein Herz, als Siegel an deinen Arm« (8,6). Auch wird vom Genuss der Freuden der Liebe geredet: »Er hat mich ins Weinhaus geführt, und sein Zeichen über mir ist Liebe« (2,4); »Esst, Freunde, trinkt, berauscht euch an der Liebe« (5,1); »Wir wollen uns früh aufmachen zu den Weinbergen … dort will ich dir meine Liebe schenken« (7,13). Im Lied findet die sexuelle Vereinigung allerdings nicht tatsächlich statt, sondern sie wird lediglich mit Worten beschrieben und angekündigt. Das erhöht die Spannug.

1.9.7 Liebe ist … sehen und gesehen werden

Eine besondere Anziehungskraft üben die Augen aus. Auf dem Hintergrund, dass im Alten Vorderen Orient die ➤Taube ein Symbol für die Liebe ist, wie etwa bei uns das Herzsymbol, bedeutet die Aussage »Deine Augen sind Tauben« (1,15; 4,1), dass hier über die Augen, über die Blicke, Liebe geweckt und Beziehung hergestellt wird. An einer anderen Stelle ruft der Mann aus: »Du hast mich verzaubert ... mit einem einzigen Blick aus deinen Augen« (4,9), oder auch: »Wende deine Augen von mir ab, denn sie wühlen mich auf« (6,5). Der Blickkontakt hat, auch psychologisch gesehen, eine wichtige Funktion im Hinblick auf das Entstehen von Beziehung.

Nicht nur die Augen, sondern auch der ganze Körper des Partners bzw. der Partnerin sind im Blick. Der Partner ist attraktiv, also »anziehend« im doppelten Sinne: Seine bzw. ihre Schönheit und Ausstrahlung wecken den Wunsch nach Zweisamkeit und Intimität. Das kommt insbesondere in den Beschreibungsliedern zum Ausdruck, bei denen die verschiedenen Körperteile des Partners benannt und auf ihre Ausstrahlung und Wirkung hin beschrieben werden. Drei Beschreibungslieder widmen sich der Schönheit des weiblichen Körpers (4,1-7; 6,4-10; 7,1-6). Aber auch der männliche Körper wird in einem Lied besungen (5,9-16). Damit ist auch die Körperlichkeit der Liebe im Hohenlied aufgenommen, und die Körper von Mann und Frau werden gefeiert. Oft geht die Beschreibung des Partners in den Ausdruck des Verlangens über (z.B. 4,6; 7,7-10). Aber auch die umgekehrte Bewegungsrichtung ist möglich (2,14).

Gleichzeitig wird der Partner bzw. die Partnerin aber nicht auf den Körper reduziert. Vielmehr bilden die Körperteile jeweils Anknüpfungspunkte, um etwas über die Person als Ganzes zu sagen. So strahlen die Augen der jungen Frau vor Liebe, ihre kräftigen Locken symbolisieren unbändige Lebensenergie, die Nase und der Hals zeigen Stolz und Selbstbewusstsein, die Brüste Zartheit, Weichheit und lebenserneuernde Kraft (siehe 4,1-7). Die Gesichtszüge des Mannes sind edel wie Gold, seine Lippen stehen für Lebensenergie; auch die wohlgestaltete Form seiner Arme und Beine strahlt Adel aus (5,9-16).

Nach der griechisch-antiken Auffassung hat Schönheit in erster Linie mit Ästhetik zu tun, mit der vollendeten Form, die vom Inhalt kategorisch unterschieden wird. Im Hohenlied dagegen ist Schönheit vor allem ein Reizerlebnis, ein ganzheitliches Erleben der Anziehungskraft einer anderen Person (Lüthi 1993, S. 102).

Auch die eigene Attraktivität bzw. das Bemühen um eine solche wird im Lied thematisiert. So ist in 1,5f. die junge Frau mit ihrer tiefen Bräune unzufrieden, die vom erzwungenen Arbeiten in der Sonne herrührt. Dennoch tritt sie selbstbewusst und im Bewusstsein für ihre Schönheit auf: »Braun gebrannt bin ich und doch anziehend« (1,5); und: »Ich bin die Blume von Scharon, die Lotusblume der Täler« (2,1). Die eigene Attraktivität wird auch aktiv gepflegt: »Solange der König mir nahe ist, gibt meine Narde ihren Duft« (1,12) oder: »Erwache, Nordwind, und komm, Südwind! Lass duften meinen Garten, strömen soll sein Balsam!« (4,16).

1.9.8 Liebe ist … es in Worte fassen

Das Hohelied besteht zum größten Teil aus wörtlicher Rede der beiden Protagonisten. Es lohnt sich deshalb, auch einen Blick darauf zu werfen, wie mit Worten in Bezug auf die Liebe umgegangen wird. Dabei handelt es sich auch um ein typisch weisheitliches Thema (z.B. Spr 25,11-28; vgl. Jak 3,1-12).

Gerade bei der Liebe stellt die Wahl der Worte oft eine besondere Herausforderung dar, z.B. wenn im Kontext der christlichen Gemeinde über das Thema gesprochen wird.

Zwischen den Extremen einer technisch-distanzierten oder pornografisch-abwertenden Redeweise auf der einen Seite und dem vielleicht aus der Gemeindesituation bekannten peinlich berührten Schweigen auf der anderen Seite zeigt das Hohelied beispielhaft einen Weg, mit dem Thema offen und zupackend umzugehen und doch gleichzeitig auch das »Geheimnis zu bewahren« (vgl. Gledhill 175; Stadler 72-74).

So benennen auf der einen Seite die Partner ihre Eindrücke, Gefühle und Wünsche klar. Auch die körperbezogenen Aspekte der Liebe werden – vielleicht überraschend deutlich – in Worte gefasst, etwa in den Komplimenten über die Brüste der Frau, die im Lied mehrfach erwähnt werden (4,5; vgl. 7,4.8.9), in der Beschreibung der Gefühle beim Zungenkuss (4,11) oder in der eindeutig zweideutigen Anspielung in Bezug auf den weiblichen Schoß (7,3). Den Wunsch nach sexueller Vereinigung bringen beide Partner zwar bildhaft, aber doch auch recht eindeutig zum Ausdruck (4,16-5,1; 7,8f.; vgl. 4,6; 7,13 u.a.).

Auf der anderen Seite verzichtet das Lied darauf, die primären Geschlechtsorgane zu benennen. Auch driftet es an keiner Stelle in den Bereich des Zotigen ab. Der innerste Bereich der Sexualität wird also gewissermaßen vor Einblicken geschützt, die Intimität bleibt bewahrt. Das Hohelied ist nicht Bettgeflüster der Liebenden, sondern auch ein »öffentlicher« Text. Es trennt die Betrachtung des Körpers nicht von der Beziehungsseite der Liebe. Insgesamt wird die Liebe nicht von einer analytisch sezierenden Außenperspektive wahrgenommen, sondern aus dem ganzheitlichen Erleben der Liebenden heraus beschrieben. Dabei kommt beinahe in jedem Satz die Wertschätzung der Liebe und der Sexualität zum Ausdruck (➛ 1.5.5).

Nicht nur für den Kontext der Gemeinde, sondern auch für den Bereich der Paarkommunikation, mit der sich etwa die Eheberatung befasst, bietet das Hohelied Anknüpfungspunkte. So demonstriert es zum einen die Fertigkeit, sich eigener Gefühle und Wünsche bewusst zu werden, sie in Worte zu fassen und dem Partner in Form von sogenannten »Ich-Botschaften« zu vermitteln. Liebe bedeutet hier nicht, sich ohne Worte zu verstehen, sondern sich dem anderen mitzuteilen, und entsprechend natürlich auch, ihm zuzuhören.

Zweitens zeigt das Hohelied beispielhaft auf, wie über das Wechseln liebevoller Worte eine Beziehung aufgebaut und gepflegt wird. Die Sprache des Hohenliedes ist Sprache der Begegnung (Lüthi 1993, S. 103). Anders gesagt geht es darum, mit Worten Liebe zu schenken. Der Austausch von Komplimenten und das gegenseitige Erklären des Verlangens ziehen sich durch das gesamte Lied hindurch.

Drittens sind Worte auch ein Aspekt der menschlichen Sexualität selbst. Erotische Worte, Träume, Fantasien bereiten den eigentlichen Geschlechtsverkehr vor. Die Worte beschreiben nicht nur eine Realität oder wünschen eine herbei, sondern sie schaffen auch eine.

1.9.9 Liebe ist ... eine Frage der richtigen Zeit

Mit der »Urmacht« der Geschlechtlichkeit kann unterschiedlich umgegangen werden. Sie kann Beziehungen schaffen, aber auch Macht und Ausbeutung bedeuten. Deswegen kann die Gesellschaft nicht umhin, die Liebe zum Gegenstand von Ethik und Recht zu machen (Eibach 54f.; van Oorschot 30). Die Institution der Ehe, die sich in unterschiedlichen Formen in allen Kulturen herausgebildet hat, stellt dafür einen stabilisierenden Rahmen bereit (vgl. Wannenwetsch 206).

Nach biblischem Verständnis ist die Geschlechtlichkeit eine Gabe Gottes, die dementsprechend auch in Verantwortung vor dem Geber zu gestalten ist (Wannenwetsch 71;75). Der »gewährte Daseinsraum« der Liebe hat auch seine von Gott vorgegebenen Grenzen. Diese sind vor allem in den Gesetzestexten des Alten Testaments und in den Ermahnungen des Neuen Testaments formuliert. Bei der Auslegung für heute ist jeweils sorgsam zwischen kulturell Bedingtem und überzeitlich Gültigem zu unterscheiden.

Exkurs zu Sexualität und Ehe in der Bibel

In der Bibel finden sich verschiedene kulturelle Ausprägungen von Ehe. Um von ihnen auf das zu schließen, was übergreifend gültig bleibt, ist nach den Werten zu suchen, die hinter den einzelnen Erzählungen und Anweisungen zum Thema stehen.

In der Urgeschichte werden die schöpfungsmäßigen Grundlagen zum Thema gelegt. Die Sexualität ist Teil der innigen Beziehung zwischen Mann und Frau und wird als Höhepunkt des gegenseitigen „Erkennens“ (1Mo 4,1) beschrieben. Auf diese Aussagen greift Jesus Christus zurück, als er zum Thema der Ehescheidung befragt wird (Mt 19,1-9; Mk 10,2-9). Aus seinen Worten geht auch hervor, dass die Beziehung zwischen Mann und Frau in den öffentlich-rechtlichen Rahmen der Ehe gehört, wo sie ihre angemessene äußere Form findet.

Einen weitereren wichtigen Ansatzpunkt bieten die Zehn Gebote (2Mo 20; 5Mo 5). Sie sind in AT und NT von herausragender Bedeutung und benennen grundsätzliche Werte des menschlichen Miteinanders.

Meinem Verständnis nach sind die Zehn Gebote am besten von innen nach außen zu verstehen: Im Zentrum steht das Leben des Einzelnen, geschützt durch das Gebot „Du sollst nicht töten“. Darum herum sind zwei Gebote angeordnet, die den Raum der Familie schützen, und zwar einmal in vertikaler Richtung, d.h. über die Generationen hinweg: „Du sollst Vater und Mutter ehren“, und einmal in horizontaler Richtung: „Du sollst nicht ehebrechen.“ Weiter nach außen vorgehend, betrifft der nächste Schutzring die Arbeit des Einzelnen, einmal bezogen auf Gott (Sabbatgebot), einmal bezogen auf den Nächsten (Diebstahlverbot). Ein weiterer Ring behandelt das wahrhaftige Reden über Gott (Verbot des Namensmissbrauchs) und über den Nächsten (Verbot der Verleumdung). Den äußeren Rahmen bilden schließlich zwei Doppelgebote, die sich grundsätzlich mit dem Respekt gegenüber Gott (Fremdgötterverbot, Bildnisverbot) und dem Respekt gegenüber dem Nächsten (zwei Verbote des Begehrens) befassen. So ziehen die Zehn Gebote gleichsam Schutzringe um das Leben des Einzelnen, und zwar bezogen auf sein Verhältnis zu Gott und sein Verhältnis zum Nächsten.

Für unser Thema ist bemerkenswert, dass die Zehn Gebote die Familie als den innersten Ring um das Leben des Einzelnen darstellen. Der Raum der Familie steht also unter einem besonderen göttlichen Schutzauftrag.

Dass Familie schützenswert ist, lässt sich aus verschiedenen Perspektiven gut nachvollziehen. So wachsen Kinder nachweislich am besten in stabilen Familienverhältnissen auf, mit einer Vater- und einer Mutterfigur für die eigene Orientierung. Der erwachsene Mensch lebt am glücklichsten in der Geborgenheit einer stabilen Paarbeziehung. Die alt gewordenen Eltern sind in der Familie versorgt und vor Vereinsamung und sozialem Abstieg geschützt. Das Gleiche galt innerhalb der Großfamilie für unverheiratete Personen.

Nach den alttestamentlichen Texten hat die Sexualität da ihren Platz, wo sie Paarbeziehung und Familie aufbaut und erhält. Dagegen ist Sexualität, die in Familienstrukturen einbricht oder aus ihnen ausbricht, gegen Gottes Willen. Dass Sexualität und Familie zusammengehören, wird auch und gerade bei einigen uns merkwürdig erscheinenden Sonderfällen von Sexualität im AT deutlich: Beispielsweise konnte eine Ehefrau, die keine Kinder gebar, ihrem Mann eine ihrer Mägde als „Leihmutter" zur Verfügung stellen (1Mo 16,1f.; 30,1-6.9-11). Und auch umgekehrt: Wenn ein Ehemann verstorben war, bevor er ein Kind zeugen konnte, hatte die Ehefrau das Recht, von einem nahen Verwandten des Mannes als „Leihvater" ein Kind gezeugt zu bekommen – die sogenannte Leviratsehe (5Mo 25,5-10; Rut 4,5-10). In beiden Fällen geht es darum, die Familie über die Generationen hinweg zu erhalten. So holt sich Tamar als Hure verkleidet ihr Recht auf Schwangerschaft und Familie (1Mo 38). Onans Sünde ist eben nicht die Selbstbefriedigung, sondern dass er die Leihvaterschaft verweigert (1Mo 38,8-9). – In der Bergpredigt greift Jesus das Verbot des Ehebruchs auf und führt es seinen Hörern in seiner ganzen Ernsthaftigkeit vor Augen (Mt 5,27-30).

Es gibt allerdings im Alten Testament auch Gesetzestexte zur Sexualität, bei denen kein Bezug zum Schutz von Familie zu erkennen ist. Hier steht ein anderer Wert im Hintergrund, nämlich die Heiligkeit Gottes und der Auftrag an Israel, diese Heiligkeit in allen Lebensbereichen widerzuspiegeln – und zwar auch in Abgrenzung von und als Zeugnis für die umgebenden Nationen: „Ihr sollt heilig sein, denn ich bin heilig, der HERR, euer Gott" (3Mo 19,2; vgl. 3Mo 18,1-5). Was Heiligkeit im Alltag bedeutet, lässt sich wohl am besten mit dem Begriff „Integrität" oder „ganzheitlicher Lebensstil" erfassen (Lalleman 36.73). Auch die Sexualität soll „integer" gestaltet werden (z.B. 3Mo 18,6ff.). Ein hoher alttestamentlicher Wert ist in diesem Zusammenhang die Treue zu dem einen Lebenspartner. Jede Form von Promiskuität wird scharf verurteilt (z.B. 3Mo 20,10; 5Mo 22,13-29). Ähnlich argumentiert z.B. auch Maleachi, wenn er die unabdingbare Treue Gottes mit der Treulosigkeit israelitischer Männer gegenüber ihren Frauen vergleicht (Mal 2,10-16).

Nicht alle Aspekte einer integeren Sexualität, die das Alte Testament vermittelt, sind für die christliche Gemeinde von Bedeutung. Dies gilt insbesondere für die vom Tieropferkult her geprägten Vorstellungen zu Reinheit und Unreinheit, etwa was den Austritt von verschiedenen Körperflüssigkeiten betrifft (3Mo 15). Es ist also zu beachten, dass die Vorstellung eines „heiligen" Lebensstils gewissen heilsgeschichtlichen und kulturellen Wandlungen unterliegt. Die Grundlagen bleiben jedoch die Gleichen. Auch Jesus Christus schließt seine Ausführungen zu Ehebruch und Ehescheidung mit den Worten „Ihr sollt also vollkommen sein, wie euer himmlischer Vater vollkommen ist" (Mt 5,48). Auch er beruft sich auf einen der Heiligkeit Gottes entsprechenden Lebensstil, um seine Forderungen zum Schutz der Ehe zu untermauern.

In eine ähnliche Richtung geht Paulus, der den Körper als Tempel des Heiligen Geistes bezeichnet und sich deshalb gegen die Prostitution ausspricht. Auch im Umgang mit dem Körper sollen wir Gott verherrlichen (1Kor 6,12-20).

Das biblische Ideal ist in jedem Falle die heterosexuelle, lebenslang bestehende, auf Liebe und Treue gegründete Einehe (ausführlich siehe Davidson 2007).

Die Weisheit des Alten Testaments nähert sich den Grenzen der Liebe noch auf eine andere Weise. Anstatt Gebote und Verbote vorzugeben, leitet sie den Leser an, selbst darüber nachzudenken, wie Liebe und Sexualität sinnvollerweise zu gestalten sind. »Taten haben Folgen« – dieser Grundgedanke der alttestamentlichen Weisheit bekommt im Zusammenhang mit der geschlechtlichen Liebe seine ganz eigene Bedeutung. So sind etwa die Folgen eines leichtfertigen Umgangs mit der »Gottesflamme« der Liebe mitunter dramatisch: eine unüberlegt eingegangene Beziehung, die zur anhaltenden Belastung wird; der Ehebruch, der tiefe Verletzungen hinterlässt; die Schwangerschaft eines Teenagers, die die jugendliche Freiheit viel zu früh beendet; eine Scheidung, die für die Kinder eine ganze Welt einstürzen lässt.

Die weisheitliche Lebenskunst besteht darin, Folgen vorherzusehen und die Weichen rechtzeitig anders zu stellen, z.B.

eine Beziehung bewusst zu pflegen, eine Versuchung großräumig zu umgehen usw. Ein konkretes Beispiel bietet Spr 7,6-27 (➢ 1.2.2).

Das Hohelied Salomos spitzt die weisheitliche Reflexion auf eine bestimmte Fragestellung zu, nämlich die Frage nach dem richtigen Zeitpunkt. Zu nennen ist hier noch einmal der Mottosatz des Liedes, der in 2,7; 3,5 und 8,4 zu finden ist:

Ich beschwöre euch,
Töchter Jerusalems,
bei den Gazellen
oder bei den Hirschkühen des Feldes:
dass ihr nicht weckt,
dass ihr nicht erregt die Liebe,
bis es ihr gefällt!

Es gilt also zu fragen, was der Liebe selbst gefällt, d.h., wie Liebe erfüllend gestaltet werden kann. Dafür ist die Frage nach dem richtigen Zeitpunkt von großer Bedeutung.

Der Satz steht jeweils in den A-Teilen der zyklischen Struktur (➢ 1.6.2), wo die Frau ihr Verlangen nach dem Geliebten beschreibt. Sie ruft sich dazu auf, dem Verlangen nicht sofort nachzugeben, sondern auf den richtigen Zeitpunkt zu warten. Um was geht es dabei jeweils konkret? Im zweiten Zyklus wartet die junge Frau auf die Ankunft des Geliebten zum Rendezvous (2,8ff.); im dritten Zyklus erwartet sie die Ankunft des Bräutigams am Hochzeitstag (3,6ff.); im fünften Zyklus erwartet sie die Vereinigung der Partner und die Besiegelung der Liebe (8,5-7). Im vierten Zyklus hält die Frau die Spannung dagegen nicht aus, es kommt zum Konflikt mit den »Wächtern der Moral« (5,2-8).

Gewartet wird also an unterschiedlichen Stationen der Beziehung. Vom Kennenlernen über das Rendezvous bis zur Hochzeit, von der Begegnung über verschiedene Stadien der Intimität bis hin zur sexuellen Vereinigung geht es immer wieder darum, den richtigen Zeitpunkt zu finden. Es geht hierbei nicht darum, die Liebe zu reglementieren und damit etwa zu ersticken, sondern im Gegenteil, die verschiedenen Phasen der Beziehung jeweils zu feiern und auszukosten, eben das zu tun, »was der Liebe gefällt«, was zur größtmöglichen Erfüllung führt.

Dasselbe Thema wird aus einer etwas anderen Perspektive in der Geschichte von der Weinberghüterin und ihren Brüdern beschrieben, die auf die beiden Abschnitte 1,5.6 und 8,8-12 verteilt ist und somit das gesamte Hohelied deutend umgreift.

In 1,5-6 ist die junge Frau durch ihre Brüder dazu bestimmt, Weinberge zu hüten. Sie beklagt sich darüber, dass sie ihren eigenen »Weinberg« nicht hüten kann. In 8,11-12 lehnt sie dagegen das Hüten von Weinbergen ab. Sie will sich nun um ihren eigenen »Weinberg« kümmern.

Was die Metaphorik aussagt, wird spätestens von 8,8-10 rückblickend klar: Die Brüder sind der Meinung, ihre Schwester sei noch nicht reif für eine Beziehung, und wollen potenzielle Liebhaber abweisen. Damit sie keine Gelegenheit hat, die jungen Männer des Dorfes zu treffen, wird sie mit dem Hüten eines Weinbergs betraut. Die Frau selbst ist hingegen der Meinung, dass für sie die Zeit der Liebe nun gekommen ist.

Den Übergang vom Kind zur Frau bzw. vom Kind zum Mann zu bewältigen und zu gestalten, gehört zu den großen Herausforderungen des Lebens. Für die erziehenden Bezugspersonen gilt, dass sie zwischen den Extremen einer Überfürsorglichkeit und Kontrolle auf der einen Seite und einer richtungslosen Gleichgültigkeit auf der anderen Seite den richtigen Weg in der Mitte gehen, den Heranwachsenden qualifiziert zu leiten und zu begleiten. Für den Heranwachsenden gilt, dass er oder sie zwischen den Extremen der Angepasstheit auf der einen Seite und der Rebellion auf der anderen Seite den Weg zu einer reifen, verantworteten Eigenständigkeit findet.

Wie dies konkret aussieht, sagt das Hohelied allerdings nicht. Es beschreibt lediglich einen typischen Sachverhalt, mit dem Ziel, die Thematik ins Bewusstsein zu rücken. Es stellt einen Anknüpfungspunkt dar, von dem aus weiterzudenken ist.

1.9.10 Das Hohelied, Sexualität und Ehe

Gehört die Sexualität nach dem Hohenlied in den Rahmen der Ehe? Die Frage drängt sich beim Lesen des Hohenliedes unmittelbar auf. Anders als bei einem biblischen Buch und von einer christlichen Perspektive heraus erwartet, spricht das Hohelied zwar viel über die Liebe, aber anscheinend wenig über die Ehe. Tatsächlich gibt es einzelne Ausleger, die das Hohelied im Sinne einer gesellschaftskritischen Werbung für die »freie Liebe« verstehen (Gollwitzer 24f.56f., Heinevetter, z.B. 189). Folgendes ist meiner Ansicht nach zu diesem Thema festzuhalten:

1. Wie oben in Kap. 1.9.2 ausgeführt, beschreibt das Hohelied die Liebe bewusst nicht von den Rändern, sondern von seiner Mitte her. Es erkundet den »Garten der Liebe« und tut dies angstfrei und ohne zu moralisieren. Dies ist der Grund dafür, warum nicht, wie etwa in den Gesetzestexten, zuallererst die Grenzen des Erlaubten behandelt werden.

2. In der in Familien und Sippen strukturierten altisraelitischen Gesellschaft – und auch in der seiner altvorderorientalischen Umwelt – ist es nicht anders denkbar, als dass die Liebe zwischen Mann und Frau in der Ehe ihren öffentlich-rechtlichen Rahmen bekommt. Dies wird auch in den alttestamentlichen Gesetzestexten deutlich. Der Hochzeit ging die Verlobung vo-

raus. Auch diese war schon rechtlich bindend und eine Sache nicht nur der künftigen Partner, sondern auch der betroffenen Familien. Dass das Hohelied Salomos bewusst etwas anderes vertritt, ist auf diesem Hintergrund sehr unwahrscheinlich (Gledhill 27; Gerhards 380-385).

3. Neben dem historischen Kontext ist auch der literarische Kontext zu beachten: In der »weisheitlichen Reihe« beschreibt das Sprüchebuch den Ehebruch als eine Form von Torheit, die zum Untergang führt; es wirbt dafür, der eigenen Frau treu zu bleiben (z.B. Spr 5,15-20; Spr 7,21-27).

4. Ein Leitmotto des Hohenliedes ist, wie oben dargestellt, die Frage nach dem richtigen Zeitpunkt. Ohne dass eine explizite Aussage über das Thema »Sex vor der Ehe« gemacht wird, spricht das Lied doch grundsätzlich die Verantwortung an, über die sinnvolle zeitliche Ausgestaltung der Beziehung nachzudenken.

5. Tatsächlich handelt das Hohelied auch von der Hochzeit. Der Begriff »Hochzeit« wird zwar nur in 3,11 genannt. Nach der oben in Kap. 1.8 gegebenen zusammenhängenden Interpretation, die ähnlich von vielen Auslegern vertreten wird, ist aber der gesamte Abschnitt 3,6-5,1 vom Thema der Hochzeit bestimmt. Den Höhepunkt bildet dabei das Lied vom »Garten der Liebe«. An dieser Stelle öffnet die junge Frau ihren bisher verschlossenen »Garten« für den Liebhaber. In der Hochzeitsnacht findet die erste sexuelle Vereinigung der beiden Partner statt (Gledhill 168f.).

6. Auch wer gegenüber dieser Gesamtinterpretation zurückhaltend ist, muss anerkennen, dass das Hohelied an mehreren Stellen die Grenzen des Erlaubten thematisiert. So wünscht sich die junge Frau im Rahmen einer Beziehungsfantasie, der Geliebte wäre wie ein Bruder, dem sie sich unbefangen nähern könnte, ohne gesellschaftliche Schande über sich zu bringen (8,1). Auch

die Nachtwächter, die im Traum symbolisch als Wächter der Moral fungieren, zeigen eine Grenze an, die durch überschäumendes Verlangen bedroht wird (5,7).

Es kann also davon ausgegangen werden, dass im Hohelied das auch sonst aus der Bibel bekannte Wertesystem im Hintergrund steht. Eine kanonische Auslegung kann hier zu keinem anderen Ergebnis kommen. Auch der Name Salomo steht, wie oben ausgeführt (➤ 1.3.3), für »höchste Weisheit, aber unter der Thora stehend«.

7. Den Ausführungen von Wannenwetsch zufolge ist der Begriff »Ehe« im biblischen Sinne durch vier Grundlagen definiert: die öffentlich-rechtliche Dimension, die Ausschließlichkeit, die lebenslange Dauer sowie das Band der Liebe und Treue, das dies alles umschließt. Wannenwetsch leitet diese Grundlagen vom Begriff des Bundes ab (S. 181ff.). Die Argumentation kann hier nicht im Einzelnen dargestellt werden. Für das Hohelied gilt: Ein Konzept von Ehe lässt sich aus dem Text nicht ableiten, es zeigt sich aber, dass sich die von Wannenwetsch genannten Grundlagen auch im Text des Hohenliedes widerspiegeln. Für die Ausschließlichkeit sind z.B. Hld 2,2-3; 5,9-10 und 6,9 zu nennen; die öffentlich-rechtliche Dimension klingt in 8,6a und die Dauerhaftigkeit in 8,6b an (vgl. Davidson 2007, S. 556-592; zu 8,6 siehe Gerhards 425-429).

Anders gesagt: »Das Hld befürwortet stark (hetero)sexuelle Treue, Ganzheitlichkeit, Verbindlichkeit, Dauerhaftigkeit und Exklusivität«, sodass man durchaus sagen kann: Wenn auch die öffentlich-rechtliche Form der Ehe nicht Gegenstand des Hohenliedes ist, so vermittelt das Lied doch »dem Wesen nach die Werte der christlichen Ehe« (Zitate aus Stadler 75.77f.).

2. Kommentar zum Hohenlied

Die Formulierung lautet wörtlich: »das Lied der Lieder«. Es handelt sich um eine hebräische Ausdrucksweise für die höchste Steigerungsform (Superlativ), im Sinne von »das schönste Lied«. Zur literarischen Gattung des Hohenliedes siehe oben Kap. 1.5.

Der zweite Versteil lässt sich mit »von Salomo« oder mit »Salomo zugeeignet« übersetzen. Das Lied steht in mehrfacher Weise mit dem Namen Salomo in Verbindung. Siehe dazu oben Kap. 1.3.

2.1 Der erste Zyklus: Die Partner lernen sich kennen (1,2–2,4)

Am Beginn des Liedes steht ein dreifaches Kennenlernen: Zum Ersten nähern sich Liebhaber und Geliebte einander an und erklären einander ihre Zuneigung. Zum Zweiten lernen auch die Hörer des Liedes die beiden Hauptdarsteller kennen. Schließlich werden die Hörer dabei auch in das Thema des Liedes eingeführt: die Liebe zwischen Mann und Frau.

Zur Einteilung des Hohenliedes in Zyklen siehe oben Kap. 1.6.

2.1.1 Sie: Ich schwärme von dir! (1,2-4)

2.1.1.1 Übersetzung von 1,2-4

SIE, ÜBERSPRUDELND
2 *Er küsse mich mit Küssen seines Mundes!*
Ja, wohltuend sind deine Zärtlichkeiten – mehr als Wein!
3 *Der Duft deiner Salben ist wohltuend.*
Ausgegossenes Salböl ist dein Name.
Darum lieben dich die Mädchen.
4 *Zieh mich dir nach, lass uns eilen!*
Der König hat mich in seine Gemächer geführt.
Wir wollen ausgelassen sein und uns freuen an dir,
wollen von deinen Zärtlichkeiten schwärmen –
mehr als vom Wein!
Mit Recht lieben sie dich!

2.1.1.2 Kontext und Aufbau von 1,2-4

Der Beginn des Liedes überrascht den Leser mit dem dynamischen Gefühlsausbruch einer weiblichen Sprecherin und einem raschen Wechsel verschiedener Adressaten, deren Identität zunächst unklar bleibt. Das **er** der ersten Zeile wechselt unvermittelt in ein **du**; aus dem **ich** wird in der Mitte von V. 4 ein **wir**. Wer sind die in V. 3 genannten **Mädchen**?

Einige der modernen Bibelübersetzungen versuchen, die Verse im Deutschen zu glätten. Allerdings hat sich gezeigt, dass das sprunghafte Wesen der einleitenden Verse auch bei altägyptischen Liebesliedern zu finden ist und wohl bewusst eingesetzt wurde (Gerlemann 94f., siehe z.B. Schott 43.66). Es handelt sich um ein literarisches Stilmittel, das Spontaneität vermittelt:

Die Worte sind nicht lange zurechtgelegt, sondern sprudeln aus dem begeisterten Mädchen heraus.

Dennoch sind die Verse planvoll angelegt:

- V. 2 Eröffnung: Der Wunsch, von einem Mann geliebt zu werden
- V. 3 Der gute Ruf des Mannes, verbreitet durch die »Mädchen«
- V. 4 Erste Begegnung, Bestätigung des guten Rufes

Überhaupt ist das Hohelied dadurch gekennzeichnet, dass trotz einer ausgefeilten Anlage im Ganzen wie im Detail an der Oberfläche immer der Eindruck von Leichtigkeit und Unmittelbarkeit herrscht – ein Kennzeichen der poetischen Meisterschaft dieses Textes.

Für eine moderne Übertragung des Textes siehe im Anhang Kap. 3.1.

2.1.1.3 Einzelauslegung von 1,2-4

Die Sprecherin eröffnet ihre Rede direkt und unverblümt mit 2
dem Wunsch, gekusst zu werden. Die Doppelung von **küssen** und **Küsse** erscheint im Deutschen unbeholfen, es handelt sich aber um eine im Hebräischen beliebte Stilfigur (*figura etymologica*). Die Identität des Liebhabers bleibt zunächst noch unklar.

Die **Zärtlichkeiten** geben einige Übersetzungen als »Liebe« wieder. Es ist aber zu beachten, dass das Hohelied zwei verschiedene Wörter für Liebe benutzt. Zum einen *'ahăvāh*, das abstrakte Wort für Liebe, und zum andern dôdîm, das konkreter Zärtlichkeiten und Sexualität, also das »Liebeschenken«

bezeichnet (außerhalb des Hld noch in Spr 7,18; Hes 16,8; 23,17). Dieses letztere Wort ist hier verwendet.

Der ➤**Wein** ist ein besonderes Genussmittel, ein Geschenk Gottes, die Menschen zu erfreuen (Ri 9,13; Ps 104,15). Er hat wie die Liebe eine berauschende Wirkung. Im Hohenlied werden Weinberg und Wein geradezu zum Symbol für die Liebe.

3 Bei den **Salben** handelt es sich um Öle bzw. Fette, in denen verschiedene Duftstoffe gelöst waren. Sie wurden bei festlichen Anlässen als Parfüm auf die Haut aufgetragen oder in der Form von Salbkegeln auf dem Kopf befestigt, wo sie sich langsam auflösten. Zum Salben des Hauptes siehe z.B. Pre 9,8; Ps 23,5; vgl. Est 2,12; zur Verbindung von Salböl und Weingelage siehe Spr 21,17 (Keel 154).

Der Vergleich der zweiten Zeile ist sehr kompakt formuliert. Der **Name** steht im Hebräischen auch für den Ruf einer Person. Wie **Salböl** beim Ausgießen seinen Duft verbreitet, so ist auch der gute Ruf des Mannes weithin bekannt. Das Hebräische spielt außerdem mit dem Klang der Wörter *schämän* »Salböl« und *schēm* »Name« (wie Pre 7,1).

Die **Mädchen** sind wohl die unverheirateten jungen Frauen der Stadt, Begleiterinnen und Freundinnen der weiblichen Hauptperson. Später im Lied werden sie als die »Töchter Jerusalems« bezeichnet. Sie sind diejenigen, die den guten Ruf des besagten Mannes verbreiten. Vermutlich hört die weibliche Hauptperson durch sie zum ersten Mal von ihrem zukünftigen Geliebten.

Nun ist die junge Frau ihrem Liebhaber zum ersten Mal selbst
4 begegnet. Das Urteil der anderen Mädchen kann sie nur bestätigen. Die Begegnung wird allerdings nur kurz angedeutet. Die Verbform **hat … geführt** bringt zum Ausdruck, dass es sich um ein reales Ereignis handelt. Doch schon mit dem nächsten Satz zieht sich die junge Frau in das schützende **Wir** der Gruppe zurück.

Der Geliebte wird in diesem Vers als **König** bezeichnet. Daraus hat man oft geschlossen, das Hohelied beschreibe eine königliche Hochzeit oder, spezieller, eine Hochzeit Salomos. Wenn man den weiteren Fortgang des Liedes betrachtet, lässt sich diese Ansicht aber nicht aufrechthalten (➛ 1.3.2). Wahrscheinlicher ist, dass es sich um ein Bild handelt: Bei ihrem Geliebten zu sein ist für die junge Frau ein wahrhaft königliches Gefühl.

Für **schwärmen** steht wörtlich »gedenken«. Das hebr. Verb *zākar* (Aussprache *sachár*) bezeichnet allerdings nicht nur die Tätigkeit des Gedenkens an sich, sondern schließt auch die sich daraus ergebenden Folgen ein – hier die Begeisterung. Die Verbindung vom Gedenken zum Loben wird z.B. auch in Jes 12,4; Ps 45,18 und 1Chr 16,4 gezogen, wo die meisten Bibelübersetzungen das Wort mit »rühmen« wiedergeben (Zakovitch 115).

2.1.1.4 Zusammenfassung und Aussage von 1,2-4

Das Hohelied beginnt mit einer deutlichen und eindeutigen Ansage der weiblichen Sprecherin. Sie hat Verlangen nach einem Mann, sie wünscht sich Küsse und Zärtlichkeiten von ihm, sie ist ihm begegnet und von ihm begeistert. Damit ist das Thema des Liedes eröffnet, nämlich die Liebe zwischen Mann und Frau. Diese vielleicht schönste Schöpfungsgabe Gottes wird also im Hohenlied genossen und gefeiert (➛ 1.9.4ff).

Von der erzählerischen Seite her gesehen, handeln die Verse vom Beginn einer Beziehung: Die junge Frau hat durch ihre Freundinnen vom guten Ruf des Mannes gehört. In einer ersten Begegnung bestätigt sich dieser Ruf voll und ganz. Sie hat sich verliebt und ist nun in freudig-erregter Erwartung der Dinge, die kommen werden.

Doch stellen sich der jungen Liebe zunächst einige Hindernisse in den Weg, wie die folgenden beiden Textabschnitte zeigen.

2.1.1.5 Vorschlag zur Bibelarbeit über 1,1-4

Thema: So schön ist Verliebtsein

Zielgruppe: Teenager (13-15 J.)

Ziele:
1. Die Teens sind eingeladen zu entdecken, dass die Bibel zum Thema Liebe und Sexualität mehr und vor allem Schöneres zu sagen hat als nur, was man darf und was man nicht darf.

2. Indem die Teens die Poesie des Textes für sich erarbeiten, erhalten sie Anstöße, auf eine ganzheitliche, wertschätzende Art über die Liebe zu reden und zu denken.

Für das Bibelgespräch müssen Jungen und Mädchen voneinander getrennt sein.

2.1.1.5.1 Einstieg

Auf der Mitte des Tisches liegt ein Zettel mit der Aufschrift »Verliebtsein«. Die Teens sollen auf kleineren Zetteln Begriffe aufschreiben, die ihnen spontan zum Thema Verliebtsein einfallen (z.B. Sehnsucht; küssen; Geheimnisse; Vertrauen ...), und sie um den zentralen Begriff herum auf dem Tisch platzieren.

Welche dieser Themen werden in der Bibel behandelt, welche nicht? Lassen Sie die Zettel ordnen nach den Rubriken „Kommt in der Bibel vor" und „Kommt in der bibel nicht vor". Zweifelsfälle bleiben in der Mitte liegen.

Wo in der Bibel könnte man etwas zum Thema »Verliebtsein« finden? Lassen Sie die Teens selbst in ihren Bibeln stöbern.

Tatsächlich hat die Bibel einiges zum Thema Liebe, Sex und Partnerschaft zu sagen. Und dabei geht es nicht nur um Gebote und Verbote. Es gibt in der Bibel im Alten Testament sogar ein Liebeslied, das Hohelied Salomos. Das Hohelied ist nicht einfach zu verstehen, weil es aus einer anderen Kultur kommt. Aber wenn man es versucht, wird man entdecken: Es ist ein wunderschönes romantisches Lied. Gott zeigt uns im Hohenlied, wie schön Verliebtsein ist und wie man die Liebe feiern kann.

2.1.1.5.2 Durchführung

Sammeln Sie ggf. erste Reaktionen. Das Hohelied handelt von einem Jungen und einem Mädchen, die ineinander verliebt sind. Am Anfang des Liedes spricht das Mädchen. Sie wirkt fast etwas durcheinander: Sie ist aufgeregt, die Worte sprudeln nur so aus ihr heraus. So aufregend ist die Liebe.

V. 2: Das Mädchen wünscht sich, von ihrem Geliebten geküsst und zärtlich berührt zu werden.

Dann vergleicht sie die Liebe mit Wein. Worin sind Liebe und Wein vergleichbar? – Sammeln Sie Antworten: Beides ist ein besonderer Genuss; beides ist nichts für Kinder, sondern für »Erwachsene«; beides wirkt berauschend, bewirkt ein Hochgefühl; im Rausch besteht aber auch die Gefahr, die Kontrolle zu verlieren …

Womit könnte man die Liebe noch vergleichen außer mit Wein? – Flamme; Schmetterlinge im Bauch … – Was sagen die Bilder jeweils aus?

V. 3: Von dem Jungen im Hohenlied erfahren wir als Erstes, dass er gut riecht. Was fällt euch als Erstes auf, wenn ihr einen Jungen/ein Mädchen attraktiv findet? – Sammeln Sie. Geben Sie weitere Anstöße, indem Sie die unterschiedlichen Sinneseindrücke abfragen: sehen, hören, riechen. Das Liebespaar des Hohenliedes erlebt die Liebe mit allen fünf Sinnen (berühren z.B. in V. 2, schmecken z.B. in 4,11).

Erklären Sie das Wortspiel mit der Verbreitung des Dufts und der Verbreitung des guten Rufes. Das Mädchen hat also schon vor der ersten Begegnung viel Gutes von dem Jungen gehört. Sie hat sich anscheinend vorher umgehört. Es zählt also nicht nur der erste Eindruck. Nicht immer muss es »Liebe auf den ersten Blick« sein.

V. 4: Das Mädchen ist nun selbst dem Jungen begegnet und stellt fest: Die anderen Mädchen haben zu Recht von ihm geschwärmt.

Das Mädchen nennt ihren Geliebten »mein König«. Was will sie damit sagen? – Wen man liebt, den bewundert man, an dem entdeckt man bewundernswerte Seiten. – Welche anderen Bilder drücken Bewunderung aus? – Edler Ritter; Eroberer; Königin; Prinzessin ... Welche Bilder gefallen euch besonders gut?

2.1.1.5.3 Abschluss

Rückblick: Wie findet ihr die Sprache, die der Text verwendet? – Fremd, umständlich, poetisch, bildhaft ... – Man kann ja ganz unterschiedlich über Liebe und Sex reden, zum Beispiel wissenschaftlich distanziert oder auch derb und vulgär. Was bewirkt es aber, wenn man so über die Liebe redet wie das Hohelied Salomos?

- Die Sprache zeigt Wertschätzung der Liebe gegenüber: Die Liebe ist nicht etwas Alltägliches oder gar Schmutziges, sondern etwas besonders Schönes.
- Die Sprache zeigt Wertschätzung dem Partner gegenüber: Der Partner ist nicht Sex-Objekt, sondern eine faszinierende Person.

So schön ist Verliebtsein. So wertvoll ist das Geschenk der Liebe zwischen Mann und Frau, das Gott uns gemacht hat. Grund genug, die Liebe zu feiern und mit ihr wertschätzend umzugehen.

2.1.2 Die Weinberghüterin steht im Konflikt mit ihren Brüdern, Teil I (1,5-6)

2.1.2.1 Übersetzung von 1,5-6

SIE
5 *Braun gebrannt bin ich und doch anziehend,*
ihr Töchter Jerusalems,
wie die Zelte Kedars,
wie die Vorhänge Salomos.
6 *Seht mich nicht so an,*
weil ich schwärzlich bin,
weil die Sonne mich verbrannt hat!
Meine Brüder waren zornig auf mich,
sie setzten mich zur Hüterin der Weinberge ein.
Meinen eigenen Weinberg konnte ich nicht hüten.

2.1.2.2 Kontext und Aufbau von 1,5-6

Bei dem Abschnitt handelt es sich um den ersten Teil eines kleinen Erzählzusammenhangs, der in Kap. 8,8-12 fortgeführt wird. Die Verse 1,5-6 und 8,8-12 sind darin miteinander verbunden, dass beide Stellen eine Meinungsverschiedenheit zwischen der Frau und ihren Brüdern schildern, bei der es um das Hüten fremder und eigener Weinberge geht (vgl. Zakovitch 117).

Diese erste Episode der Erzählung besteht aus drei dreizeiligen Strophen, von denen die erste durch die Anrede **ihr Töchter Jerusalems** erweitert ist. Bei jeder der Strophen sind die zweite und dritte Zeile parallel zueinander geformt, bei der ersten Strophe mit **wie … wie …**, bei der zweiten mit **weil … weil …** und bei der dritten durch die Wiederholung **Hüterin ... gehütet** und **Weinberge ... Weinberg**. Die Worte in diesem Abschnitt sind also sorgsam gesetzt.

2.1.2.3 Einzelauslegung von 1,5-6

5 Die Frau redet nun zum ersten Mal im Lied die **Töchter Jerusalems** an. Von der Ebene der Erzählung betrachtet, sind damit die jungen Frauen der Stadt gemeint, mit denen zusammen die weibliche Hauptperson des Liedes aufgewachsen ist, ihre Freundinnen und Bekannten, die ihren Weg ins Liebesglück begleiten. Versteht man das Hohelied als Bühnenstück, so kann man sie sich auch als eine Gruppe von Darstellerinnen vorstellen, die in die Rolle eines »Publikums auf der Bühne« schlüpfen. Dieses besondere Publikum verfolgt die Geschichte der Liebenden mit und dient der weiblichen Hauptperson als Gegenüber und als Gesprächspartner (➤ 1.5.4).

Die Frau sagt von sich wörtlich, sie sei »schwarz«. Einige Ausleger rätseln über diese Farbangabe. Wichtig zu wissen ist hier: Das Althebräische gehört zu denjenigen Kulturen, die nur sehr wenige Wörter für Farben kennen, nämlich Schwarz, Weiß und Rot. Alle anderen Farben müssen umschrieben werden, indem z.B. Materialien genannt werden, wie Marmor oder Silber. An unserer Stelle ist an ein tiefes Braun zu denken, das die junge Frau durch den langen Aufenthalt in der Sonne bekommen hat.

Kedar ist ein Nomadenvolk, das seine Zelte aus schwarzem Ziegenhaar herstellte. Es lebte weit entfernt von Israel und galt als kriegerisch. Bei den **Vorhängen Salomos** handelt es sich um kostbare Teppiche, Vorhänge oder Wandbehänge, mit denen der Palast Salomos ausgestattet war. Beide Vergleiche gehen über die

Farbe hinaus. Mit ihnen bringt die junge Frau zum Ausdruck, dass die Bräune ihrer Haut ihr eine Aura von geheimnisvoller, kostbarer Exotik verleiht.

Daher will die junge Frau von den »Töchtern Jerusalems« **6**
auch nicht verächtlich angestarrt werden. Außerdem kann sie ja nichts dafür, dass ihr die »vornehme Blässe« der Städterin (vgl. Kla 4,7f.; Gerhards 211f.) verloren gegangen ist: Die **Brüder**, wörtlich »die Söhne meiner Mutter«, sind schließlich schuld, denn sie haben das Mädchen gezwungen, Weinberge zu hüten. Sie **waren zornig**: Wie bei unserem deutschen »hitzig« verbindet das hebräische Verb Hitze und Zorn. So entsteht eine Verbindung zwischen der Hitze der Sonne und dem glühenden Zorn der Brüder (Zakovitch 119).

Der letzte Satz **Meinen eigenen Weinberg konnte ich nicht hüten** ist übertragen zu verstehen. Die Frau stellt dem Weinberg, den sie fremdbestimmt hüten muss, ihren eigenen »Weinberg«, d.h. ihre eigenen Interessen, gegenüber. Worin diese Interessen bestehen, wird aus dem Zusammenhang deutlich: zunächst darin, nicht so braun zu werden, dass es ihrer Schönheit Abbruch tut. Dass die Frau ihr Aussehen pflegen will, lässt wiederum erkennen, dass ihr eigentliches Interesse in einer Liebesbeziehung zu einem Mann besteht (Gordis 46, Fokkelman 197) – ein Schluss, der nach 1,2-4 mehr als offensichtlich ist und der auch durch die symbolische Verwendung der Wörter ➛»Wein« und »Weinberg« im Hohenlied unterstützt wird. Der Weinberg ist im Hohenlied ein Symbol für die Liebe.

Durch ihre Pflichten in der Landwirtschaft war es der jungen Frau bisher verwehrt gewesen, die ihrem Alter angemessenen eigenen Interessen zu verfolgen. Ihr **eigener Weinberg**, ihr eigenes Kapital als junge Frau, nämlich mit dem Mann ihres Herzens das Glück einer Liebesbeziehung zu erleben, lag brach.

War dieses Brachliegen lediglich ein Seiteneffekt des Alltagsbetriebes im heimischen Hof – oder etwa Kalkulation der Brüder? Was zunächst wie eine Unterstellung klingen mag, lässt sich an zwei Hinweisen im Text festmachen. Zum einen treten in Kap. 8,8f. die älteren Brüder als diejenigen auf, die ihre Schwester vor voreiligen Liebesabenteuern bewahren wollen. Aber auch der in unserem Vers beschriebene Zorn der Brüder ist am besten in diese Richtung zu interpretieren: Das Mädchen trifft sich mit einem jungen Mann, ihre Brüder erfahren davon, werden zornig und versuchen, dem einen Riegel vorzuschieben, indem sie dem Mädchen eine Aufgabe weit außerhalb des gemeinschaftlichen Lebens zuteilen (vgl. Gerhards 209f.).

Das Spiel mit echtem und bildlichem Hüten des Weinbergs findet sich übrigens vergleichbar auch in der altägyptischen Liebeslyrik, dort aber bezogen auf eine andere Tätigkeit, nämlich das Fallenstellen. Eine junge Frau wird beauftragt, in die Natur hinauszugehen, um Vögel zu fangen, wo sie jedoch ihren Liebhaber trifft. Sie sagt (zitiert nach Schott 51):

Die Stimme der Wildgans schreit,
die von ihrem Köder gepackt ist.
Deine Liebe, die mich zurückhält,
kann ich nicht lösen. …

Heute habe ich keine Falle aufgestellt.
Die Liebe zu Dir hat mich gefangen.

Die beinahe unheimliche Macht der Liebe, die hier anklingt, wird auch im Hohenlied thematisiert. Das Fallenstellen ist im biblischen Zusammenhang allerdings ein Bild für das Gericht und wird wahrscheinlich deshalb nicht als Chiffre für die Liebe verwendet.

2.1.2.4 Zusammenfassung und Aussage von 1,5-6

Nachdem uns in 1,2-4 der Mann vorgestellt wurde, lernen wir nun in 1,5-6 die weibliche Hauptperson näher kennen (Heinevetter 96). Die Episode handelt von einer Auseinandersetzung der jungen Frau mit ihren Brüdern. Diese sorgen dafür, dass sie einen Weinberg hüten muss und so nicht am gesellschaftlichen Leben des Dorfes teilnehmen kann. Mit dieser Maßnahme wollen sie eine verfrühte Liebschaft verhindern. Das Mädchen beklagt sich bitter darüber – nicht zuletzt wegen der unerwünschten Bräune, die mit der Arbeit in der Sonne einhergeht.

Dass erwachsene Brüder Verantwortung für ihre Schwester übernehmen, ist uns auch heute aus dem vorderorientalischen Kontext bekannt, allerdings vor allem in negativer Weise. Schlagzeilen gemacht haben die sogenannten Ehrenmorde, bei denen Brüder eine ihrer Meinung nach unehrenhafte Beziehung ihrer Schwester mit allen Mitteln zu verhindern suchen.

Insgesamt betrachtet, spricht die Episode den schwierigen Übergang vom Kind zum Erwachsenen an sowie die Verantwortung, die Familie und Gesellschaft dafür tragen, dass dieser Übergang gut gelingt. Die Stelle steht damit auch in Zusammenhang mit dem Mottovers des Liedes, der auffordert, die Liebe nicht zu wecken, bevor die Zeit dafür reif ist (2,7). Die Episode wird in 8,8-12 weitergeführt und abgeschlossen. Die Frage, wann ein junger Mensch »reif« für die Liebe ist, wird damit zu einer rahmenden Thematik für das gesamte Hohelied (➤ 1.9.9).

Waren die Brüder erfolgreich? Konnten sie die junge Frau von ihren Liebesgedanken abbringen? Die Frage bleibt zunächst offen, doch die Fortführung des Liedes weist deutlich in eine andere Richtung.

Für einen Vorschlag zur Bibelarbeit siehe zu 8,8-12.

2.1.3 Sie: Wo kann ich dich finden? (1,7-8)

2.1.3.1 Übersetzung von 1,7-8

SIE
7 *Erzähle mir,*
den ich liebe und verlange,
wo weidest du,
wo lässt du lagern am Mittag?
Denn warum sollte ich wie eine Herumtreiberin erscheinen
bei den Herden deiner Gefährten?

TÖCHTER JERUSALEMS, HERAUSFORDERND
8 *Wenn du es doch nicht weißt,*
du Schönste der Frauen,
so geh doch hinaus,
den Spuren des Kleinviehs nach,
und weide deine Ziegenkitze
bei den Lagerplätzen der Hirten!

2.1.3.2 Kontext und Aufbau von 1,7-8

Die beiden Verse sind über Motive und Begriffe des Hirtenlebens miteinander verbunden. Sie sind als Frage und Antwort gestaltet. Die Frage richtet die weibliche Hauptperson an ihren Geliebten. Die Antwort lässt sich besser verstehen, wenn man annimmt, sie ist nicht vom Geliebten, sondern von einer dritten Partei, den Begleiterinnen der Frau. Die Anrede »du Schönste der Frauen« findet sich auch sonst im Lied nur in ihrem Mund (5,9; 6,1).

Die ersten vier Zeilen von V. 7 entsprechen in ihrem Aufbau dem Muster, das schon in V. 5 begegnet, mit einer eingeschobenen Anrede in der zweiten Zeile und einem parallelen Aufbau der dritten und vierten Zeile. In den ersten drei Zeilen von V. 8 deutet sich eine Form an, bei der eine Anrede von zwei parallel gestalteten Sätzen umgeben ist. Diese Form findet sich im Hohenlied häufig. Hier ist sie lediglich über das zweifache **doch** angedeutet; im Hebräischen ist die klangliche Verbindung allerdings deutlicher: *tēdəʿî lāḵ* … *ṣəʾî lāḵ* (»Du weißt doch … suche doch«).

2.1.3.3 Einzelauslegung von 1,7-8

Die Zeile **den ich liebe und verlange** lautet wörtlich »den mei- 7
ne *näfäsch* liebt«. Das hebräische Wort *näfäsch* hat die Grundbedeutung »Kehle«. Da durch die Kehle Speisen und Getränke gehen, steht diese im alttestamentlichen Denken für den Lebensdurst oder das Verlangen und im weiteren Sinne für die Gefühlswelt oder das Gemüt des Menschen insgesamt. Traditionell wird das Wort mit »Seele« übersetzt, was aber missverständlich ist (Wolff 25ff.). Dieselbe Anrede für den Geliebten verwendet die Frau noch mehrmals im ersten Traum (Hld 3,1-4).

Herumtreiberin: Der überlieferte hebräische Text bietet wörtlich »Verschleierte«. Nach Gen 38,14-15 war die Verschleierung Kennzeichen einer Prostituierten. So verstanden sorgt sich die Geliebte, für eine Prostituierte gehalten zu werden, wenn sie allein in der Wildnis umherstreift und Hirten anspricht, um nach ihrem Geliebten zu fragen (Delitzsch 30f.; Zakovitch 123). Möglicherweise liegt aber im hebräischen Text ein Abschreibefehler vor. Werden zwei Buchstaben vertauscht, so ändert sich die Bedeutung von »Verschleierte« zu »Umherirrende«, mit der Aussage, dass die Frau nicht gerne in der Wildnis umherirren will. Diese einfachere Lesart findet sich schon in alten Übersetzungen, auch einige der aktuellen deutschen Bibeln folgen ihr. Doch auch das bloße Umherirren einer einzelnen Frau in den Weidegebieten der Hirten hätte in der damaligen Kultur einen gewissen anrüchigen Beigeschmack gehabt. Deshalb wird hier die Übersetzung **Herumtreiberin** (nach Schreiner 15) gewählt.

Der Geliebte wird nur hier als Hirte beschrieben. Dies ist, wie auch der König (V. 4), bildlich zu verstehen. So wie ein Ziegenhirte in der Wildnis schwer zu finden ist, ist die Aufgabe, den Kontakt mit dem Geliebten herzustellen, mit einigen Mühen verbunden.

8 Die Antwort auf die Frage der Geliebten fällt nicht wie erwartet aus. Statt einer Wegbeschreibung erhält die Frau die Anweisung, **Spuren** zu lesen, um selbst den Weg zu finden. Ja, sie soll sogar selbst eine Herde **weiden**. Auch scheinen speziell die ersten beiden Zeilen einen ironischen Unterton zu haben. Aus dem Mund des Geliebten wäre eine solche Antwort reichlich merkwürdig. Will er sie hinhalten, ihr eine Erfahrung der Einsamkeit und Enthaltsamkeit verordnen? Dies passt nicht zum sonstigen Auftreten des Geliebten im Lied. Wahrscheinlicher ist, dass der Geliebte gar nicht anwesend ist und die Antwort auch nicht von ihm gegeben wird, sondern von den »Töchtern Jerusalems« (siehe 1,5). Sie weisen die junge Frau darauf hin, dass es in der Liebe keine Abkürzungen gibt. Vielleicht klingt hier auch ein Stück Genugtuung der abgeschlagenen Konkurrentinnen an: Zu einfach wollen wir es dir nicht machen!

Bei den **Ziegenkitzen** handelt es sich der hebräischen Form nach um weibliche Tiere. In der altvorderorientalischen Kunst werden oft Ziegen abgebildet. Sie stehen dort für Lebensdurst und Lebenslust (Keel 59f.). In Hld 4,5 werden die Brüste der Frau mit weidenden Kitzen verglichen. So hat die Aufforderung, die Ziegenkitze zu weiden, auch eine metaphorische Bedeutung.

Der Satz lässt anklingen, dass die Frau ihrem Geliebten bei den **Lagerplätzen der Hirten** doch noch begegnen wird.

2.1.3.4 Zusammenfassung und Aussage von 1,7-8

Altorientalische Liebeslieder greifen gerne die Romantik der Hirtenwelt auf. Unser Text macht sich vor allem ein Motiv zunutze, nämlich die Schwierigkeit, einen bestimmten Hirten mit seiner Herde in der weitläufigen und unübersichtlichen Hügellandschaft zu finden.

Die junge Frau möchte am liebsten sofort bei ihrem Geliebten sein oder ihn doch wenigstens auf dem kürzesten Weg erreichen. Doch bleibt ihr nichts anderes übrig, als sich selber auf die Suche zu machen. Um ihren Hirten zu finden, muss sie selber zur Hirtin werden. In der Liebe gibt es keine Abkürzungen. Es gilt, sich ganz auf den Partner und seine Welt einzulassen (Maier 45). Dies erfordert Geduld und die Bereitschaft, auch Schwierigkeiten in Kauf zu nehmen.

2.1.4 Die Partner tauschen Komplimente aus (1,9–2,3)

2.1.4.1 Übersetzung von 1,9–2,3

ERSTER DIALOG

ER

9 *Mit einer Stute bei den Streitrossen Pharaos*
vergleiche ich dich, meine Freundin:

10 *Wie anziehend sind deine Wangen mit Kettchen,*
dein Hals mit Schmuckketten!

11 *Kettchen aus Gold wollen wir dir machen*
mit Perlen aus Silber.

SIE

12 *Solange der König mir nahe ist,*
gibt meine Narde ihren Duft.
13 *Ein Beutelchen von Myrrhe ist mir mein Geliebter,*
das zwischen meinen Brüsten ruht.
14 *Eine Traube von Henna ist mir mein Geliebter,*
aus den Weinbergen von En-Gedi.

ZWEITER DIALOG

ER

15 *Wie schön du bist,*
meine Freundin,
wie schön du bist!
Deine Augen sind Tauben – sie leuchten vor Liebe.

SIE

16 *Wie schön du bist,*
mein Geliebter,
ja, verlockend!
Ja, unser Lager ist frisches Grün.
17 *Die Balken unseres Hauses sind Zedern,*
unsere Täfelung Zypressen.

DRITTER DIALOG

SIE

2,1 *Ich bin die Blume von Scharon,*
die Lotusblume der Täler.

Er

2 *Wie eine Lotusblume unter Dornen,*
so ist meine Freundin unter den Töchtern.

Sie

3 *Wie ein Apfelbaum unter dem Gehölz des Waldes,*
so ist mein Liebster unter den Söhnen.
In seinem Schatten begehre ich zu sitzen,
und seine Frucht ist meinem Gaumen süß.

2.1.4.2 Kontext und Aufbau von 1,9-2,3

Der Abschnitt Hld 1,9-2,3 ist geprägt durch mehrere kurze Dialoge, in denen das Paar Komplimente austauscht.

Erster Dialog (V. 9-14): Die sechs Verse sind in zweimal drei Versen auf die beiden Partner verteilt. Jeder Vers besteht aus zwei Zeilen. Jeder der Partner beginnt mit einem Bezug zur königlichen Sphäre, V. 9 mit dem **Pharao**, V. 12 mit dem **König**. Die zwei fortsetzenden Verse gehören jeweils zusammen: V. 10 und 11 sind über das Wort **Kettchen** verbunden, V. 13 und 14 enthalten Vergleiche mit Duftstoffen.

Zweiter Dialog (V. 15-17): Wieder spricht zuerst der Mann, dann die Frau. Beide beginnen mit den gleichen Worten **Wie schön du bist**. Formal handelt es sich sowohl in V. 15 als auch in V. 16 um einen Parallelismus mit eingeschobener Anrede (➛ 1.7.2).

Dritter Dialog (3,1-3): Diesmal spricht die Frau zuerst. Der kurze Dialog besteht aus vier Zweizeilern. Die ersten beiden handeln von der Frau als Blume, die anderen beiden vom Mann als Apfelbaum. Der zweite und dritte Zweizeiler sind parallel zueinander aufgebaut. Die sich entsprechenden Begriffspaare sind: **Lotusblume – Apfelbaum**, **Dornen – Gehölz**, **Freundin – Liebster** sowie **Töchter – Söhne**.

In allen drei Dialogen ist zuerst die Frau, dann der Mann das Objekt der Bewunderung (Heinevetter 96).

2.1.4.3 Einzelauslegung von 1,9–2,3

9 Othmar Keel (S. 62) weist darauf hin, dass der Wagen des **Pharaos** den verfügbaren Informationen nach nie von einer **Stute**, sondern immer von einem Hengst gezogen wurde. Die häufige Übersetzung »Stute am Wagen des Pharaos« ist daher anzuzweifeln. Dazu kommt, dass das mit »Wagen« übersetzte Wort eigentlich meist eine Mehrzahl von Wagen meint, im Sinne von »Wagenzug« oder auch »Pferde des Wagenzugs« (so in 2Sam 8,4; 10,18; Hes 39,20; siehe Elberfelder Übersetzung). Berichtet wird aber aus Ägypten von einer Kriegstaktik, bei der Soldaten eine Stute in das feindliche Heer hineinjagten, um die Hengste, die die Kriegswagen zogen, zu verwirren. Eine ähnliche Wirkung hat demnach die Geliebte auf ihren Liebhaber.

10 Das prächtige Zaumzeug der stolzen **Stute** vergleicht der Liebhaber nun mit dem Schmuck der Geliebten, der sich nach orientalischer Sitte nicht nur am **Hals**, sondern auch an den **Wangen** befindet. Der Schmuck unterstreicht die Schönheit der Person, aber noch mehr. Wie das Zaumzeug als Statussymbol dienen kann, so bringt auch der Schmuck Stolz und Status zum Ausdruck. Im Hebräischen steht der Hals geradezu für den Stolz einer Person (vgl. Hiob 15,26; Ps 75,6 wörtlich »redet nicht mit Hals«, d.h. redet nicht stolz daher).

Die Bezeichnungen der Schmuckstücke sind in ihrer exakten Bedeutung heute nicht mehr bekannt. Dies ist der Grund, warum einige Übersetzungen von »Perlenschnüren«, andere von »Muschelkettchen« usw. sprechen.

Wenn der Liebhaber seiner Geliebten nun **Kettchen aus** 11
Gold machen will, drückt er damit auch einen Anspruch aus: Einerseits will er sie beschenken und ihrer Schönheit die Krone aufsetzen, andererseits will er sie dadurch gewissermaßen in Besitz nehmen. Der Anspruch wird hier nicht negativ aufgefasst. Die gegenseitige Zugehörigkeit gehört zum Liebesverhältnis.

Die erste Hälfte des Verses ist schwierig zu übersetzen. Er 12
enthält ein seltenes Wort (*mēsav*) mit dem Sinn »Umgebung« oder »sich herumwenden«. Traditionell wird es an dieser Stelle mit »Tafelrunde« übersetzt, im Sinne von »solange der König bei seiner Tafelrunde ist«. Luther übersetzt stattdessen freier, aber inhaltlich schlüssiger: »als der König sich herwandte«. Von der zweiten Vershälfte her betrachtet scheint es jedenfalls darum zu gehen, dass König und Geliebte einander **nahe** sind. Die Bezeichnung des Geliebten als **König** ist wie in 1,4 im übertragenen Sinne zu verstehen.

Die ➛ **Narde** ist ein kostbarer Duftstoff. Die Pflanze ist mit dem Baldrian verwandt, auch was ihre entspannende Wirkung betrifft. Mit ihrem Nardenduft betört die junge Frau den Geliebten.

Die ➛ **Myrrhe** wurde ebenfalls als Duftstoff verwendet, und 13
zwar sowohl im sakralen Raum (2Mo 30,23) als auch im Bereich der Erotik (Ps 45,9; Spr 7,17; Est 2,12f). Brust**beutelchen** stellte man her, indem man kleine Gegenstände oder Bündel von Duftkräutern mit einem Stoffband umwickelte, das mit einer Ziernadel zusammengehalten wurde. Das Beutelchen wurde dann um den Hals gehängt. Im alten Ägypten trug man solche Beutelchen vor allem als Amulette. Hier im Text ist der Geliebte selbst das metaphorische Amulett. »Seine intime und sichere Zugehörigkeit zu ihr schützt sie. Er verleiht ihr Lebenskraft und Ansehen« (Keel 68.70).

Die Blütendolden des ➛ **Henna**strauchs werden heute vor al- 14
lem zu dem gleichnamigen Färbemittel verarbeitet. In unserem

Vers steht aber der Geruch im Vordergrund, der mit dem Duft von Rosen vergleichbar ist.

Die Oase von **En-Gedi**, »Ziegenquelle«, liegt im Negev am Westufer des Toten Meeres. Ihre besondere Lage in der Senke des Toten Meeres begünstigt das Wachstum subtropischer Pflanzen. Durch die Ortsangabe wird der Eindruck von besonderer Kostbarkeit vermittelt. So wie die Geliebte ihren Liebhaber mit ihren Düften betört (V. 13), ist auch er für sie wie ein kostbarer Wohlgeruch.

15 Die bisher ausgetauschten Komplimente bezogen sich auf Äußerlichkeiten wie Halsschmuck und Duftstoffe. Im zweiten Redewechsel wagen sich die Gesprächspartner weiter vor. Der Liebhaber macht die Schönheit der Frau selbst zum Thema. Die erste Zeile lautet wörtlich: »Siehe, du bist schön.« Das hebräische Wort für »siehe« wird gebraucht, wenn jemand auf eine Sache aufmerksam wird oder aufmerksam machen will. Weil es im Deutschen veraltet ist, wurde für die Übersetzung entsprechend die Form des Ausrufs gewählt.

Wo in den alttestamentlichen Erzählungen eine Frau als **schön** bezeichnet wird, befasst sich die nachfolgende Handlung meist damit, dass ein Mann diese Frau heiraten will oder sexuell begehrt (z.B. der Pharao und Sarai in 1Mo 12,11ff.; Jakob und Rahel in 29,17; Amnon und Tamar in 2Sam 13,1; Adonija und Abischag in 1Kön 1,3 und 1Kön 2,17; vgl. 5Mo 21,11). Es geht hier also durchaus um die körperliche Schönheit der Frau, die für den Mann begehrenswert ist (Gerlemann 72-75).

Von der Aussage **Wie schön du bist** leitet der Liebhaber dann direkt zu den **Augen** der Geliebten über. Dies ist nicht überraschend, gilt doch das Glänzen der Augen als Inbegriff der Schönheit. So werden z.B. Davids schöne Augen hervorgehoben (1Sam 16,12). Die Augen von Lea waren dagegen »matt«, offensichtlich fehlte es ihr an Ausstrahlung (1Mo 29,17).

Über den Vergleich der Augen mit ➤ **Tauben** haben die Bibelausleger der Vergangenheit viel gerätselt. Werden hier die Augen der Frau mit Taubenaugen verglichen (so z.B. die Lutherübersetzung)? Oder gleicht der Umriss des menschlichen Auges einer Taube? Oder ist sie ein Symbol für Reinheit? Oder geht es um das Blinken oder Zwinkern des Auges, das mit der Lebhaftigkeit einer Taube verglichen werden soll?

Othmar Keel hat durch seine Studien der altvorderorientalischen Kunst einen Schlüssel zur Bedeutung dieser Aussage gefunden (➤ 1.7.1): In der damaligen Kultur war die Taube ein Symbol für die Liebe. So ist z.B. auf einem altsyrischen Rollsiegel (um 1750 v. Chr.) ein Paar abgebildet, das sich gegenübersitzt und sich mit einem Becher Wein zuprostet. Zwischen den Köpfen der beiden befindet sich eine Taube, die sozusagen als Liebesbotin vom Mann zur Frau fliegt und somit dem Betrachter verdeutlicht, dass er eine Liebesszene vor sich hat. Künstlerische Darstellungen dieser Art sind, wie Keel nachweist, im gesamten östlichen Mittelmeerraum verbreitet. Heute würden wir in entsprechenden Darstellungen stattdessen ein Herzchen über der verliebten Person oder zwischen den Verliebten abbilden. Die Aussage in unserem Vers **Deine Augen sind Tauben** hat demnach die Bedeutung: »In deinen Augen leuchten Herzchen« oder »Deine Blicke sind voller Liebe für mich«. In der Übersetzung ist daher die Zeile **Sie leuchten vor Liebe** erklärend ergänzt.

Der Blickkontakt zwischen den Partnern stellt Beziehung her. Das Reden von der weiblichen Schönheit im ersten Versteil macht die Frau nicht zum Objekt, sondern es ist ganzheitlich in das Beziehungsgeschehen eingebettet.

V. 15 wird wörtlich in 4,1 wiederholt, dem Beginn des ersten ausführlichen Beschreibungsliedes. So nimmt V. 15 die späteren Inhalte des Hohenliedes andeutend vorweg und weckt die Spannung, jedenfalls bei den ersten Lesern, die mit den altisraelitischen Formen der Liebeslyrik vertraut sind.

16a Die junge Frau gibt das Kompliment zurück. Auch die Schönheit des Mannes spielt im Alten Testament eine Rolle (z.B. Josef in 1Mo 39,6f.; David in 1Sam 16,12 und 17,42; Absalom in 2Sam 14,25), wenn auch weniger häufig als die weibliche. Vom **schön** wechselt die Geliebte dann, sicher um der dichterischen Variation willen, zum **verlockend**. Gleichzeitig klingt mit diesem zweiten Wort noch stärker ein Verlangen an. Dies wird in den folgenden drei Zeilen weiter ausgeführt.

16a.17 Die drei Zeilen können grammatisch gesehen sowohl als Aussagen wie auch als Wunschsätze verstanden werden. Vom Zusammenhang her handelt es sich sicher um einen Wunsch. Die Geliebte möchte die Zweisamkeit in der freien Natur genießen. **Frisches Grün** ersetzt das Bett, ➛**Zedern** und ➛**Zypressen** Dach und Wände des Hauses. Auch hier wird ein Thema vorbereitet, das später im Lied mehrfach aufgenommen wird (2,10-14; 7,12f.; 8,5).

Der Wunsch nach Liebe in der freien Natur mag befremdlich oder auch exotisch erscheinen. Doch ist von den damaligen Gegebenheiten zu denken: Die oft von vielen Familienmitgliedern bewohnten Häuser boten möglicherweise wenig Raum für Intimität, während man in der weitläufigen Landschaft leicht ein ungestörtes Plätzchen finden konnte. Im heutigen Westeuropa gilt eher das Umgekehrte.

Auf der symbolischen Ebene steht das Erkunden der Natur für Entdeckerfreude und Frühlingsgefühle.

Die Stelle wird gelegentlich als Argument für eine freizügige Sexualmoral angeführt. Richtig ist, dass das Hohelied mit dem Thema der Sexualität angstfrei umgeht und seine Darsteller den Wunsch nach Liebe offen zum Ausdruck bringen lässt. Liebe und Sexualität dürfen nicht in erster Linie von ihren Grenzen her gedacht werden (➛ 1.9.2). Letztlich gilt aber auch, dass das Hohelied Liebe, Sexualität und Ehe nicht voneinander trennt (➛ 1.9.9, 1.9.10). In 1,16f geht es jedenfalls nicht darum, dass vorehelicher Geschlechtsverkehr stattfindet, sondern dass die Frau ihr Sehnen nach der Zärtlichkeit ihres Geliebten zum Ausdruck bringt.

Den dritten Redegang beginnt die junge Frau mit einer kur- **2,1**
zen Selbstdarstellung. Sie vergleicht sich mit einer **Blume**, hebräisch *chăvaṣṣälät*, eine Bezeichnung, die heute nicht mehr identifiziert werden kann. An der einzigen anderen biblischen Belegstelle Jes 35,1 wird das Anbrechen einer neuen Heilszeit mit dem Aufblühen dieser Pflanze verglichen, es handelt sich also vermutlich um eine prächtige und schöne Blume. Der **Scharon** ist die Küstenebene, die sich südlich des Karmelgebirges erstreckt und im Altertum von Sümpfen durchsetzt war (Keel 79).

Die in der zweiten Vershälfte genannte Blume heißt hebräisch *schôschan* oder *schôschannāh*, wovon der Name »Susanne« abgeleitet ist. Traditionell wird mit »Lilie« übersetzt. Wie Othmar Keel gezeigt hat, stammt das Wort jedoch aus dem Ägyptischen und bezeichnet dort die ➛ **Lotusblume** oder Seerose. Diese erblühte in großer Zahl nach dem Rückgang der jährlichen Nilüberschwemmung und wurde so zu einem Symbol für den Sieg des Lebens über den Tod.

Die weibliche Hauptperson charakterisiert sich demnach hier nicht über die Lilie, etwa im Sinne von Reinheit und Bescheidenheit, sondern vielmehr über die Lotusblume: Sie ist voller Lebensfrische und lebenserneuernder Kraft (Keel 79-82; vgl. Suderman).

Der Liebhaber greift die Aussage seiner Geliebten auf, erwei- **2**
tert sie und gibt sie ihr als Kompliment zurück. Wenn die Geliebte eine **Lotusblume** ist, sind alle anderen Frauen nur nutzlose **Dornen**. Mit dem Kontrast bringt der Liebhaber zum Ausdruck,

wie einzigartig für ihn die Geliebte ist. Mit den **Töchtern** sind junge, unverheiratete Frauen gemeint.

3 Die Geliebte zögert nicht, ihrerseits das Kompliment an den Liebhaber zurückzugeben. Der ➛**Apfelbaum** war im Gebiet Israels eher selten. Äpfel galten daher als besonders köstliche Früchte. Darüber hinaus ist der Apfelbaum im Alten Vorderen Orient auch als ein Symbol für die Liebe bekannt. Ein sumerisches Liebesgedicht vergleicht die Geliebte mit einem Apfelbaum (Kramer 96).

Das **Gehölz des Waldes** bildet dazu den Kontrast. Es trägt keine Frucht und ist insgesamt ein Ort, den man eher meidet. Das Gehölz hat dieselbe Funktion wie die Dornen im vorangegangenen Vers. Der Partner und die Partnerin haben sich exklusiv füreinander entschieden. Alle anderen jungen Frauen bzw. alle anderen jungen Männer zählen für sie nicht mehr (Maier 64).

Die zweite Hälfte des Verses leitet wieder, wie schon bei den vorangegangenen Dialogen, von den Komplimenten zum Begehren über. Mit dem Bild, in der subtropischen Hitze den angenehmen **Schatten** und die süße und erfrischende **Frucht** des Apfelbaumes zu genießen, drückt die Liebhaberin den Wunsch nach Zweisamkeit mit ihrem Geliebten aus.

Die Begriffe erinnern entfernt an die »begehrenswerten« Bäume im Garten Eden (Zakovitch 139). Ein deutlicher Zusammenhang zwischen der Liebe und dem Garten Eden wird aber erst im Gartenlied in Hld 4,12-5,1 hergestellt.

2.1.4.4 Zusammenfassung und Aussage von 1,9–2,3

Die beiden Partner sind sich nun begegnet und tauschen in drei aufeinanderfolgenden Dialogen Komplimente aus. Dabei ist von Abschnitt zu Abschnitt eine Steigerung zu erkennen.

Im ersten (1,9-14) bewundert der Liebhaber den Schmuck seiner Geliebten und deutet an, sie für sich besitzen zu wollen. Die Geliebte wiederum betört ihren Liebhaber mit Düften und fühlt sich in seiner Nähe geborgen.

Noch sind die gegenseitigen Komplimente indirekt formuliert und poetisch verschlüsselt. Als das gegenseitige Interesse festgestellt ist, können die Partner direkter werden.

Im zweiten Dialog (1,15-17) stehen daher die Schönheit der Frau und des Mannes selbst im Mittelpunkt, dazu der Wunsch, die Liebe an einem intimen Ort in der Natur zu entdecken.

In einem dritten Wechselgespräch (2,1-3) machen sich die beiden noch einmal wechselseitig Komplimente. Dabei bringen sie zum Ausdruck, dass sie sich exklusiv füreinander entschieden haben. Damit ist der Beginn der Liebesbeziehung gewissermaßen offiziell erklärt.

Die kurzen Redebeiträge der beiden Partner sind charakteristisch für diesen Teil des Hohenliedes. Von der Ebene der voranschreitenden Handlung her betrachtet, stehen sie für die Anfangsphase der Beziehung. Inhaltlich wird das gegenseitige Kennenlernen der Partner im Hohenlied allerdings nicht thematisiert. Keiner der Partner etwa erzählt von seiner Herkunft und Familie, keiner fragt den anderen nach dessen Ansichten oder Interessen. Das Hohelied hat nicht die Absicht, die Geschichte einer bestimmten historischen Beziehung nachzuerzählen.

Es geht um etwas anderes: Die Worte, die hier gewechselt werden, haben die Funktion, Beziehung zwischen zwei Menschen herzustellen. Es sind zum Ersten Worte über den anderen, Komplimente, die dem anderen guttun und die gegenseitige Wertschätzung füreinander steigern (z.B. 1,9-10.15). Zum Zweiten werden eigene Gefühle und Wünsche gegenüber dem Partner in Worte gefasst. Diese schaffen Räume, laden den Partner ein, darauf zu reagieren, und vermitteln ebenfalls Wertschätzung (z.B.

1,11; 2,3). Drittens sind es Worte, die eine schon vorhandene innere Verbundenheit mit dem Partner zum Ausdruck bringen bzw. mit Worten festhalten, auch mit dem Effekt, diese zu vertiefen (z.B. 1,13; 16b.17; 2,2-3).

Nicht nur auf den Beginn, sondern auch auf den Erhalt einer Beziehung haben solche beziehungsstärkenden Worte natürlich einen großen Einfluss.

2.1.5 Sie: Alle Zeichen stehen auf Liebe (2,4)

2.1.5.1 Auslegung von 2,4

Übersetzung von 2,4

SIE

4 Er hat mich ins Weinhaus geführt,
und sein Banner über mir ist Liebe.

Was man sich unter dem **Weinhaus** vorzustellen hat, ist nicht sicher. Möglicherweise ist ein bestimmter Saal des Palastes oder auch eine Gartenlaube damit gemeint. So ist in Est 7,8 von einem »Haus des Weintrinkens« die Rede, und der Festsaal von Dan 5,10 wird wörtlich als »Haus des Trinkens« bezeichnet. Es kann sich aber auch um ein Privathaus handeln, bei dem zur Erntezeit Wein ausgeschenkt wurde, was dann durch ein Zeichen außen am Haus angezeigt war (so vermutet Keel 85).

Das **Banner** erscheint im Alten Testament sonst als Feldzeichen, unter dem sich die einzelnen Stämme bei ihrem Durchzug durch die Wüste sammelten (4Mo 1,52; 2,2ff.). Auf ägyptischen und assyrischen Abbildungen enthalten die Banner Abbildungen, die entweder den Auftrag der jeweiligen Truppe darstellen oder aber eine Schutzgottheit, die bei der Ausführung zur Seite stehen soll. In diesem Sinne steht das Treffen der beiden im Weinhaus unter dem Zeichen der Liebe. Überhaupt war das gemeinsame Weintrinken (➛ Wein) von Mann und Frau im Alten Vorderen Orient eng mit dem Thema der Liebe verbunden.

Die Formulierung **Er hat mich ... geführt** entspricht wörtlich 1,4. An beiden Stellen geht es auch inhaltlich darum, dass die Geliebte von ihrem Liebhaber in ein Zimmer geführt wird. Unterstrichen wird die Verbindung von 2,4 zum Anfang des Liedes noch durch das Stichwort **Wein** und durch das Reden von der Liebe. Somit bilden die Verse 1,2-4 und 2,4 einen Rahmen um den ersten Zyklus (vgl. Heinevetter 95). Die Bewegung, die in 1,2-4 begonnen hat, kommt hier zu einem vorläufigen Ruhepunkt; das Verlangen wird gestillt.

2.1.5.2 Vorschlag zur Bibelarbeit (Eheseminar) über 1,9–2,4

Thema: Zauberworte – Wie Komplimente die Beziehung beflügeln

Zielgruppe: Ehepaare und Paare in der Hochzeitsvorbereitung

Ziel: Die Paare sollen dazu angeregt werden, ihre Beziehungen durch den Austausch positiver Worte und anderer Zeichen der Liebe im Alltag bewusst zu pflegen.

Zur Vorbereitung siehe auch Kap. 1.9.8 »Liebe ist ... es in Worte fassen« sowie zum Beziehungskonto Schindler, *Partnerschaftsprobleme*, oder Chapman, *Die fünf Sprachen der Liebe* (siehe Bibliografie).

2.1.5.2.1 Einstieg

Stellen Sie den Teilnehmern die Aufgabe, die folgenden beiden Fragen schriftlich für sich zu beantworten: »Welches war das schönste Kompliment oder Lob, das ich in letzter Zeit (vom Partner oder von jemand anderem) bekommen habe? Warum hat mir das Kompliment besonders gutgetan?« Bitten Sie einige Freiwillige, ihre Antworten der Gruppe mitzuteilen. Zeichen der Anerkennung sind für uns wichtig, sie stärken unser Selbstwertgefühl und wirken sich positiv auf unsere Beziehungen aus.

2.1.5.2.2 Bibelarbeit

Lesen Sie gemeinsam den Text Hld 1,9-2,4 nach der modernen Übertragung in Kap. 3.1 oder nach einer anderen modernen Übersetzung (alle Teilnehmer müssen die gleiche Übersetzung verwenden). Erarbeiten Sie den Text im Gruppengespräch an den folgenden Fragen entlang:

Welche der im Text geäußerten Komplimente gefallen mir besonders gut und warum? Welche finde ich merkwürdig?

Was wird in den Komplimenten zum Ausdruck gebracht? – Jedes der Komplimente benennt eine positive Seite am anderen, bringt ein eigenes Gefühl zum Ausdruck und benennt den Wunsch nach Beziehung, Gemeinsamkeit, Intimität. Es handelt sich um Worte, die Beziehung schaffen und Beziehung stärken.

Wie lässt sich der Gesprächsverlauf beschreiben? – Als fortschreitende Annäherung: a) indirekt, Accessoires benannt, b) die Personen selbst, c) Erklärung, ausschließlich dem Partner gehören zu wollen. Der Text skizziert die sehr spannende Phase einer gerade im Entstehen begriffenen Beziehung. Komplimente sind für die Entstehung, aber auch für die Pflege einer Beziehung von großer Bedeutung.

Was zeichnet im Allgemeinen ein gutes Kompliment aus? Sammeln Sie im Gruppengespräch Stichpunkte und sortieren sie:

- der Sprecher: meint es ehrlich, sendet eine Ich-Botschaft
- der Angesprochene: wird bewusst wahrgenommen; individuelle Beobachtung

- die Form: je nach Möglichkeit und Situation geistreich formuliert, aber ohne künstlich zu wirken oder unrealistisch zu sein.

Zur Fähigkeit, Komplimente zu machen, muss auch die Fähigkeit dazukommen, Komplimente zu empfangen. Einige Menschen wehren Komplimente ab, die ihnen gemacht werden, oder geben direkt ein Kompliment zurück. Gründe dafür: Probleme mit dem eigenen Selbstwert; eine falsche Bescheidenheit; das Gefühl, zu einer Gegenleistung verpflichtet zu sein. Aber: Komplimente sind Geschenke, die man einfach annehmen darf, indem man sich dafür bedankt (weitere Informationen: Dr. Doris Wolf, www.psychotipps.com, abgerufen im Mai 2011).

2.1.5.2.3 Thematischer Teil

Warum sind Komplimente für die Beziehung wichtig? Zunächst einmal ist herauszustellen, dass Beziehungen für uns von großer Bedeutung sind. Das Zusammenleben mit einem festen Partner ist für die meisten Menschen einer der wichtigsten Aspekte eines erfüllten Lebens. In der Anfangszeit bemühen sich die Partner normalerweise sehr um den anderen. Im Ehealltag gerät die Pflege der Beziehung jedoch mitunter in den Hintergrund. Komplimente sind wie Dünger für die Beziehung.

Erklären Sie das Konzept vom »Beziehungskonto« (Schindler) oder »Liebestank« (Chapman): Wie bei einem Bankkonto kann auch auf das »Beziehungskonto« eingezahlt oder von ihm abgehoben werden. Am Anfang der Beziehung gehen die Partner liebevoll miteinander um, die Beziehungskonten sind gut gefüllt, die Beziehung ist stark. Wird die Beziehung später nicht mehr gepflegt, leeren sich nach und nach die Beziehungskonten. Es kann sich ein negativer »Zwangsprozess« (Schindler) entwickeln, bei dem der Partner auf fehlende Zuwendung seinerseits mit Zurückhaltung oder Kritik reagiert. Jedoch führt der Versuch, den Partner durch Kritik zu ändern, nur noch tiefer in die Krise.

Achten die Partner jedoch darauf, nach der Hochzeit weiterhin regelmäßig auf das Beziehungskonto des anderen »einzuzahlen«, können negative Entwicklungen umgekehrt bzw. auch von vorne herein vermieden werden, und die Beziehung kann so erfüllend werden wie erhofft.

Zu beachten ist außerdem, dass die Partner je nach Herkunft und Prägung unterschiedlich auf Zeichen der Liebe reagieren. Sie haben unterschiedliche »Beziehungskonzepte« (Schindler) bzw. sprechen unterschiedliche »Sprachen der Liebe« (Chapman). Typische »Sprachen der Liebe« sind: Lob und Anerkennung, gemeinsam verbrachte Zeit, Geschenke, Hilfsbereitschaft, Zärtlichkeit. Es gilt, gerade solche Zeichen der Liebe zu setzen, die dem Partner am meisten bedeuten.

Im Bibeltext tauschen die Liebenden Komplimente aus, es geht also um Lob und Anerkennung. Aber auch andere »Sprachen der Liebe« klingen an: Geschenke (1,11), sich für den anderen schön machen (1,12), Zärtlichkeit (1,13 und 16b.17), miteinander leben (2,3b).

2.1.5.2.4 Praktischer Teil

Stellen Sie den Teilnehmern z.B. die folgenden Aufgaben:

- Notieren Sie zehn Dinge, die Ihnen an Ihrem Partner gefallen. Wählen Sie drei davon aus, die Sie Ihrem Partner in Form eines schön formulierten und gleichzeitig ehrlichen Kompliments mitteilen.
- Bereiten Sie in der kommenden Woche an jedem Tag ein Kompliment oder eine andere Aufmerksamkeit für Ihren Partner vor.

Oder: Die Teilnehmer erstellen eine Liste anhand der Frage: »Welche Verhaltensweisen Ihres Partners vermitteln Ihnen den Eindruck: ›Wir gehören zusammen.‹?« Die Partner tauschen sich im Paargespräch über ihre Wünsche aus und treffen ggf. konkrete Verabredungen (für weitere Arbeitsblätter zum Thema siehe das Buch von Schindler).

2.2 Der zweite Zyklus: Die Partner verabreden sich zum Rendezvous (2,5-17)

Der zweite Zyklus beschreibt die Verabredung der beiden Liebenden zu einem Rendezvous in der aufblühenden Natur des Frühlings.

2.2.1 Sie: Ich warte sehnlichst auf dich (2,5-7)

2.2.1.1 Übersetzung von 2,5-7

SIE, IN UNGEDULDIGER ERWARTUNG

5 *Stärkt mich mit Rosinenkuchen,*
belebt mich mit Äpfeln,
denn ich bin krank vor Liebe!
6 *Seine Linke unter meinem Kopf*
und seine Rechte soll mich umfassen!
7 *Ich beschwöre euch,*
Töchter Jerusalems,
bei den Gazellen
oder bei den Hirschkühen des Feldes:
dass ihr nicht weckt,
dass ihr nicht erregt die Liebe,
bis es ihr gefällt!

2.2.1.2 Kontext und Aufbau von 2,5-7

Der zweite Zyklus beginnt mit dem Thema »Sie verlangt nach ihm«. Die drei Verse bringen auf unterschiedliche Weise das Verlangen der Liebhaberin zum Ausdruck, das in der Spannung zwischen Erwartung und Erfüllung steht. Bei der letzten der drei

Aussagen handelt es sich gleichzeitig um den wiederkehrenden Mottosatz des Liedes, der eine allgemeingültige weisheitliche Aussage über den Umgang mit der Liebe macht.

Die Verse sind allerdings in ihrer Auslegung umstritten. Dies beginnt schon mit der Einteilung des Abschnittes. So sehen einige Ausleger 2,4 und 2,5 als zusammengehörig an. Der Grund dafür ist, dass die Dialoge des ersten Kapitels in 2,3 enden, wogegen 2,4 wie 2,5 einen Monolog der Geliebten darstellt. Auch ist umstritten, ob 2,6 ein tatsächliches Rendezvous beschreibt: »Seine Rechte umfasst mich«, oder einen Wunsch: »Seine Rechte soll mich umfassen.« Ebenso wird diskutiert, ob es in 2,7 um Liebeserfüllung geht: Die Geliebten sollen in ihrer Zweisamkeit nicht gestört werden; oder um Liebeserwartung: Die Liebe soll nicht vor ihrer Zeit geweckt werden.

Eine Entscheidung bezüglich dieser Fragen kann letztlich nur vom übergreifenden Zusammenhang her getroffen werden. Wichtig ist hier die Beobachtung, dass alle in V. 5-7 vorkommenden Motive an anderen Stellen des Liedes wieder erscheinen: Die Aussage von 2,5 **Ich bin krank vor Liebe** wird in 5,8 wiederholt, das Motiv von 2,6 **Seine Rechte unter meinem Kopf, seine Linke (soll) mich umfassen** in 8,3, und die Formulierung von 2,7 **Ich beschwöre euch, Töchter Jerusalems …** erscheint wieder in 3,5; 5,8 und 8,4. Wer diese Parallelstellen in ihrem Kontext untersucht, wird schnell erkennen, dass sie jeweils vom Verlangen der Geliebten handeln, dass es also um eine auf die Zukunft gerichtete Erwartung geht, die sich höchstens andeutungsweise, z.B. im Traum, erfüllt. Betrachtet man nicht nur die genannten Parallelstellen, sondern nimmt den zyklischen Aufbau des Hohenliedes insgesamt in den Blick, so stützt das die Sichtweise zusätzlich (➛ 1.6.1).

Demnach ist also auch 2,5-7 in die Richtung des Verlangens, nicht der Erfüllung, zu interpretieren. Der Vers 2,4 handelt demgegenüber von der Erfüllung; im Hebräischen wird die abgeschlossene Zeitstufe verwendet (»Er hat mich … geführt«). Deswegen ist 2,4 zum Ende des ersten Zyklus zu rechnen. Durch seinen Rückbezug auf 1,4 bildet 2,4 außerdem eine abschließende Klammer (*Inclusio*) um den ersten Zyklus.

Was die in 2,5-7 verwendeten Formen betrifft, so liegt in V. 5 ein Dreizeiler vor. Die zwei parallel stehenden Aufforderungen **stärkt** und **belebt** der ersten beiden Zeilen werden in der dritten Zeile begründet. V. 6 besteht aus zwei parallel ausgestalteten Zeilen **Linke … Rechte**. V. 7 besteht wiederum aus zwei Dreizeilern mit Stufenparallelismen (➤ 1.7.2), in 7a **bei den Gazellen … bei den Hirschkühen**, in 7b **dass ihr nicht weckt … dass ihr nicht aufstört**. In den ersten Dreizeiler ist zusätzlich die Anrede **Töchter Jerusalems** eingeschoben.

2.2.1.3 Einzelauslegung von 2,5-7

Sprecherin dieses Satzes ist die Geliebte, wie aus dem Hebräi- 5
schen eindeutig hervorgeht – das Adjektiv **krank** hat im Hebräischen die weibliche Form. Angeredet sind wahrscheinlich die **Töchter Jerusalems**, d.h. die Begleiterinnen der jungen Frau (siehe zu 1,5) – oder wer immer sonst im Haus anwesend ist (Carr 92).

Dass jemand von sich sagt, er oder sie sei **krank vor Liebe**, ist auch mit unserem heutigen Empfinden gut nachvollziehbar. Im bildlichen Sinne krank macht dabei nicht unbedingt das Verliebtheitsgefühl an sich, sondern eher noch die unerfüllte Sehnsucht nach Liebe. In der Bibel illustriert dies die Erzählung von Amnon und Tamar (2Sam 13). Auch im altvorderorientalischen Raum ist das Motiv bekannt, wie z.B. der folgende Auszug aus einem altägyptischen Liebeslied zeigt (zitiert nach Schott 43):

Sieben Tage sah ich die Geliebte nicht.
Krankheit hat mich befallen …
Wenn die Ärzte zu mir kommen,
bin ich mit ihren Mitteln nicht zufrieden. …
Besser als alle Mittel ist für mich die Geliebte …
Wenn ich sie sehe, dann gesunde ich.

➛ **Rosinenkuchen** werden in Hos 3,1 in Zusammenhang mit einem Fruchtbarkeitskult genannt (vgl. Jer 7,18; 44,19), und ➛ **Äpfel** erscheinen in einem assyrischen Beschwörungstext als Aphrodisiakum. Sind die Nahrungsmittel also dem Empfinden der Geliebten entsprechend gewählt? Vielleicht sollte man nicht zu viel in diese Begriffe hineinlesen. In jedem Fall handelt es sich um kostbare Genussmittel: Die im Liebesglück schwelgende und vor Sehnsucht fast vergehende junge Frau will sich mit dem Besten verwöhnen lassen, was zur Verfügung steht, um die Zeit bis zur erneuten Begegnung mit dem Geliebten überhaupt aushalten zu können.

6 Der Vers wird in mehreren Bibelübersetzungen als ein tatsächliches Geschehen wiedergegeben: »Seine Rechte umfasst mich.« Aus mehreren Gründen ist aber die Übersetzung als Wunsch **seine Rechte soll mich umfassen** vorzuziehen.

1. Das hebräische Verb steht in der sogenannten »unabgeschlossenen Zeitstufe«, was für die Übersetzung als Wunsch spricht.
2. Der vorangehende Vers handelt ebenfalls von der Sehnsucht nach Begegnung.
3. Auch vom weiteren Zusammenhang ist die Übersetzung als Wunsch vorzuziehen: Der Geliebte wird sehnlichst erwartet, erst im folgenden Abschnitt 2,8-10a erscheint er dann tatsächlich.

Die junge Frau erträumt sich also hier die zärtliche Gegenwart ihres Geliebten. Dass sie anscheinend auf ihrem Bett liegt, passt zum vorangehenden Vers, wo sie sich als krank bezeichnet und verwöhnt werden möchte.

Von dieser Situation aus wird nun auf das weisheitlich-theo- 7
logische Thema des Hohenliedes übergeleitet. Der Vers kann als Mottosatz des Liedes bezeichnet werden. Er wird in 3,5 wörtlich und in 8,4 mit sprachlichen Variationen wiederholt. In 5,8 setzt die Frau mit denselben Worten ein, wandelt den Inhalt der Aussage dann aber ab. Wegen seiner übergreifenden Bedeutung muss der Vers etwas ausführlicher besprochen werden.

Ich beschwöre euch: Die hier im Hebräischen gebrauchte Form des Wortes bezieht sich nicht auf einen rechtlich bindenden Eid, sondern ist im Sinne einer eindringlichen Forderung zu verstehen, vgl. 4Mo 5,19; 1Kön 22,16; 2Chr 18,15 (Carr 93).

Dass die junge Frau bei den ➤ **Gazellen** und **Hirschkühen** schwört, hat Ausleger immer wieder verwundert. Weil im Alten Testament sonst bei Gott geschworen wird, wurde die Idee entwickelt, die **Gazellen**, hebr. *ṣəvā'ôt* (zur sprachlichen Form siehe Delitzsch 44), würden für Zebaoth, also den HERRN der »Heerscharen«, stehen und die **Hirschkühe des Feldes**, die *'ajlôt hassādāh*, für El Schaddai, also den »mächtigen Gott«. Die Veränderungen seien vorgenommen worden, um im erotischen Kontext den Namen Gottes zu vermeiden (z.B. Zakovitch 145). Während die erste Verbindung sprachlich relativ naheliegt, erscheint die zweite doch als weit hergeholt.

Dagegen hat Othmar Keel (S. 92-94) aufgezeigt, dass Gazellen oder Hirschkühe in der Symbolsprache der altvorderorientalischen Kunst dem Bereich der Liebe zugeordnet waren. Sie werden beispielsweise zusammen mit Liebesgöttinnen abgebildet, als deren Beigaben (*Epitheta*). Ein Vergleich der Geliebten mit einer Hirschkuh findet sich auch in Spr 5,19. Wie man indirekt »beim Himmel« schwor und eigentlich Gott meinte, so schwört die junge Frau indirekt **bei den Gazellen** und meint die Liebe selbst – die im Alten Testament natürlich nicht wie in der Umwelt als personifizierte Göttin vorgestellt wird.

Dass ihr nicht weckt, dass ihr nicht erregt die Liebe: Die Aussage wird von den Auslegern grundsätzlich auf zwei Arten verstanden. Einige meinen, dass die Liebe nicht *unterbrochen* werden soll. D.h., der Liebesakt oder die Zweisamkeit soll nicht gestört werden bzw. die Geliebte will aus ihren Träumereien nicht geweckt werden. Die zweite Ansicht, der hier gefolgt wird, ist, dass die Liebe nicht *geweckt* werden soll, bevor die Zeit dafür reif ist.

Die erste Ansicht geht von dem Bild des grasenden Wildtieres aus, das allzu leicht aufgeschreckt und vertrieben werden kann. Ebenso leicht wird die intime Zweisamkeit der Liebenden durch das Erscheinen einer weiteren Person unterbrochen. Die junge Frau bittet deshalb ihre Begleiterinnen, ihre Privatsphäre zu schützen. Die Deutung scheint zunächst plausibel, auch weil das Bild der weidenden Gazelle im Hohenlied mehrfach vorkommt. Es gibt jedoch mehrere Argumente, die dagegen sprechen:

a) Das hebräische Wort für **wecken** (*'ûr* im *Hif'il*) kommt etwas über 30 Mal im Alten Testament vor und beschreibt an allen Stellen einen Übergang von einer passiven zu einer aktiven Haltung. So »erweckt« Gott die Nationen, um gegen Israel Krieg zu führen (z.B. Jes 13,17); er »erweckt« den Geist von Menschen, damit diese aktiv werden und handeln (z.B. 2Chr 36,22); Gott selbst wird aufgerufen, zu »erwachen« und damit aktiv zu werden (Ps 35,23); und auch für das Aufwachen am Morgen im wörtlichen Sinne wird das Wort verwendet (Ps 57,9). Sexualität aber ist kein Schlaf, von dem geweckt werden könnte, sondern eine aktive Tätigkeit, die unterbrochen werden würde. Im Sinne der Unterbrechung einer Tätigkeit wird das Wort *'ûr* jedoch nie verwendet.

b) Das hebräische Wort für **erregen** (*'ûr* im *Polel*) kann im Alten Testament positiv im Sinne von »aufwecken«, aber auch negativ im Sinne von »aufstören, aufreizen« verwendet werden. Auch hierbei ist aber der gemeinsame Grundgedanke, dass jemand in einen aktiven Zustand versetzt wird. Im Hohenlied kommt der Begriff außer in den Mottosätzen nur noch an einer einzigen Stelle vor, nämlich in 8,5, wo er eindeutig das Wecken der Liebe meint, nicht aber eine Störung oder ein Unterbrechen der Liebe.

Beide Begriffe können also von ihrer Wortbedeutung her nicht im Sinne von »unterbrechen« verstanden werden (so auch Tromp 1984, S. 93; Stoop-van Paridon 112).

c) Die letzte Verszeile **bis es ihr gefällt** würde im Zusammenhang »Unterbrecht nicht die Liebe, bis es ihr gefällt« bedeuten, dass es einen Zeitpunkt gibt, an dem eine Unterbrechung der Intimität als angenehm empfunden würde. Dies erscheint mir jedoch nicht plausibel.

d) Die Vorstellung, die Geliebten seien durch das ganze Lied hindurch immer wieder sehr intim, und ihre größte Sorge bestände darin, nicht gestört zu werden, lässt sich mit dem, was das Lied sonst zu sagen hat, nur schwer verbinden. Beinahe jedes einzelne Gedicht des Hohenliedes ist von seiner Gattung her ein Sehnsuchtslied. Das Verlangen ist also noch nicht erfüllt. Im Gegenteil sind Sehnsucht, Verlangen und Erwartung die emotionalen Triebkräfte, die das Hohelied innerlich zusammenhalten. Auch der Mottosatz ist daher im Sinne der Erwartung und der noch ausstehenden Erfüllung zu verstehen.

e) Ein Mottosatz, der die Liebe als etwas Empfindliches und leicht zu Störendes beschriebe, widerspricht der sonstigen Darstellung im Hohenlied, nach der die Liebe eine »gewaltige Flamme« ist (Hld 8,6b), eine Urmacht, die die Partner ungeachtet aller Widerstände unaufhaltsam aufeinander zu bewegt.

f) Schließlich erscheint die ➤ **Gazelle** im Hohenlied und in der altvorderorientalischen Bildsprache nicht als Symbol für die

Empfindlichkeit der Liebe, sondern für deren lebenserneuernde Kraft. Es ist also nicht wahrscheinlich, dass das Bild der schreckhaften Gazelle hinter dem Vers steht.

Aus diesen Gründen ist meiner Ansicht nach eindeutig die Interpretation vorzuziehen, die unter dem Wecken der Liebe den Beginn der Liebe versteht.

Dass die junge Frau hier nicht bei Gott, sondern bei den Beiworten (*Attributen* oder *Epitheta*) der Liebe schwört, und dass sie nicht fragt, was Gott will, sondern was die Liebe will, mag überraschen. Es hat aber mit der weisheitlichen Denkweise zu tun, die dem Hohenlied zugrunde liegt.

Die Weisen des Alten Testaments berufen sich, anders als z.B. die Propheten, nicht direkt auf Offenbarungen Gottes, sondern sie leiten ihre Erkenntnisse aus der Beobachtung der Schöpfung ab. Im Fall der Liebe laden sie dazu ein, das zu beobachten, was zwischen Mann und Frau typischerweise geschieht. Sie fragen nach den »Eigengesetzlichkeiten« der Liebe (Keel 89), nach den Zusammenhängen und Mechanismen, deren Kenntnis dazu hilft, die eigene Beziehung gelingend zu gestalten (➛ 1.2).

Konkret thematisiert das Hohelied in seinem Mottosatz die Frage nach dem richtigen Zeitpunkt, nach dem richtigen »Timing« für die Liebe (vgl. Sparks 285f.). Ab wann macht es Sinn, eine Beziehung mit dem anderen Geschlecht einzugehen? Wann ist die Zeit reif zum Heiraten? In welcher Phase der Beziehung ist welche Form von Intimität angebracht und angemessen?

Das Hohelied gibt für diese Fragen keine fertigen Antworten. Es zeigt, was geschieht, wenn man sich solche Fragen stellt. Das Hohelied wirbt dafür, die eigene Partnerschaft bewusst zu gestalten, gerade auch im Hinblick auf ihre zeitliche Entwicklung. Wer den besten Zeitpunkt für etwas sucht, muss mitunter auch warten. Aus dem Warten entsteht Spannung. Die Spannung wiederum ist aber nicht etwa ein notwendiges Übel, sondern sie macht nach dem Hohenlied geradezu den Reiz der Beziehung aus. Das spannungsreiche Wechselspiel zwischen Nähe und Distanz macht eine Beziehung lebendig. Auch die Sexualität selbst lebt von der Spannung zwischen Erwartung und Erfüllung. Das gesamte Hohelied feiert in seinen »Zyklen des Verlangens« gerade diese Spannung, die sich in der Beziehung entwickelt, auf dem Weg zwischen Erwartung und Erfüllung (➛ 1.9.6; 1.9.9).

Im konkreten Zusammenhang ermahnt die junge Frau sich selbst, trotz ihres Verlangens nichts zu überstürzen, sondern den richtigen Zeitpunkt geduldig abzuwarten – in diesem Fall die Ankunft des Verehrers, der sich mit ihr verabreden will.

2.2.1.4 Zusammenfassung und Aussage von 2,5-7

Am Beginn des zweiten Zyklus erleben wir die junge Frau voller Liebessehnsucht. Sie wünscht sich den Geliebten herbei, ermahnt sich gleichzeitig aber auch, nichts zu überstürzen, denn die Liebe hat ihre eigenen zeitlichen Gesetze, die es einzuhalten gilt.

Mit der Beschwörung, die Liebe nicht vor ihrer Zeit zu wecken, ist gleichzeitig das wichtigste weisheitliche Anliegen des Hohenliedes zum Umgang mit der Liebe angesprochen. Die Weisen haben nicht die Absicht, die Liebe durch Gebote und Verbote *von außen* zu reglementieren. Sie zeigen vielmehr auf, dass der Liebe gewisse Gesetzmäßigkeiten *innewohnen.* Um die Liebe voll und ganz genießen zu können, gilt es, diese Gesetzmäßigkeiten zu beachten und sich ihnen entsprechend zu verhalten. Insbesondere geht es dabei um die zeitliche Gestaltung der Beziehung: Wann ist die richtige Zeit für welchen Schritt? Das Hohelied zeigt auf, dass die Spannung, die durch das Warten entsteht, geradezu ein Wesenszug glücklicher Beziehungen ist (➛ 1.9.6; 1.9.9).

2.2.2 Die Partner verabreden sich für den Abend (2,8-17)

2.2.2.1 Übersetzung von 2,8-17

SIE

8 *Horch! Mein Geliebter!*
Seht, da kommt er,
springt über die Berge,
hüpft über die Hügel.
9 *Mein Geliebter gleicht einer Gazelle*
oder einem jungen Hirsch.
Seht, da steht er vor unserem Haus,
schaut durch die Fenster,
blickt durch die Gitter.
10a *Mein Geliebter spricht zu mir:*

ER

10b A *Mach dich doch auf,*
meine Freundin,
meine Schöne,
und komm doch!
11 B *Denn sieh, der Winter ist vorbei,*
die Regenzeit ist vorüber,
ist vergangen.
12 *Die Blüten lassen sich sehen im Land,*
die Zeit des Singens ist gekommen
und die Stimme der Turteltaube lässt sich hören in
∟ unserem Land.
13 C *Am Feigenbaum röten sich die Feigen,*
und die Reben in Blüte verströmen Duft.

A' Mach dich doch auf,
meine Freundin,
meine Schöne,
und komm doch!

14 *B' Meine Taube in den Schlupfwinkeln der Felsen,*
im Versteck an der Felswand,

lass mich deine Gestalt sehen,
Lass mich deine Stimme hören!

Denn deine Stimme ist süß
und deine Gestalt hinreißend.

TÖCHTER JERUSALEMS

15 *C' Fangt uns die Füchse,*
die kleinen Füchse,
die die Weinberge verderben,
unsere Weinberge in Blüte!

SIE

16 *Mein Geliebter gehört mir,*
und ich gehöre ihm,
der in den Lotusblumen weidet.

17 *Wenn der Tag verhaucht*
und die Schatten verblassen,
wende dich her!

Gleiche doch,
mein Geliebter,
einer Gazelle
oder einem jungen Hirsch
auf den zerklüfteten Bergen.

2.2.2.2 Kontext und Aufbau von 2,8-17

Der Abschnitt hat einen gut erkennbaren erzählerischen Zusammenhang, in den sich auch die vorangegangenen Verse 2,5-7 einbeziehen lassen: Sehnlichst erwartet die junge Frau ihren Geliebten (2,5-7). Endlich erscheint er an ihrem Haus (8-10a). Er macht ihr Komplimente und wünscht sich, sie zu treffen (10b-15). Sie lädt ihn für den Abend ein (16-17). Die Abfolge entspricht der zyklischen emotionalen Struktur des Hohenliedes: Sie verlangt nach ihm – er erscheint, sie macht ihm Komplimente – er macht ihr Komplimente und verlangt nach ihr – sie lädt ihn ein (➤ 1.6).

Bei aller Unmittelbarkeit im Ausdruck sind in diesem Abschnitt die Worte besonders kunstvoll gesetzt. Die sprachlichen Figuren sind nicht nur als ein schmückendes Beiwerk zu einem »eigentlichen« Inhalt zu sehen. Vielmehr ist die Schönheit der Worte Teil der Botschaft (➤ 1.7.1; 1.9.12): Die aufregende Situation der ersten Verabredung wird ausgekostet und gefeiert.

1. In der *Beschreibung seiner Ankunft (V. 8-10a)* sind die beiden oben eingerückten Versteile V. 8b und 9b parallel zueinander aufgebaut. Es handelt sich jeweils um einen Dreizeiler, dessen erste Zeile mit **seht** eingeleitet und dessen zweite und dritte Zeile jeweils als Satzteil-Parallelismus gestaltet sind. Im Hebräischen stehen an dieser Stelle Partizipien, d.h. **springend … hüpfend** und **schauend … blickend**. Die beiden Dreizeiler beschreiben in zwei Stufen das Herannahen und die Ankunft des Geliebten. Am Anfang, in der Mitte und am Ende des Abschnittes 8-10a wird jeweils einmal der **Geliebte** genannt, dabei ist insgesamt ein Bogen vom Hören zum Sprechen angelegt. Die Aussage in der Mitte (V. 9a) wird am Ende des Zyklus in 2,17 wiederholt und hat so rahmende Funktion für den gesamten Dialog.

2. Die *Rede des jungen Mannes (V. 10b-14.15)* ist in zwei parallelen Reihen 10b-13a und 13b-15 aufgebaut, wie die Buchstaben A-B-C-A'-B'-C' oben in der Übersetzung anzeigen. Beide Reihen beginnen identisch mit einem Parallelismus **Mach dich doch auf ... und komm doch**, in den die doppelte Anrede **meine Freundin, meine Schöne** eingeschoben ist (V. 10b und 13b, Entsprechung von A und A').

Der Geliebte fährt dann in der ersten Reihe fort, indem er die Schönheit des beginnenden Frühlings beschreibt, wobei zwei dreizeilige synonyme Parallelismen verwendet werden, die den vergangenen Winter und den gekommenen Frühling einander gegenüberstellen (V. 11 und 12). V. 13a schließt die Betrachtung über den Frühling ab.

In der zweiten Reihe wird statt der Natur die Geliebte selbst in den Blick genommen (V. 14). Hierbei ist auch wieder ein Gegenüber angelegt, diesmal zwischen Verstecken und Sehen. Es liegen drei Zweizeiler vor, von denen der zweite und dritte spiegelbildlich (*chiastisch*) angeordnet sind, und zwar über die Worte **Gestalt – Stimme**, **Stimme – Gestalt**. Während sich in V. 12 Blüte und Turteltaube sehen bzw. hören lassen, ist in V. 14 die Geliebte die **Taube**, die sich sehen bzw. hören lassen soll (Entsprechung von B und B').

V. 15 scheint aus dem Zusammenhang herauszufallen. Hier sind plötzlich mehrere Sprecher, die mehrere Hörer ansprechen **(Fangt uns ...)**. Wahrscheinlich handelt es sich um einen Kommentar der »Töchter Jerusalems«, die ihre Worte an das Liebespaar richten. Formal ist der Satz jedenfalls fest in die Struktur der Rede eingebunden, da auch in V. 13 von dem in Blüte stehenden Weinberg die Rede war (Entsprechung von C und C'). In sich ist V. 15 ebenfalls sorgsam formuliert: Die in der ersten Zeile genannten Füchse erfahren eine Näherbestimmung in der zweiten Zeile **(Füchse ... die kleinen Füchse)**;

ebenso erfahren die in der dritten Zeile genannten Weinberge eine Näherbestimmung in der vierten Zeile **(Weinberge … unsere Weinberge in Blüte)**. Die Form ist im Hebräischen noch dichter, hier stehen in jeder der vier Zeilen nur zwei Wörter, etwa in dieser Form:

Fangt-uns Füchse
Füchse klein
verderbend Weinberge
Weinberge-uns blühend

3. Die *Einladung der Geliebten (V. 16-17)* besteht aus drei Dreizeilern, die jeweils nach der Form A-A-B aufgebaut sind, d.h., die ersten beiden Zeilen stehen jeweils parallel zueinander. Beim letzten Dreizeiler, V. 17b, ist die Anrede **mein Geliebter** eingeschoben. Der letzte Dreizeiler nimmt außerdem die Aussage von 2,9 auf, die hier in eine Aufforderung umgewandelt wird. Durch die Wiederaufnahme wird der Abschnitt zusammengebunden.

2.2.2.3 Einzelauslegung von 2,8-17

8-9 Voller Spannung erwartet die junge Frau die Ankunft ihres Geliebten. Immer wieder geht sie zum Fenster, sucht den Horizont nach ihm ab.

Dann erscheint er tatsächlich. Der Ausruf wird mit dem Wort **seht** eingeleitet, wörtlich übersetzt »siehe« (hebr. *hinnēh*). Dieses Wort steht, wenn jemand auf etwas aufmerksam wird oder aufmerksam machen will. Hier richtet die junge Frau das Wort entweder an sich selbst oder an ihre weiblichen Begleiterinnen, die »Töchter Jerusalems« (vgl. V. 15).

Für den jungen Mann sind selbst **Berge** und **Hügel** kein Hindernis und leicht zu überwinden, wenn er seine Geliebte treffen will. Der Vergleich mit der ➛ **Gazelle** bzw. dem **Hirsch** drückt Beweglichkeit und Ausdauer, aber auch allgemein Lebensfreude aus (vgl. 2Sam 2,18; 1Chr 12,9; Jes 35,6; Hab 3,19; Ps 18,34). Der Vergleich erscheint ähnlich auch in einem altägyptischen Liebeslied (zitiert nach Schott 44):

Ach, kämest du eilends zu der Geliebten
wie eine Gazelle, die über die Wüste jagt.

Im Unterschied zum Hohenlied verändert der ägyptische Text das Bild allerdings dahin gehend, dass die Gazelle von Jägern verfolgt wird und durch die Wüste jagt, bis sie in der »Höhle« der Geliebten Unterschlupf findet. Im biblischen Text ist von einer Jagd dagegen nicht die Rede.

Schon steht der Geliebte **vor unserem Haus**, wörtlich »hinter unserer Mauer«: Gemeint ist, dass er sich, von ihr aus gesehen, auf der anderen Seite der Hauswand befindet. Die Mehrzahl »unsere« Mauer könnte wieder die Begleiterinnen einschließen; vielleicht steht die Mehrzahl aber auch deshalb, weil es sich um das Elternhaus handelt.

Als der junge Mann da ist, hält er Ausschau nach seiner Geliebten, sucht die Begegnung mit ihr im Blickkontakt. Bei den **Gittern** handelt es sich vermutlich um Holzgitter, mit denen die Fensteröffnungen verkleidet sind.

Nun beginnt der Geliebte zu sprechen. Er möchte sich mit ihr **10**
treffen, aber nicht in ihrem Elternhaus, wo sie von vielen anderen Personen umgeben ist. Deshalb lädt er sie zu einem Rendezvous in der Natur ein.

Die Zeit für einen Spaziergang ist günstig: Die Winterzeit **11**
mit ihren häufigen Niederschlägen ist Ende April vorbei (Maier 69).

12 In dieser Zeit beginnen auch die Sträucher und Bäume zu blühen. Die **Turteltaube** ist ein Zugvogel, der Mitte April nach Israel heimkehrt.

Das hebräische Wort *zāmîr*, das hier mit **Singen** wiedergegeben ist, kommt in der Bibel in zwei verschiedenen Bedeutungen vor. Zum einen kann es das Beschneiden der Reben (Januar bis März) oder die Weinlese (August bis September) bezeichnen. Beides passt zeitlich nicht in den Zusammenhang (Keel 98). Die andere Bedeutung ist die eines fröhlichen Lob- oder Siegesgesangs (z.B. 2Sam 23,1; Ps 95,2; Jes 24,16).

Die alte jüdische Tradition kennt Festtage, an denen die jungen Frauen in den Weinbergen Reigentänze aufführen (Mischna, Traktat Ta'anit 4,8). Schon Ri 21,15-23 erwähnt eine solche Tradition. Doch ob die im Vers genannte **Zeit des Singens** wirklich ein Fest bezeichnet, muss dahingestellt bleiben. Vom Zusammenhang betrachtet, denkt der Liebhaber eher an ein Treffen zu zweit.

Das **Land** bezeichnet hier das offene Land im Gegensatz zur Stadt. Dem **unser Haus** von V. 9 steht hier **unser Land** gegenüber.

13 Noch einmal weist der junge Mann auf den kommenden Frühling hin. Die Frühfeigen reifen im Mai; die Weinstöcke knospen ebenfalls in der Zeit von April und Mai. Der ➤**Weinberg** ist gleichzeitig ein wichtiges Symbol im Hohenlied: Im Weinberg treffen sich die Geliebten; Wein und Weinberg sind Bilder für die Geliebte (vgl. 1,6; 8,11.12) und für die Liebe selbst (vgl. 1,2.4; 4,10).

Der zweite Aufruf an die Geliebte in V. 13b ist genau wie der erste in V. 10 formuliert. Er leitet den zweiten Teil seiner Rede ein.

14 Die ➤**Taube** ist in der altvorderorientalischen Kultur ein Symbol für die Liebe. Die Anrede **meine Taube** bedeutet dem-

nach etwas anderes als in unserer Kultur. Sie dient nicht dazu, die junge Frau als rein oder zart zu bezeichnen, sondern sie stellt sie als Inbegriff der Liebe dar. Gleichzeitig spielt der Sprecher darauf an, dass Tauben an unzugänglichen Plätzen nisten (vgl. Jer 48,28): Die Geliebte ist für ihn in ihrem Elternhaus noch unerreichbar; erst wenn sie zu einem geeigneten Treffpunkt aufbricht, kann er sich ihr nähern. Der im Bild dargestellte Kontrast zur Kargheit des Felsens macht außerdem die **Taube** umso verlockender.

Während der junge Mann im ersten Teil seiner Rede beschreibt, wie der kommende Frühling sich **sehen** und **hören** lässt (V. 12), ist es nun die Geliebte selbst, die er zu sehen und zu hören begehrt.

Die Aussage von den **Füchsen** im **Weinberg** gibt vielen Aus- **15**
legern Rätsel auf, vor allem, was den Zusammenhang mit den Nachbarversen betrifft. Oft wird er deshalb als Einzelvers losgelöst vom Rest des Kapitels betrachtet. Wird aber davon ausgegangen, dass der Text absichtsvoll zusammengestellt ist, besteht die Aufgabe darin, die hier offensichtlich vorhandenen »Lücken« zu füllen (➛ 1.5.1). Die oben gemachten Beobachtungen zur Struktur von V. 10-15 haben jedenfalls gezeigt, dass V. 15 von der Struktur her einen integralen Bestandteil des Gedichts bildet.

Füchse gefährden durch ihre Wühltätigkeit Weinstöcke und Weinbergmauern (vgl. Neh 3,35) und fressen außerdem gerne die reifen Trauben ab. Zum Schutz der Weinberge müssen also deren Wächter die Füchse verjagen bzw. fangen. Nach 1,6 (vgl. 8,11-12) ist die junge Frau mit dem Hüten eines Weinbergs beauftragt. Warum sollte ihr Geliebter sie dabei nicht unterstützen? – so meinen es scherzhaft die »Töchter Jerusalems«, die wohl als Sprecherinnen hinter dem Vers stehen.

In der altägyptischen Liebeslyrik ist der **Fuchs** allerdings auch eine Metapher für einen »gierigen Liebhaber und Schürzenjäger«

(Keel 104). Auch im Kulturkreis des alten Griechenlands ist die Metapher bekannt (Hagedorn 2003, S. 342). Wenn der **Weinberg** die Geliebte symbolisiert (vgl. 1,6; 8,11-12), so bedeutet V. 15 auf diesem Hintergrund, dass die junge Frau vor dem allzu aufdringlichen Liebhaber geschützt werden muss.

So verstanden, kommentieren also die weiblichen Begleiterinnen die Verabredung der beiden Hauptpersonen im Weinberg mit einem doppelbödigen, scherzhaft-warnenden Satz.

16 Die junge Frau antwortet nun auf die Einladung ihres **Geliebten**. Die Aussage beschreibt das Gefühl enger Zusammengehörigkeit und ist geradezu eine klassische Form, die innere Bindung zwischen den Partnern zum Ausdruck zu bringen (Maier 73.75). Sie erscheint in umgekehrter Reihenfolge noch einmal in 6,3; vgl. 7,11. Im **Weiden** steckt das im folgenden Vers beschriebene Bild des Liebhabers als Gazelle. Die **Lotusblumen** stehen für die junge Frau.

➛Gazelle und ➛Lotusblume erscheinen auch in der ägyptischen bildenden Kunst öfter in Kombination (Keel 111). Beide stehen für Lebenskraft und Lebenserneuerung. Die Gazelle wohnt im scheinbar lebensfeindlichen Umfeld der Steinwüste; die Lotusblume erblüht als Erstes über den Tümpeln, wenn die alles vernichtende Flut des Nils nach der jährlichen Überschwemmung zurückgeht. Beides bringt symbolisch den Sieg des Lebens über den Tod zum Ausdruck.

Dass hier die Gazelle **in den Lotusblumen weidet**, bedeutet also, dass Mann und Frau innig miteinander vereint sind. Ihre Liebe schenkt ihnen Lebensfreude, und aus ihr wird neues Leben entstehen.

17 Das **Verhauchen** des **Tages** meint wahrscheinlich den regelmäßig am frühen Abend einsetzenden Wind (Maier 74). Eine ganz ähnliche Formulierung wird auch in der Erzählung vom Garten Eden in 1Mo 3, 8 verwendet. Die **Schatten** sind in Israel tagsüber sehr hart ausgeprägt und **verblassen**, wörtlich »fliehen«, wenn die Sonne am Abend zügiger als bei uns dem Horizont entgegenstrebt. Nach dem heißen Tag ist die Kühle des Abends für ein Treffen in der Natur am besten geeignet. Die junge Frau fordert ihren Geliebten auf, dann noch einmal bei ihr zu erscheinen, so wie er in V. 9 erschienen ist.

Die **zerklüfteten** Berge: Für das hier im Hebräischen stehende Wort *bätär* werden drei Deutungen vorgeschlagen. Zum einen kann es sich um einen Eigennamen handeln, etwa den Namen des Ortes Battir 10 km südwestlich von Jerusalem. Zweitens wird das Wort als Bezeichnung für eine Pflanze verstanden. Hierfür lässt sich 8,14 heranziehen, wo im selben Zusammenhang von »Bergen von Balsam« die Rede ist. Die dritte Interpretation leitet das Wort von hebr. *bātar* »schneiden« und *bitrôn* »Schlucht« ab (vgl. 2Sam 2,29; Delitzsch 53). So versteht es auch die Septuaginta, die alte griechische Übersetzung des Alten Testaments, der hier gefolgt werden soll. Aber auch die beiden anderen Deutungen werden seit alter Zeit vertreten. Eine sichere Entscheidung ist daher nicht mehr möglich – aber für den Zusammenhang auch nicht von großer Bedeutung.

2.2.2.4 Zusammenfassung und Aussage von 2,8-17

Endlich erscheint, voller Dynamik, der Geliebte. Freudig erregt beobachtet die junge Frau, wie er sich aus der Ferne nähert und schließlich ihr Haus erreicht (8-10a). Nun spricht er sie an und lädt sie zu einem Rendezvous in den Weinbergen ein. Um sie zu locken, schwärmt er ihr vom kommenden Frühling vor. Er lässt sie aber auch nicht im Unklaren darüber, dass sein eigentliches Interesse ihr selbst gilt (10b-14). In einer doppeldeutigen Aussage schlagen die anwesenden Freundinnen scherzhaft vor, dass er ihr dann ja beim Hüten des Weinbergs und dem Vertreiben der Füchse helfen könne – ohne dabei aber selbst zum gierigen »Fuchs« zu werden (15; vgl. 1,5-6). Die junge Frau genießt das tiefe Gefühl der Zusammengehörigkeit mit dem Partner und die Lebensfreude, die mit ihrer Liebe verbunden ist. Sie verabredet sich mit ihrem Geliebten zu einem Rendezvous am Abend (16-17).

Die Stimmung dieser Episode ist zunächst von den beiden Orten der Handlung geprägt. Während das Haus für den Alltag und die Familie steht, bedeutet die frühlingshafte Natur Freiheit, Aufbruch, Faszination und Lebenslust (Gledhill 132).

Die Thematik vom Hüten der Weinberge, auf die in V. 15 angespielt wird, lädt außerdem ein, den Zusammenhang mit der rahmenden Erzählung von der Weinberghüterin und ihren Brüdern (1,5-6 und 8,8-12) herzustellen: Wie aus 8,8f. hervorgeht, wollen die Brüder verhindern, dass ihre junge Schwester eine Liebesbeziehung eingeht. Sie leiten entsprechende Maßnahmen ein und beauftragen die junge Frau, in der Abgeschiedenheit vom gesellschaftlichen Leben des Dorfes einen Weinberg zu hüten (1,5-6). Doch offensichtlich geht der Plan der Brüder nicht auf. Im Gegenteil: Gerade die Abgelegenheit des Weinbergs ermöglicht den beiden ihr erstes romantisches Treffen – hinter dem Rücken der Familie.

Insgesamt beschreibt der Abschnitt 2,8-17 bzw. 2,5-17 ein typisches Geschehen in der Anfangsphase einer Beziehung: die Spannung beim Warten auf die Ankunft des Partners; das Herzklopfen bei dem mutigen Schritt, die nächste Begegnung nicht dem Zufall zu überlassen, sondern eine Verabredung zu treffen; das tastend-werbende Einladen; die Zusage des Partners; die Vorfreude auf die kommende Begegnung.

Dieses typische Geschehen wird aber nicht einfach nur beschrieben, sondern es wird geradezu gefeiert, was nicht zuletzt die besondere sprachliche Kunstfertigkeit und die Bildsprache des Frühlings vermittelt, die diesen Abschnitt zu einem Glanzstück altisraelitischer Poesie macht. Jedes Kapitel der entstehenden Liebe darf und soll bewusst erlebt, gestaltet, gefeiert, ausgekostet werden.

2.2.2.5 Vorschlag zur Bibelarbeit über 2,5-17

Thema: Kostbare Momente zu zweit gestalten

Zielgruppe: Ehepaare

Ziel: Die Ehepartner sollen anhand des Bibelabschnittes dazu angeregt werden, gemeinsame Zeiten bewusst zu gestalten und zu genießen. Dadurch pflegen und stärken sie ihre Beziehung.
Zur Vorbereitung siehe auch Kap. 1.9.6 »Liebe ist ... Verlangen feiern« und 1.9.8 »Liebe ist ... es in Worte fassen«.

2.2.2.5.1 Einstieg

Verliebte nehmen sich meist viel Zeit, um ihre Beziehung zu gestalten. Im anschließenden Ehealltag wird jedoch aus dem Miteinander oft ein Nebeneinander. Die Verliebtheit geht zurück; Beruf, Kinder, Haushalt und Familie fordern Zeit und Einsatz. Über den »Früchten« und Folgen der Ehe kann dann das Fundament der Ehe brüchig werden, nämlich die Beziehung der Partner. Doch ohne Fundament ist auch alles andere gefährdet.

Gott ist der Urheber aller Liebe. Er will, dass seine Liebe auch in unseren zwischenmenschlichen Beziehungen Gestalt annimmt. Das Hohelied Salomos zeigt beispielhaft auf, wie man kostbare Momente zu zweit gestalten kann, die die gegenseitige Wertschätzung vertiefen und die Beziehung stärken.

2.2.2.5.2 Texterschließung

Hinweis: Alle Teilnehmer müssen die gleiche Bibelübersetzung verwenden. Prüfen Sie vorab, ob die verwendete Übersetzung bei Hld 2,7 der im Kommentar vorgestellten Auslegung entspricht.

Phase 1: Lassen Sie die Teilnehmer Beobachtungen zum Text anhand der folgenden Fragen sammeln: »Was fällt mir besonders ins Auge?«, »Was spricht mich direkt an?«, und: »Was ist mir unklar/erscheint mir merkwürdig?« Tragen Sie die Beobachtungen zusammen, zunächst noch ohne zu werten oder zu kommentieren.

Phase 2: Erklären Sie den Teilnehmern den vierteiligen Aufbau des Textes (siehe oben bei »Kontext und Struktur«). Gehen Sie kurz auf den Inhalt jedes Abschnittes ein. Greifen Sie dabei die von den Teilnehmern genannten Unklarheiten auf. Nehmen Sie sich für die Rede des jungen Mannes ein wenig Zeit, um deren sprachliche Schönheit herauszustellen. Halten Sie die folgenden Ergebnisse fest:

a) Der Text handelt von der Verabredung zu einem Rendezvous.

b) In der Beschreibung dieser Verabredung wird »Typisches« herausgestellt.

c) Der Text ist sehr stimmungsvoll. Die prickelnde Atmosphäre, die gut gewählten Worte und die Frühlingsstimmung lassen das Geschehen zu einem sehr kostbaren Moment werden.

2.2.2.5.3 Anwendung

Phase 3: Lassen Sie die Teilnehmer von eigenen kostbaren Momenten in der Anfangsphase ihrer Beziehungen berichten. Das Erinnern an schöne gemeinsame Erlebnisse tut den Beziehungen gut.

Phase 4: Sind solche besonderen Ereignisse auf den Anfang der Beziehung beschränkt? Dies muss sicher nicht der Fall sein. Entwickeln Sie aus dem Text heraus die folgenden Gedanken:

a) Die beiden Partner des Hohenliedes erleben ein Wechselspiel von Nähe und Distanz, von Erwartung und Erfüllung. – Es gehört zu jeder guten Beziehung, dass Phasen der Nähe und Phasen der Distanz miteinander abwechseln. Wie die Geliebten im Hohenlied, so müssen auch Eheleute immer wieder neu aufeinander zugehen.

b) Der Mottosatz des Liedes (2,7) sagt aus, dass es bei der Liebe immer auch um die Frage des richtigen Zeitpunkts, um das richtige »Timing« geht. Während das für Verliebte vor allem bedeutet, zu warten, bis die richtige Zeit für den nächsten Schritt gekommen ist, besteht für Ehepaare die Herausforderung darin, sich die Zeit zu nehmen, gemeinsam Zeiten zu finden und festzulegen, die allein dem Partner gewidmet sind – z.B. in Form eines regelmäßigen »Eheabends« (Termine im Kalender blockieren, Telefon abstellen).

c) Der junge Mann des Hohenliedes weiß, dass er seiner Angebeteten nicht zu plump kommen darf. Im Gegenteil, er hat sich besonders schöne Worte überlegt, mit denen er sie einladen will. Dadurch zeigt er, wie viel sie ihm wert ist. – Auch wer in der Ehe kostbare Momente erleben will, benötigt ein gewisses Maß an Vorbereitung. Es geht nicht darum, den »perfekten Abend« zu planen, sondern etwas zu tun, das dem Partner zeigt: »Ich habe mir für dich Mühe gegeben.« Es kann zum Beispiel reizvoll sein, wenn die Partner jeweils abwechselnd einen gemeinsamen Abend vorbereiten und sich so gegenseitig überraschen. Manchmal ist es aber auch notwendig, dass Partner sich wechselseitig über ihre Wünsche und Vorstellungen austauschen.

Phase 5: Sammeln Sie gemeinsam Ideen für kostbare Momente zu zweit. Dies kann im Paargespräch, aber auch in der gemeinsamen Runde geschehen. Alternativ können Frauen und Männer getrennt voneinander Wünsche und Vorstellungen sammeln, die anschließend anonymisiert in der gemeinsamen Abschlussrunde vorgetragen werden.

2.3 Der dritte Zyklus: Die Partner feiern Hochzeit (3,1–5,1)

Gegenüber der Leichtigkeit, die in den beiden ersten Zyklen vorherrscht, wird der Ton im dritten Zyklus nun intensiver und auch ernsthafter. Es geht nicht mehr nur um ein Rendezvous, sondern um die anstehende Hochzeit. Die Abschnitte lassen sich im Zusammenhang verstehen und umspannen dann den Zeitraum vom Abend vor der Hochzeit über den Hochzeitstag bis zur Hochzeitsnacht.

2.3.1 Sie: Im Traum suchte ich nach dir, Teil I (3,1-5)

2.3.1.1 Übersetzung von 3,1-5

AM ABEND VOR DER HOCHZEIT. DIE JUNGE FRAU LIEGT UNRUHIG AUF IHREM BETT.

3,1 *Nachts auf meinem Bett*
suchte ich, den ich liebe und verlange.
Ich suchte ihn, aber ich fand ihn nicht.

2 *Ich will aufstehen,*
will die Stadt durchstreifen,
die Gassen und die Plätze,
will suchen, den ich liebe und verlange.
Ich suchte ihn, aber ich fand ihn nicht.

3 *Mich fanden die Wächter,*
die die Stadt durchstreifen:
Den ich liebe und verlange –
habt ihr ihn gesehen?

4 *Kaum war ich an ihnen vorüber,*
da fand ich, den ich liebe und verlange.
Ich hielt ihn fest und ließ ihn nicht mehr los,
bis ich ihn gebracht hatte
ins Haus meiner Mutter
und in das Zimmer derer, die mit mir schwanger war.
5 *Ich beschwöre euch,*
Töchter Jerusalems,
bei den Gazellen
oder bei den Hirschkühen des Feldes:
dass ihr nicht weckt,
dass ihr nicht erregt die Liebe,
bis es ihr gefällt!

2.3.1.2 Kontext und Aufbau von 3,1-5

Der dritte Zyklus eröffnet mit einem Wachtraum, der die Sehnsucht der jungen Frau nach ihrem Geliebten zum Ausdruck bringt. Wenn der Zyklus insgesamt als eine Beschreibung von Hochzeitstag und Hochzeitsnacht angesehen wird, so spielt diese erste Episode am Abend vor der Hochzeit: Die junge Frau ist voller Unruhe, ob der Geliebte zur morgigen Zeremonie auch tatsächlich an ihrem Haus erscheinen wird. Sie möchte ihn am liebsten sofort abholen, ihn festhalten und nicht mehr loslassen, bis die Hochzeitsfeier beginnt.

Ein vergleichbarer Wachtraum findet sich auch am Beginn des vierten Zyklus in 5,2-8. Auch dort geht es um das Suchen des Geliebten. Die Formulierung **Ich suchte ihn, aber ich fand ihn nicht** erscheint in beiden Träumen, ebenso die Aussage **Mich fanden die Wächter, die die Stadt durchstreifen**. Inhaltlich bildet der zweite Traum allerdings ein Gegenüber zum ersten. So wird in 5,2-8 der Geliebte am Ende nicht gefunden, anders als in 3,1-5. Außerdem reagieren die Wächter in beiden Träumen sehr unterschiedlich.

Der fünfte Zyklus beginnt in 7,14-8,4 ebenfallsmit einem Wachtraum. Auch dort wünscht sich die junge Frau, ihren Geliebten **ins Haus meiner Mutte**« zu bringen (8,2; vgl. 3,4). Die Beobachtung dieser wiederkehrenden Motive führt zur Entdeckung der zyklischen Struktur des Hohenliedes, wie sie in Kap. 1.6 beschrieben ist.

Der Wachtraum in 3,1-4 lässt sich in vier Teile entsprechend der vier Verse untergliedern. Die ersten drei Verse beschreiben drei Anläufe des vergeblichen Suchens. Bei jeder der Stationen wird zuerst der Ort bzw. die Situation dargestellt, d.h. in V. 1a das Liegen im Bett, in V. 2a das Durchstreifen der Stadt und in V. 3a die Begegnung mit den Wächtern. Anschließend wird jeweils die vergebliche Suche thematisiert, wobei V. 1b und V. 2b fast wörtlich übereinstimmen, während in V. 3b stattdessen eine unbeantwortete Frage steht. V. 4 beschreibt dann den erfolgreichen Abschluss der Suche: Die junge Frau kehrt mit ihrem Geliebten zum Haus der Mutter, d.h. zum Ausgangsort, zurück (Zakovitch 164f.).

	V. 1	V. 2	V. 3	V. 4
Problem	1. Lösungs-schritt	2. Lösungs-schritt	3. Lösungsschritt	Lösung
Geliebter abwesend	Ort: zu Hause (Bett)	Ort: Stadt	Ort: Wächter	Geliebter gefunden
	Suche: erfolglos	Suche: erfolglos	Frage: unbeantwortet	Ort: nach Hause

Auffällig sind in diesem Abschnitt einige Wiederholungen. So erscheint zweimal der Satz **Ich suchte ihn, aber ich fand ihn nicht**. Die Frau **durchstreift** die Stadt ebenso, wie es die Wächter tun. Die Formulierung **den ich liebe und verlange** wird sogar viermal verwendet. Ebenso stehen die Begriffe **suchen** und **finden** je viermal. Mit der Zahl Vier ist meiner Ansicht nach in diesem Zusammenhang allerdings keine besondere Bedeutung verknüpft. Vielmehr geht es darum, dass der Inhalt auch sprachlich dicht entfaltet wird, indem jeder Vers Aussagen des vorangehenden aufgreift und weiterentwickelt.

Die Episode endet in 3,5 mit der für den Zyklusanfang üblichen Beschwörungsformel, die mit derjenigen im zweiten Zyklus in 2,7 identisch ist.

2.3.1.3 Einzelauslegung von 3,1-5

1

Die Angabe **Nachts auf meinem Bett** zeigt an, dass die junge Frau ihre Hörer an ihren nächtlichen Gedanken teilhaben lässt. Bei der nun folgenden Szene handelt es sich demnach nicht um einen Ereignisbericht, sondern um eine Träumerei irgendwo zwischen Schlaf und Wachen, von der die Frau rückblickend erzählt.

Die für den Geliebten verwendete Formulierung **den ich liebe und verlange** erscheint viermal in dieser Episode und sonst nur noch in 1,7. Die traditionelle Übersetzung »den meine Seele liebt« ist irreführend, da der an dieser Stelle stehende hebräische Begriff *näfäsch* nur wenig mit dem zu tun hat, was man unter der Seele des Menschen versteht. Das Wort *näfäsch* bezeichnet vielmehr den Menschen als Ganzes, wobei der Aspekt der Bedürftigkeit und des Verlangens im Vordergrund steht (siehe zu 1,7).

Warum sucht die junge Frau ihren Geliebten in den nächt- 2
lichen **Gassen** und **Plätzen** der Stadt? Stellt sie sich vor, dass er vor Unruhe nicht schlafen kann und ebenfalls auf den Straßen unterwegs ist? Sein Elternhaus aufzusuchen wäre sicherlich naheliegender gewesen, doch angesichts der späten Stunde auch

unangemessen. Offensichtlich geht es in dieser Traumszene nicht in erster Linie um die Logik einer Handlung. Vielmehr werden hier Gefühle in Bilder übersetzt: Der Geliebte ist abwesend, er ist auf eine sehnsucht- und auch besorgniserregende Weise nicht greifbar. Die zugleich vertraute und unheimlich erscheinende nächtliche **Stadt** wird zum »Labyrinth des Lebens« (Seybold 115), das Umherstreifen in ihr spiegelt den inneren Zustand von Ruhelosigkeit, Verlangen und geheimen Ängsten wider.

3 Auf ihrer Wanderung begegnet die junge Frau den **Wächtern**. Deren Aufgabe ist es, in der nächtlichen Stadt für Ruhe und Frieden zu sorgen. Besonders im zweiten Traum in 5,7 wird sichtbar, dass sie auch im bildlichen Sinne als »Wächter der Moral« fungieren (Seybold 115). Dort weisen sie die junge Frau strafend in ihre Schranken – ein Ausdruck dafür, dass die junge Frau fühlt, etwas Verbotenes zu tun.

Hier im ersten Traum ist die spiegelbildliche Verwendung der Worte auffällig: Nicht nur die Frau, sondern auch die Wächter **durchstreifen** suchend die Stadt. Und während die Frau ihren Geliebten nicht findet, wird sie selbst von den Wächtern gefunden. Fühlt sie sich ertappt? Jedenfalls fragt sie die Wächter nach ihrem Geliebten. Aus der Fortsetzung in V. 4 wird deutlich, dass sie ihr keine positive Antwort geben konnten.

4 Endlich findet die junge Frau ihren Geliebten. Sie stellt sich vor, ihn festzuhalten und nicht mehr loszulassen. Dies ist mehr als eine Geste der Anhänglichkeit. Auch eine gewisse Verlustangst schwingt mit. Die Frau möchte sich der Zuneigung ihres Geliebten vergewissern.

Warum will die junge Frau ihren Geliebten in das **Haus der Mutter** bringen? Oberflächlich betrachtet könnte es sich einfach um den Wunsch nach Intimität handeln. Zu bedenken ist
3 jedoch, dass in den Großfamilien der damaligen Zeit oft viele

Personen auf engem Raum zusammenlebten. Um als Unverheiratete ungestört Intimität auszuleben, war das Elternhaus daher ein denkbar schlechter Ort. Was die junge Frau sich wünscht, ist vielmehr, den Geliebten in die Gemeinschaft der Familie (vgl. Seybold 115) aufzunehmen. Dies aber kann letztlich nur bedeuten, dass sie ihn gewissermaßen »heimholen«, also zu ihrem Bräutigam machen will.

Die zuletzt genannte Schlussfolgerung erscheint vielleicht gewagt, sie lässt sich aber damit rechtfertigen, dass der Mutter sowohl im alten Israel als auch im Alten Vorderen Orient eine besondere Verantwortung bei der Eheschließung der Kinder zukam. Von daher wird das Elternhaus hier nicht zufällig als **Haus der Mutter** bezeichnet. Vom Zelt der Mutter als Ort der Vermählung spricht z.B. 1Mo 24,67:

Und Isaak führte sie in das Zelt seiner Mutter Sara; und er nahm Rebekka, und sie wurde seine Frau.

Insgesamt lag in Sachen Liebe die Führung oft bei den Müttern. So fühlt sich Rebekka in besonderer Weise für die Ehen Esaus verantwortlich (1Mo 26,34f.; 27,46); Adonija bittet seine Stiefmutter Batseba um Abischag von Schunem (1Kön 2,13ff.); Noomi leitet ihre Schwiegertochter Rut an, um Boas zu gewinnen (Rut 3,1-4; alle Angaben nach Maier 141).

Auch in der ägyptischen Liebeslyrik spielen die Mutter und das »Haus der Mutter« eine besondere Rolle. So klagt in einem Lied die junge Liebhaberin (zitiert nach Schott 40; vgl. 42):

Er ist ein Nachbar des Hauses meiner Mutter,
und doch weiß ich nicht, wie ich zu ihm gehen kann.
Gut wäre in meiner Sache vielleicht meine Mutter …

Er kennt nicht meine Wünsche, ihn zu umarmen,
und dass er zu meiner Mutter sende.
Geliebter, ach wäre ich dir anbefohlen …

Mit dem Senden zur Mutter meint die Sprecherin offensichtlich, dass der Geliebte bei der Mutter vorsprechen soll, um den Kontakt einzufädeln oder um direkt um ihre Hand anzuhalten. Ähnliches gilt auch für die sumerische Liebeslyrik (Sparks 280). In diesem Sinne schwingt also auch in Hld 3,4 beim **Haus der Mutter** mehr mit, als der moderne Leser auf Anhieb erwartet.

Einen zusätzlichen Hinweis für diese Sichtweise liefert der Vergleich mit dem zweiten Wachtraum in 5,2-8. Dort geht es um ein Verlangen, bei dem moralische Grenzen überschritten zu werden drohen. Im Kontrast dazu ist beim ersten Wachtraum 3,1-5 eine solche Grenzüberschreitung nicht erkennbar. Der Gegensatz wird z.B. an den völlig unterschiedlichen Reaktionen der »Wächter der Moral« deutlich, denen die junge Frau in beiden Träumen begegnet, aber auch im Mottosatz über die rechte Zeit für die Liebe, den die Frau in 3,5 korrekt rezitiert, während er in 5,8 gewissermaßen ihrer Erregung zum Opfer fällt. Demnach handelt es sich in 3,4 nicht um einen »verbotenen« Wunsch.

Wird die Formulierung vom **Haus der Mutter** als Hinweis auf die Eheschließung verstanden, fügt sich der Abschnitt damit umso besser in den dritten Zyklus (3,1-5,1) ein, der insgesamt das Thema Hochzeit hat. Insbesondere handelt die direkt folgende Szene 3,6-11 von der Ankunft Salomos zu seiner Hochzeit. Im Zusammenhang gelesen, nimmt also die Frau im Traum die tatsächliche Ankunft des Bräutigams am Haus der Braut vorweg.

So verstanden, handelt 3,1-4 davon, dass die junge Frau die Spannung bis zum kommenden Hochzeitstag kaum noch aushalten kann. Auch wird sie von geheimen Ängsten umgetrieben, dass etwa im letzten Moment doch noch etwas dazwischenkommen könnte. Als die initiative Frau, die sie ist, möchte sie am liebsten selbst zur Tat schreiten, ihren Bräutigam »festnehmen« und sofort mit der Zeremonie beginnen.

Mit dem »Mottosatz« des Liedes, der hier nach 2,7 zum zwei- **5**
ten Mal erscheint, ermahnt sich die junge Frau zur Geduld. In der Liebe kommt es auf das richtige Timing, den richtigen Zeitpunkt an. Im Kontext von 3,1-4 und 3,6-11 bedeutet dies: Es gilt abzuwarten, bis die Feierlichkeiten offiziell beginnen. Für weitere Informationen siehe die Auslegung zu 2,7.

2.3.1.4 Zusammenfassung und Aussage von 3,1-5

Die junge Frau liegt des Nachts in ihrem Bett und sehnt sich nach ihrem Geliebten. Zuerst sucht sie ihn in Gedanken. Als dies nicht erfolgreich ist, stellt sie sich vor, durch die Stadt zu streifen. Doch auch da findet sie ihn nicht. Sie wird von den Nachtwächtern angesprochen. Doch auch diese können ihr nicht weiterhelfen. Endlich findet die junge Frau ihren Geliebten. Sie hält ihn fest und bringt ihn nach Hause, um ihn in die Gemeinschaft der Familie aufzunehmen und im Zimmer der Mutter mit der Hochzeitszeremonie zu beginnen.

Die Verse beschreiben keine reale Handlung. Vielmehr handelt es sich um Gefühle, die in Bilder umgesetzt sind: Die junge Frau sehnt sich so sehr nach dem Geliebten, dass sie auch in der Nacht nicht zur Ruhe kommt. Sie wird von einer unterschwelligen Verlustangst geplagt. In ihrer Liebe fühlt sie sich verletzlich. Liebt sie ihn mehr als er sie (Harding 49)?

Verlustängste gehören zu den universellen Erfahrungen bei Partnersuche und Partnerschaft. Wer sich über die Gefühle des Partners unsicher ist, wünscht sich umso mehr dessen ständige Gegenwart. Die Gegenseite zur Verlustangst bildet der

Wunsch, den Partner zu kontrollieren, ihn »festzuhalten und nicht mehr loszulassen«, mit der Absicht, sich auf diese Weise seiner Liebe zu vergewissern. In dem Maß aber, wie die innere Verbundenheit zwischen den Partnern wächst, kann mit zeitweiliger äußerlicher Trennung gelassener umgegangen werden.

Im Zusammenhang mit der bevorstehenden Hochzeit zeugt das scheinbare ziellose Durchstreifen der nächtlichen Stadt von der vagen Besorgnis, der Bräutigam könnte gewissermaßen abhandengekommen sein und würde die Hochzeit im letzten Moment platzen lassen. In ihrer Unruhe möchte die Braut am liebsten selbst die Initiative ergreifen und dafür sorgen, dass die Zeremonie umgehend vollzogen wird.

Die Gefühle der Verlobten am Abend bzw. Morgen vor der Hochzeit sind Gegenstand zahlreicher Bücher und Filme. Es steht ein feierlicher Akt bevor, bei dem eine weitreichende Entscheidung zweier Menschen füreinander öffentlich besiegelt werden soll. Bleiben beide Partner bei ihrer Entscheidung, oder springt einer im letzten Moment ab? Gibt es andere Zwischenfälle, die eine Eheschließung kurzfristig verhindern?

Auch das Hohelied Salomos greift diesen besonderen Moment in einer kurzen Episode auf. Großartige Verwicklungen und Verwirrungen wie in der heutigen Literatur werden allerdings nicht dargeboten. Vielmehr bleibt das Lied, wie auch sonst, bei dem, was für die Liebe grundsätzlich und universal gilt.

Für eine Bibelarbeit siehe zu 5,2-8.

2.3.2 Der Bräutigam erscheint in festlichem Zug (3,6-11)

2.3.2.1 Übersetzung von 3,6-11

AM HOCHZEITSTAG. DIE BEIM HAUS DER BRAUT VERSAMMELTE GESELLSCHAFT ERWARTET DIE ANKUNFT DES BRÄUTIGAMS.

BEOBACHTER

6 *Wer ist sie,*
die da heraufkommt aus der Steppe,
wie eine Rauchsäule
duftend von Myrrhe und Weihrauch,
von allen Gewürzen des Händlers?

7 *Es ist seine Sänfte, die von Salomo!*
Sechzig Krieger sind rings um sie her
von den Kriegern Israels.

8 *Sie alle sind Schwertträger,*
geübt im Kampf.
Ein jeder hat sein Schwert an seiner Hüfte
gegen den Schrecken der Nacht.

9 *Eine Sänfte machte sich der König Salomo*
aus dem Holz des Libanon.

10 *Seine Pfosten machte er in Silber,*
seine Lehne in Gold,
seinen Sitz in Purpur,
sein Inneres eingelegt mit Liebe.

11 *Ihr Töchter Jerusalems,*
kommt doch heraus
und betrachtet doch,
ihr Töchter Zions,

den König Salomo mit der Krone,
mit der ihn gekrönt hat seine Mutter
am Tag seiner Hochzeit
und am Tag der Freude seines Herzens!

2.3.2.2 Kontext und Aufbau von 3,6-11

Während die geschmückte Braut zusammen mit ihren Brautjungfern, den »Töchtern Jerusalems«, in der Kühle des Hauses wartet, steht draußen ein Beobachter, der der wartenden Gesellschaft die Ankunft des Bräutigams anzeigen soll. Um die Szene in möglichst prächtigen Bildern einzufangen, wird auf Motive einer königlichen Hochzeit zurückgegriffen, wobei König Salomo bildhaft für den eigentlichen Bräutigam steht (➛ 1.3.2).

Die Ankunft des Bräutigams wird in vier Stufen beschrieben. Zunächst kündigt sich das Erscheinen der Sänfte von der Ferne her durch eine Staubwolke an, die über der Steppe aufsteigt (V. 6b). Als Nächstes fällt die große Truppe der bewaffneten Begleiter ins Auge (V. 7b-8). Indem sich der Zug weiter nähert, werden die Einzelheiten der Sänfte erkennbar (V. 9-10) und schließlich der Bräutigam selbst, zu dessen Empfang nun auch die »Töchter Jerusalems« aus dem Haus gerufen werden (V. 11). Die Braut selbst kommt nicht heraus, sondern erwartet den Bräutigam im Haus.

Das gerade beschriebene Verständnis der Szene 3,6-11 wird allerdings nicht von allen Auslegern geteilt. Die einleitende Frage **Wer ist sie?** beziehen manche Kommentare nicht auf die Sänfte, sondern auf die junge Frau. Sie argumentieren, dass die Frage mit »wer« (hebr. *mî*) statt »was« (hebr. *mah*) sich auf eine Person beziehen muss. Die Szene würde dann nicht die Ankunft des Bräutigams, sondern die der Braut beschreiben. Wieder andere vermuten beide Partner gemeinsam in der Sänfte. Als zusätzliches Argument wird angeführt, dass die Braut, wenn sie nicht in der Sänfte sitzt, in der Szene fehlen würde. Meiner Ansicht nach sprechen jedoch gewichtige Gründe für die zuerst dargestellte Sichtweise:

1. Die in V. 6 gestellte Frage wird in V. 7 beantwortet. Der Versanfang lautet wörtlich: »Siehe, seine Sänfte.« Das Wort »siehe« (hebr. *hinnēh*) zeigt an, dass etwas erkannt wird oder werden soll, und kennzeichnet in dieser Funktion auch die Antwort auf eine Frage: Der Sprecher erkennt, dass es sich um Salomos Sänfte handelt. Weitere Stellen, an denen »siehe« die Beantwortung einer Frage anzeigt, sind z.B. Ri 21,8; 1Sam 14,17; Jes 6,8; 36,5f., Hes 31,2; Est 6,4f. Damit gibt also der Text selbst die Antwort auf die Frage **Wer ist sie?**, wodurch sich weitere Spekulationen erübrigen. Entgegen dem oben vorgebrachten Einwand kann sich außerdem eine Frage mit »wer« in Einzelfällen durchaus auf Sachen beziehen, wie z.B. Mi 1,5 und Ri 13,17 zeigen, wo es wörtlich heißt: »Wer (*mî*) ist die Übertretung Jakobs?«, bzw.: »Wer (*mî*) ist dein Name?«

2. Möglicherweise hat es mit der ungewöhnlichen Form der Frage eine besondere Bewandtnis. Die Formulierung **Wer ist sie?** erscheint im Hohenlied nämlich insgesamt an drei Stellen. Die Vorkommen lassen sich als eine inhaltliche Reihe verstehen, bei der die Protagonisten des Liedes zunächst jeweils einzeln auftreten, bevor sie zum feierlichen Abschluss gemeinsam erscheinen:

3,6	»Wer ist sie …?«	➛	Der Mann erscheint.
6,10	»Wer ist sie …?«	➛	Die Frau erscheint.
8,5	»Wer ist sie …?«	➛	Mann und Frau erscheinen.

In 3,6 und 8,5 stimmt auch die Fortführung der Frage wörtlich überein: **Wer ist sie, die da heraufkommt aus der Steppe?**, in

6,10 heißt es stattdessen: »Wer ist sie, die da hervorbricht wie die Morgenröte?« Die ungewöhnliche Form der Frage ist demnach bewusst gewählt, um eine Verknüpfung zwischen den drei Stellen herzustellen.

3. Wer die Ansicht vertritt, die Braut befinde sich in der Sänfte, steht vor dem Problem, dass sie nirgendwo erwähnt wird. Wenn die Frau in der Sänfte herannaht, warum sollen die »Töchter Jerusalems« Salomo bestaunen und nicht sie? Wenn beide in der Sänfte sitzen, warum wird dann in V. 11 nur Salomo beschrieben, aber sie nicht? Gerade von V. 11 her kann es doch nur Salomo sein, dessen Ankunft hier beschrieben wird.

4. Auch der unmittelbare Kontext stützt diese Sichtweise. Im vorangehenden Abschnitt 3,1-5 war die junge Frau allein gewesen und hatte im Wachtraum die Ankunft ihres Geliebten vorweggenommen; in 3,6-11 erscheint dann endlich der Bräutigam, um anschließend in 4,1-7 seine Stimme zu erheben und die Schönheit der geschmückten Braut zu loben, sie in 4,8-11 als seine Braut heimzuholen und in 4,12-5,1 mit ihr das »Paradies der Liebe« zu genießen. Der so beschriebene Aufbau von 3,1-5,1 fügt sich dann auch insgesamt in die zyklische Struktur des Hohenliedes (➛ 1.6.1) ein, die damit ein weiteres Argument für die hier vertretene Deutung darstellt. Dass ein solch übergreifender Zusammenhang vorliegt, wird von einigen Auslegern gesehen (z.B. Carr 106).

Die Abwesenheit der Braut lässt sich auf zwei Möglichkeiten erklären. Entweder ist sie selbst die Sprecherin der Szene, und wir erleben das Herannahen der Sänfte durch ihre Augen (Exum 2003, S. 306-310). Ungewöhnlich wäre dann allerdings das Fehlen jeglicher personaler Sprache (Ich-du-Sprache, Ausdruck von Gefühlen), ganz anders, als wir es sonst aus ihrem Mund kennen. Besonders auffällig ist dies am Schluss von V. 11, wo nicht von ihren, sondern von seinen Gefühlen die Rede ist.

Die beste Erklärung ist, dass die Braut sich nicht an der Straße in der prallen Sonne aufhält, wo ihr Make-up verlaufen und ihre Kleidung staubig werden würde, sondern ihren Bräutigam im kühleren Innenraum des Hauses erwartet. Sie hat stattdessen ein Mitglied der Gesellschaft beauftragt, draußen auf einem erhöhten Platz, z.B. auf der Stadtmauer, Ausschau zu halten und ihr das Herannahen des Bräutigams mitzuteilen.

Zwar haben wir über die genauen Abläufe von Hochzeitszeremonien im alten Israel keine Informationen. Doch ist diese Deutung plausibel und kann den Text schlüssig erklären. Auch in 8,5 werden übrigens die Worte »Wer ist sie, die da heraufkommt aus der Steppe?« von einem Beobachter gesprochen.

2.3.2.3 Einzelauslegung von 3,6-11

Mit der einleitenden Frage **Wer ist sie?** wird der Blick des Be- 6
trachters in die Weite der Steppe gelenkt. Von dort kommt etwas zur auf dem Hügel gelegenen Stadt herauf. Mit der **Rauchsäule** ist wahrscheinlich die Staubwolke gemeint, die die Marschierenden aufwirbeln und die als erstes in der Ferne sichtbar wird. Der Beobachter vergleicht sie mit aufsteigendem Räucherwerk und bringt damit den festlichen Charakter des Ereignisses zum Ausdruck.

Wie oben schon angesprochen, lautet der Versanfang wörtlich: »Siehe, seine Sänfte.« Das Wort »siehe« zeigt hier die Beantwortung der in V. 6 gestellten Frage. Der Beobachter beschreibt seine Eindrücke mit Bildern, die von einer Hochzeit Salomos stammen. Der Name **Salomo** steht für Reichtum, Pracht und Ehre. Das Gleiche wird durch die **sechzig Krieger** vermittelt, die die **Sänfte** umgeben. Am Hochzeitstag darf sich der Bräutigam wie ein König fühlen.

8 Über den **Schrecken der Nacht** haben die Ausleger viel spekuliert. Spielt die Zeile auf die nächtliche Unruhe der Braut in 3,1-5 an, der mit der Ankunft des Bräutigams nun ein Ende gemacht wird?

9 Auch bei der Beschreibung der **Sänfte** liegt der Schwerpunkt auf dem Thema der Kostbarkeit. Im alten Israel war **Holz** als Baustoff knapp. Unter Salomo wurde das wertvolle ➛ Zedernholz aus dem **Libanon** importiert.

10 Das Gestell der Sänfte ist mit **Silber** und **Gold** beschlagen, der **Sitz** mit **purpur**rotem Stoff bespannt.

Einige Schwierigkeiten im Verständnis bereitet die letzte Zeile. Wörtlich lautet die Aussage: »Sein Inneres ist eingelegt mit Liebe von den Töchtern Jerusalems.« Alle alten hebräischen und griechischen Handschriften überliefern den Text in dieser Fassung. Einige der neueren Bibelübersetzungen bieten dafür die folgende Deutung an: »liebevoll bestickt von Jerusalems Frauen«, so die *Hoffnung für alle*; ähnlich auch die *Gute Nachricht Bibel* und Schlachter. Jedoch irritiert, dass die »Töchter Jerusalems« hier dem Bräutigam zuarbeiten, ja, die Rolle von Handarbeiterinnen einnehmen, während sie sonst im gesamten Hohenlied und im direkt folgenden Vers als Begleiterinnen der Braut auftreten, nicht des Bräutigams. Deswegen wird hier, zusammen mit Luther, Elberfelder und der Einheitsübersetzung, davon ausgegangen, dass die Worte »Töchter Jerusalems« an den Anfang des nächsten Verses umzustellen sind.

Des Weiteren vermuten einige Ausleger, dass auch das Wort **Liebe** fälschlich an die Stelle gelangt ist, und übersetzen stattdessen »eingelegt mit Ebenholz« oder ähnlich (Luther, Elberfelder, Tawil; Fischer 28). Keel (S. 126) schlägt die Variante »eingelegt mit Liebesszenen« vor. Allerdings ist es auch gut möglich, dass das abstrakte Wort **Liebe** bewusst gewählt wurde, um eine sich steigernde Reihe Libanonholz ➛ Silber ➛ Gold ➛ Purpur ➛

Liebe zu bilden. Demnach dient aller Schmuck letztlich nur einem Ziel, nämlich die Liebe zu feiern.

Bisher haben die **Töchter Jerusalems** der im Haus war- **11**
tenden Braut Gesellschaft geleistet. Nun werden sie herausgerufen, um dem Bräutigam den gebührenden Empfang zu bereiten.

Die **Krone** ist hier nicht das übliche Zeichen von Salomos Königsherrschaft, sondern ein besonderer für den Hochzeitstag bestimmter Schmuck. Dass der Bräutigam in alttestamentlicher Zeit mitunter einen prächtigen Kopfschmuck trug, zeigt Jes 61,10. Weitere Hinweise auf Kronen oder Kränze als Schmuck für den Bräutigam finden sich in den Apokryphen (3. Makkabäer 4,8) und in der jüdischen Überlieferung (Mischna Sota 9,14; Babylonischer Talmud, Traktat Sota 49b). In der griechisch-orthodoxen Trauungsliturgie ist es bis heute üblich, den Brautleuten Kronen aufzusetzen (Keel 128), nach einem alten syrischen Hochzeitsbrauch trägt dagegen die Braut eine Krone (➛ 1.4.3).

Die **Mutter** tritt hier wahrscheinlich deshalb in Erscheinung, weil ihr in der damaligen Kultur eine besondere Verantwortung bei der Eheschließung der Kinder zukam (siehe zu 3,4).

Zum einzigen Mal im Hohenlied erscheint hier der Begriff **Hochzeit**. Er sichert die Auslegung ab, nach der 3,6-11 als Beginn der Trauzeremonie zu verstehen ist. Darüber hinaus öffnet er den Blick dafür, auch in den nachfolgenden Szenen Hinweise auf die Hochzeit zu finden. So ist beispielsweise in 4,1.3 vom Schleier die Rede, und in 4,8-5,1 wird die junge Frau sechsmal mit »Braut« angeredet.

2.3.2.4 Zusammenfassung und Aussage von 3,6-11

Der Hochzeitstag ist angebrochen. Die geschmückte Braut befindet sich in ihrem Elternhaus und erwartet dort in freudiger Erregung die Ankunft des Bräutigams. Dabei leisten ihr die Brautjungfern Gesellschaft. Ein anderes Familienmitglied ist derweil beauftragt, an der Stadtmauer Ausschau zu halten. Endlich erscheint der Erwartete. Der festliche Zug kündigt sich schon von der Ferne her durch eine Staubwolke an, die über der Steppe aufsteigt. Als Nächstes fällt die große, prächtig ausgestattete Eskorte ins Auge. Indem sich der Zug weiter annähert, werden die Einzelheiten der kostbar gestalteten Sänfte erkennbar und schließlich der mit seiner Hochzeitskrone geschmückte Bräutigam selbst, ausstaffiert und strahlend wie ein König. Die Brautjungfern werden aus dem Haus gerufen, um ihn gebührend zu empfangen, während die Braut ihn im Innern des Hauses erwartet.

Die Szene hält einen besonders spannenden Moment zwischen Erwartung und Erfüllung fest. Der Mann hat nun buchstäblich »Vater und Mutter verlassen« und ist aufgebrochen, um sich ehelich mit seiner Frau zu verbinden. Was 1Mo 2,24 nur lapidar in einem Satz aussagt, setzt das Hohelied hier festlich in Szene.

An dieser Stelle bekommen wir auch einen kleinen Einblick in die Hochzeitsbräuche des alten Israel, von denen wir ansonsten kaum etwas wissen. Weltweit gehören Hochzeiten zu den am schönsten gestalteten Festen und sind mit vielen unterschiedlichen Bräuchen verbunden. Bei allem Aufwand, der hier mitunter betrieben wird, gilt es, das Ziel im Auge zu behalten, nämlich die Liebe und das beginnende Eheglück gebührend zu feiern. Auch das Hohelied hebt diesen Aspekt hervor, indem es die Beschreibung der herankommenden Sänfte in dem Stichwort »Liebe« gipfeln lässt (V. 10): Der Weihrauch, die Eskorte, das Silber, Gold und Purpur dienen letztendlich dem einen Ziel, die Liebesverbindung der beiden Partner gebührend zu würdigen.

Für einen Vorschlag zur Bibelarbeit siehe 4,8-11.

2.3.3 Er: Wie schön du bist (4,1-7)

2.3.3.1 Übersetzung von 4,1-7

Der Bräutigam betritt das Haus, wo ihn die Braut im hochzeitlichen Schmuck erwartet.

4,1a *Wie schön du bist,*
meine Freundin,
wie schön du bist!

1b *Deine Augen sind Tauben,*
sie leuchten vor Liebe
durch deinen Schleier hindurch.

1c *Dein lockiges Haar ist voller Energie –*
wie eine Herde Ziegen,
die in großen Sprüngen vom Gebirge Gilead herabstürmen.

2 *Deine Zähne strahlen festlich –*
wie eine Herde zur Schur bereiter Schafe,
die aus der Schwemme heraufkommen,
von denen jeder seinen Zwilling hat,
keiner von ihnen fehlt.

3a *Wie ein karmesinrotes Band leuchten deine Lippen,*
und dein Reden betört.

3b *Wie der Riss im Granatapfel lockt dein offener Mund*
durch deinen Schleier hindurch.

4 *Dein Hals strahlt Stolz aus –*
wie der Turm Davids,
mit Verschanzungen gebaut.
Tausend Schilde hängen daran,
alles Schilde von Helden.
5 *Deine beiden Brüste sind zart wie zwei Kitze,*
voll Lebenskraft wie Zwillinge der Gazelle,
die in den Lotusblumen weiden.
6 *Wenn der Tag verhaucht*
und die Schatten lang werden,
will ich zum Myrrhenberg hingehen
und zum Weihrauchhügel.
7 *Alles an dir ist schön,*
meine Freundin,
und kein Makel ist an dir.

2.3.3.2 Kontext und Aufbau von 4,1-7

Die Perikope 4,1-7 gibt sich leicht als abgegrenzte Einheit innerhalb des dritten Zyklus 3,1-5,1 zu erkennen. Im zyklischen Aufbau des Hohenliedes beginnt mit ihm der Abschnitt 3-C: »Er macht ihr Komplimente und verlangt nach ihr.« Auch von der Dramaturgie der Ereignisse fügt sich der Abschnitt in den Zusammenhang ein: Nachdem der Bräutigam mit seinem Gefolge am Haus der Braut angekommen ist (3,6-11), tritt er nun vor sie. Zum ersten Mal sieht er sie in der ganzen Pracht ihres hochzeitlichen Schmucks. Von dem sind allerdings nur der Brautschleier (1b.3b; vgl. Gerhards 245) und die Halsketten (4b) genannt, denn im Mittelpunkt steht die Frau selbst, in ihrer Schönheit und Ausstrahlung. Aus diesem Grund kann der Text auch unabhängig von einer Hochzeitszeremonie als Lied auf die Schönheit der Frau gelesen werden.

Kap. 4,1-7 wird der Gattung Beschreibungslied zugeordnet. Es handelt sich um das erste von drei Beschreibungsliedern über die Frau (siehe 6,4-10 und 7,1-6). Daneben enthält das Hohelied auch ein Beschreibungslied über den Mann (5,9-16). Die Form des Beschreibungsliedes ist auch außerhalb der Bibel bekannt, z.B. in der altägyptischen Liebeslyrik (➤ 1.4.1) und später in der arabischen Poesie.

Das Lied ist sorgfältig aufgebaut. Den Rahmen bilden die Anreden in V. 1a und V. 7. Die Beschreibung selbst beginnt beim Kopf und nennt **Augen**, **Haar**, **Zähne**, **Lippen** und **Mund** der Geliebten (V. 1b-3). Der Abschnitt wird durch das zweimalige **hinter deinem Schleier hervor** in V. 1b und 3b zusammengebunden. Vom Gesicht geht der Blick dann abwärts auf den **Hals** und weiter auf das Dekolleté (V. 4-5). An dieser Stelle beendet der junge Mann die Beschreibung und geht dazu über, sein Verlangen nach ihr zum Ausdruck zu bringen (V. 6).

Für die Beschreibung der Frau greift der Dichter auf eine Reihe von Vergleichen zurück, von denen die meisten für heutige Leser befremdlich anmuten. Hier ist in besonderer Weise zu beachten, was in der Einleitung (Kap. 1.7.1) über die Bildsprache des Hohenliedes erarbeitet wurde: Die Vergleiche beziehen sich, anders als heute gewohnt, nur zu einem kleinen Teil auf das Aussehen. Wichtiger ist, dass die genannten Bedeutungs*spender* (Tiere, Pflanzen usw.) eine von der Kultur vorgegebene Bedeutung haben. So steht etwa ein Turm für Stolz und Wehrhaftigkeit. Ebenso geht es bei den Bedeutungs*empfängern*, d.h. den Körperteilen, eher um die Funktion als um das Aussehen. Beispielsweise drückt das Recken des Halses Selbstbewusstsein aus. Die Aussage »Dein Hals ist wie der Turm Davids« bedeutet dann entsprechend: Dein Hals strahlt Stolz und Selbstbewusstsein aus wie ein Befestigungsturm.

Im Hebräischen stehen die zu vergleichenden Elemente meist unverbunden nebeneinander, z.B. »dein Hals – wie der Turm Davids«. Die Übersetzung versucht das Verständnis zu erleichtern, indem sie statt der sonst üblichen deutschen Ergänzung »Dein Hals *ist* wie der Turm Davids« eine Formulierung einfügt, die den Vergleichspunkt verdeutlicht, etwa: »Dein Hals *strahlt Stolz aus* wie der Turm Davids.« Die wörtliche Übersetzung ist jeweils bei der Einzelauslegung angegeben.

2.3.3.3 Einzelauslegung von 4,1-7

1a.7 Die erste Verszeile lautet wörtlich: »Siehe, du bist schön.« Das hebräische Wort für »siehe« (*hinnēh*) steht, wenn jemand auf etwas aufmerksam wird oder machen will. Die oben angegebene Übersetzung gibt dies durch einen Ausruf des Staunens wieder: **Wie schön du bist!** Insgesamt ist der Halbvers als Parallelismus mit eingeschobener Anrede gestaltet – eine Form, die im Hohenlied häufig ist. Dasselbe Muster begegnet noch einmal in V. 7. Die beiden Verse binden das Lied zusammen und drücken auch zusammenfassend aus, worum es geht: um die Begeisterung des jungen Mannes über die vollkommene Schönheit und Attraktivität seiner Geliebten.

1b Der Liebhaber beginnt seine Beschreibung bei den **Augen** der jungen Frau. Dass diese als Erstes genannt werden, hat eine doppelte Bedeutung. Zum einen steht im Alten Testament das Strahlen des Auges geradezu für die Schönheit einer Person (z.B. 1Sam 16,12; 1Mo 29,17). Zum Zweiten wird über den Augenkontakt Beziehung hergestellt. So ist die folgende Beschreibung der weiblichen Vorzüge in das Beziehungsgeschehen zwischen den Partnern eingebettet.

Die ➛ **Taube** war in der altvorderorientalischen Kunst ein Symbol für die Liebe. Sie ist beispielsweise auf vielen Abbildungen von Liebespaaren zu finden (für Beispiele siehe Keel 87). Heute benutzen wir in vergleichbarer Weise die Herzchenform, um das Gefühl der Liebe bildlich darzustellen. Die Aussage **Deine Augen sind Tauben** wäre demnach zu übertragen mit »Von deinen Augen fliegen Herzchen zu mir« oder »Du schaust mich so liebevoll an«. In der Übersetzung oben ist deshalb die Zeile »Sie leuchten vor Liebe« sinngemäß eingefügt.

Am Anfang des Hohenliedes, in der Phase des Kennenlernens, hat der Mann die Augen seiner Geliebten schon einmal mit Tauben verglichen (1,15). Dort trägt sie allerdings noch keinen **Schleier**.

Die erste Zeile lautet wörtlich: »dein Haar – wie eine Herde **1c**
Ziegen«. Eine Hilfe, diesen merkwürdig klingenden Vergleich zu verstehen, bietet die dritte Zeile. Das dort verwendete Verb beschreibt eine wellenförmige Bewegung, etwa im Sinne von »herabwallen«: Die **Herde stürmt** den Abhang **herab**, wobei die einzelnen Tiere große Sprünge ausführen. Dieser Anblick erinnert den Betrachter an gelocktes Haar.

Der Vergleich geht allerdings noch tiefer: Das **Haar** war in der israelitischen Kultur ein Symbol für Lebenskraft, Jugend und auch für Wildheit (vgl. Ri 16,17.22ff.; Dan 4,30). Das Haar der Geliebten sieht also nicht aus wie eine Ziegenherde, sondern es zeigt dieselbe Art von Dynamik und Vitalität. In ihrer schwarzen Lockenpracht erlebt der junge Mann seine Geliebte so wild und lebenslustig wie eine Ziegenherde, die hüpfend und springend einen Berghang **herabstürmt**. Dazu kommt, dass das hebr. Wort für Ziegenbock auch die Bedeutung »der Haarige« hat.

Die wörtliche Übersetzung lautet hier: »deine Zähne – wie ei- **2**
ne Herde zur Schur bereiter Schafe«. In der traditionellen Schafhaltung wird die Herde vor der **Schur** gewaschen, indem man

die Schafe nacheinander oder hier paarweise einen Bach durchqueren lässt. Helfer reinigen die durchziehenden Schafe von beiden Seiten aus. So kommen sie weiß leuchtend und jeweils paarweise in einer langen Reihe aus dem Wasser – ein treffender Vergleich für die weißen, gerade aufgereihten und lückenlosen **Zähne** der jungen Frau.

Andere Ausleger verstehen den Begriff **Zwilling** wörtlich und sehen eine Reihe von Muttertieren, die jeweils Zwillinge geworfen haben. Zwillingsgeburten kommen bei Schafen durchaus regelmäßig vor. Die Vorstellung von Muttertieren mit Zwillingslämmern ergibt allerdings ein unregelmäßiges Bild, das sich weniger gut auf die Zähne übertragen lässt. Es ist eher davon auszugehen, dass hier erwachsene Tiere die Schwemme paarweise verlassen.

Die Schafschur, bei der zusammen mit vielen Helfern der Ertrag monatelanger Arbeit gewonnen und gesichert wurde, war ein freudiges Ereignis, das man auch feierte (z.B. 2Sam 13,23; 1Sam 25,4ff.). Eine ähnlich festliche Stimmung verbreitet die junge Frau, wenn sie lächelnd ihre strahlend weißen Zähne zeigt.

3a ➤**Karmesin** ist ein leuchtend roter Farbstoff, der in einem aufwendigen Verfahren aus den Eiernestern einer Schildlaus gewonnen wird. Die leuchtend roten **Lippen** der Geliebten laden zur Liebe ein. Wie die zweite Verszeile deutlich macht, geht es hier nicht allein um das Aussehen, sondern um ein liebeweckendes und liebevolles Sprechen. Die zweite Zeile wird zwar oft übersetzt mit »dein Mund ist lieblich«. Im Hebräischen steht hier aber nicht das übliche Wort für Mund, sondern ein Ausdruck, der – in der gesamten hebräischen Bibel einmalig – von dem Wort für »sprechen« abgeleitet ist (hebr. *midbār*, abgeleitet von *dāvār*). Es gibt im Deutschen kein inhaltlich und stilistisch angemessenes Wort (»Sprechwerkzeug«, »Plaudermund«), weswegen hier die Übersetzung **Dein Reden betört** vorgeschlagen wird.

Um welchen Körperteil geht es in diesem Vers? Das hebräische **3b**
Wort *raqqāh* ist in seiner Übersetzung unsicher. Die Bedeutung »dünn« oder »weich« ergibt sich aus anderen verwandten semitischen Sprachen. Im AT kommt das Wort sonst nur noch im Richterbuch vor (4,21.22; 5,26) und bezeichnet dort die Schläfe. Verglichen würde diese mit einer Scheibe des Granatapfels, die möglicherweise ähnlich rötlich schimmert wie eine Schläfe oder Wange. Diese in den Bibelübersetzungen häufig anzutreffende Deutung stößt aber auf Probleme. So lässt sich ein Granatapfel nicht gut in Scheiben schneiden, weil dann die Fruchtkammern verletzt werden und der Saft herausläuft. Zum andern steht der genannte Körperteil in der Einzahl, während bei Schläfen oder Wangen die Mehrzahl zu erwarten wäre. Schließlich eignet sich auch das kräftige Rot des Granatapfels nicht unbedingt als Vergleich für den zarten Teint der Gesichtshaut.

Nach Keel (S. 136) ist daher nicht von einer Granatapfelscheibe, sondern von dem **Riss im ➤ Granatapfel** auszugehen, der sich in der ausgereiften Frucht bildet und durch den man im Innern das rote Fruchtfleisch erkennen kann. In der altägyptischen Kunst wurde der Granatapfel oft mit Riss abgebildet. Er ähnelt in seiner Form einem offenen Mund, und das Fruchtfleisch ist hinsichtlich der Farbe und Konsistenz mit dem Innern des Mundes vergleichbar. Deshalb liegt es nahe, dass es sich bei dem genannten »weichen« Körperteil nicht um die Schläfe, sondern um den **Mund** bzw. das Innere des Mundes handelt. In einem ägyptischen Liebesgedicht werden die Kerne der Granatfrucht mit den Zähnen der Geliebten verglichen (Schott 58) – das rote Fruchtfleisch steht dann entsprechend für Zahnfleisch und Gaumen, also das weiche Innere des Mundes.

Der Liebhaber empfindet also den leicht geöffneten **Mund** seiner Geliebten verlockend wie einen reifen Granatapfel, dessen

Riss zum Fühlen und zum Kosten der süßen Früchte in seinem Innern einlädt.

4 Die erste Zeile lautet wörtlich: »wie der Turm Davids – dein Hals«. Auch hier ist die äußerliche Form nur der erste Anknüpfungspunkt. Der **Hals** oder Nacken steht in der biblischen Sprache für Stolz. So werden beispielsweise in Ps 75,6 die Überheblichen gewarnt, nicht »mit Hals« zu reden, d.h. stolz daherzureden. Ähnlich spricht Hiob 15,26 davon, dass der Gottlose »mit Nacken« gegen Gott anrennt, d.h. ihm trotzig entgegentritt.

Wie ein Hals, so ist auch der **Turm Davids** ein Symbol für Stolz und Wehrhaftigkeit. Die dritte Verszeile beschreibt den Aufbau des Turms näher, allerdings ist die Bedeutung des hier verwendeten Wortes **Verschanzungen** unsicher. Wahrscheinlich ist eine bestimmte Art der militärischen Befestigung oder eine Brustwehr gemeint. Interessanterweise trugen assyrische Königinnen des 7. Jahrhunderts v. Chr. Kronen, die den Zinnen eines Turms nachgebildet waren (Keel 137f.).

Wahrscheinlich trägt die Braut einen »mehrstöckigen« Halsschmuck aus eng anliegenden Halsketten mit eingearbeiteten Perlen und Plättchen. Diesen vergleicht der Liebhaber mit den Schilden, die rundherum in mehreren Reihen am Davidsturm aufgehängt sind. Die Schilde zeugen von militärischen Ruhmestaten und unterstreichen bildlich das Selbstbewusstsein der jungen Frau (zum Kontrast siehe Jes 3,16).

5 Der erste Teil des Verses lautet wörtlich: »deine beiden Brüste – wie zwei Kitze, Zwillinge der Gazelle«. ➤ **Gazellen** kommen im Hohenlied öfter vor. Die Lebendigkeit und Agilität der Tiere im Kontrast zu dem kargen Lebensraum, den sie bewohnen, hat sie zu einem Symbol für Leben, Lebenserneuerung und Lebensfreude werden lassen. Die **Kitze** der Gazelle sind zudem weich, verspielt, süß anzuschauen, gleichzeitig scheu usw. So

ergibt sich eine ganze Reihe von Verbindungen zu den **Brüsten** der jungen Frau. Ob, wie vermutet wird, die aus dem hohen Gras herausschauenden Rücken der beiden weidenden Kitze zusätzlich eine optische Anregung für den Vergleich bieten, sei dahingestellt.

In Spr 5,19 wird über die Ehefrau gesagt:

... eine Gazelle der Liebe, eine Gemse der Anmut –
ihre Brüste sollen dich zu jeder Zeit berauschen,
in ihrer Liebe sollst du stets wie betrunken taumeln!

Nach der jährlichen Nilüberschwemmung blüht die ➛ **Lotusblume** als Erste über den braunen Wassertümpeln. So wird sie im ägyptischen Bereich ein Symbol für die Lebenserneuerung, ähnlich der Gazelle. Die Gazelle als Triumph des Lebens über die Dürre und der Lotus als Triumph des Lebens über die Wasserflut ergeben zusammen eine Art Superlativ (Keel 140) der Lebenskraft und der Lebenserneuerung. Beide wurden in Ägypten auch zusammen abgebildet.

Die Blickrichtung des Gedichts wechselt nun von der Be- 6
wunderten hin zum Bewunderer (Keel 140), von der Beschreibung hin zum Verlangen. Der Liebhaber nimmt sich vor, am Abend (siehe 2,17) den **Myrrhenberg** und **Weihrauchhügel** aufzusuchen. Was ist damit gemeint? Eine Möglichkeit ist, dass konkret auf den Schoß der Braut angespielt wird (vgl. 7,3), eine andere, dass hier an eine Art Wunderland gedacht ist, wie es aus der ägyptischen Liebeslyrik als »Punt« bekannt ist. Eine sagenhafte Expedition der Königin Hatschepsut nach Punt um 1470 v. Chr. bringt als Ertrag Berge von Myrrhe ein, wie ein Relief im Totentempel der Hatschepsut zeigt. Die Begegnung mit der Braut wird mit dem Aufenthalt in diesem Wunderland verglichen. So heißt es in einem ägyptischen Liebeslied (zitiert nach Schott 66):

Wenn ich sie umarme
und ihre Arme um mich gebreitet sind,
ist es wie in Punt.

Der Duft von ➤Myrrhe ist in erster Linie mit Liebe und Erotik verknüpft, während ➤Weihrauch dem kultischen Bereich zuzuordnen ist. Die Kombination der beiden »verspricht Erfahrungen von zuvor nie gekannter, göttlicher Glückseligkeit« (Keel 144; vgl. Gerlemann 128f.).

2.3.3.4 Zusammenfassung und Aussage von 4,1-7

Der Festzug des Bräutigams ist am Haus der Braut eingetroffen (vgl. 3,6-11). Der Bräutigam betritt nun das Haus und sieht seine Braut zum ersten Mal in ihrem ganzen hochzeitlichen Schmuck. Er schaut ihr in die Augen, ist hingerissen von ihrer Schönheit und Ausstrahlung. Während sein Blick langsam über ihr Gesicht und ihren Oberkörper gleitet, formuliert er in ausdrucksstarken poetischen Bildern, was er an ihr und in ihr sieht. Sie ist sein »Wunderland der Liebe«, das er noch heute Abend betreten will.

Ob man den Abschnitt mit oder ohne den Zusammenhang mit dem Hochzeitstag von 3,6-11 liest – in jedem Fall setzt dieses ganz besondere Gedicht ein Denkmal für weibliche Schönheit und Attraktivität. Dabei sind drei Beobachtungen festzuhalten. Zuerst gilt: Schönheit wird hier durchaus körperlich verstanden. Die weiblichen Reize sind ein wichtiger Aspekt der Sexualität. Schönheit ist eine Gottesgabe, die gefeiert werden darf und soll. Wahre Schönheit kommt – auch – von außen!

Eine zweite wichtige Beobachtung ist, dass das Gedicht die genannten Körperteile jeweils mit Charakterzügen verknüpft. Die gewählten Bilder vermitteln Selbstbewusstsein, Lebenskraft, festliche Ausstrahlung, Wildheit, aber auch Zartheit und Verspieltheit. Schönheit beschränkt sich nicht auf den Körperbau allein, sondern hat viel mit dem eigenen Selbstbewusstsein zu tun. Der Schwerpunkt der Beschreibung liegt außerdem auf dem Gesicht, das viel über den Charakter einer Person aussagt. Insofern kommt wahre Schönheit nach Hld 4,1-7 natürlich auch von innen.

Schließlich ist darauf hinzuweisen, dass die Beschreibung der Frau in ein Beziehungsgeschehen eingebettet ist. Das Gedicht beginnt bei den Augen. Über den Augenkontakt stellen die Partner Beziehung her und tauschen Signale der Liebe aus. In Hld 4,1-7 wird also nicht verschämt zur Seite geschaut. Andererseits geht es auch nicht um die Art von Anstarren, die eine Frau zum Objekt degradiert, sondern um ein ganzheitliches, in die Beziehung eingebettetes Wahrnehmen und Wertschätzen weiblicher Attraktivität.

Manchen Bibelleser mag es überraschen, dass in der Liste der weiblichen Vorzüge eigentliche »innere« Werte wie z.B. Zuverlässigkeit oder Gottesfurcht fehlen. Das Hohelied hat hier offensichtlich nicht den Anspruch, eine vollständige Auflistung derjenigen Eigenschaften zusammenzustellen, die für eine Partnerin mit Blick auf ein künftiges Zusammenleben wünschenswert sind. Dies könnte als ein Defizit empfunden werden, es hat aber seinen tiefen inneren Grund in der Art und Weise, wie das Hohelied die Liebe auffasst: Das Hohelied verwehrt sich nämlich gegen jede Art von Nützlichkeitsdenken, gegen jede Art von »Verzweckung« der Liebe. Es soll nicht darum gehen, welche Eigenschaften des Partners für die Zukunft »nützlich« sein können. Was die Partner zusammenführt, ist allein die Urmacht der Liebe. Darin ist das Hohelied komplementär zu dem Gedicht über die »tüchtige Frau« in Spr 31,10-31: Das Sprüchebuch feiert dort die Frau für das, was sie leistet; das Hohelied feiert die Frau für die, die sie ist.

2.3.3.5 Vorschlag zur Bibelarbeit über 4,1-7

Thema: Schönheit von außen und Schönheit von innen – Was wünsche ich mir von meinem (zukünftigen) Partner?

Zielgruppe: Jugendliche

Ziele:

- Die Jugendlichen sollen lernen, das Thema Liebe, Sex und Zärtlichkeit auf eine gute, gesunde Weise von Gott her zu verstehen und in ihren Glauben an Gott zu integrieren.
- Die Jugendlichen erleben im Alltag die körperliche Anziehungskraft des anderen Geschlechts. Sie sollen sich der Macht dieser Gefühle bewusst werden und sie in Worte fassen, um mit ihnen umgehen zu lernen.
- Die Jugendlichen sollen darüber ins Nachdenken kommen, was ihnen an äußeren und inneren Eigenschaften eines zukünftigen Partners wichtig ist oder werden kann und auch wie sie selbst vom anderen Geschlecht wahrgenommen werden. Das soll sie darin unterstützen, Beziehungen bewusster und überlegter zu gestalten.
- Nebenbei lernen die Jugendlichen auch etwas zum Umgang mit poetischen Texten der Bibel.

Zur Vorbereitung siehe auch Kap. 1.9.7 »Liebe ist ... sehen und gesehen werden«.

2.3.3.5.1 Einstieg

Ein Junge schaut ein Mädchen an, kann seinen Blick kaum von ihr lösen. Was ist hier los? – Es gibt eine »magische« Anziehungskraft zwischen Mann und Frau. – Was finden wir an einem Partner anziehend, und wie gehen wir mit dieser Macht um? – Davon handelt auch ein Text im Hohenlied Salomos, in Gottes »Handbuch für die glückliche Liebe«.

2.3.3.5.2 Texterschließung

Phase 1: Lassen Sie den Text Hld 4,1-7 in einer wörtlichen Übersetzung ohne erklärende Zusätze vorlesen (z.B. Luther oder Elberfelder). Fragen Sie nach spontanen Reaktionen. Haare wie Ziegen, ein Hals wie ein Turm – das klingt nicht besonders attraktiv. Wenn wir die Vergleiche rein auf das Aussehen beziehen, bleibt der Sinn unklar. Unterstreichen Sie dies, indem Sie z.B. das Bild von Denhart zeigen, der versucht hat, die in Hld 4 und 7 für die junge Frau verwendeten Vergleiche wörtlich umzusetzen (das Bild ist im Internet unter dem Suchbegriff »Song of Solomon literal« leicht zu finden). Ergebnis: So kann es der Schreiber des Textes unmöglich gemeint haben. Aber wie dann?

Phase 2: Geben Sie den Teilnehmern die beiden folgenden Tabellen in Kopien aus und lassen Sie folgende Aufgabe in einer Gruppenarbeit lösen: »Was sollen die Vergleiche wirklich aussagen? Ordnet jedem Vergleich (Tabelle 1) den passenden Vergleichspunkt (Tabelle 2) zu.« Nennen Sie gegebenenfalls ein Beispiel zur Einführung, um den Teilnehmern die Aufgabenstellung zu verdeutlichen. Mit dieser Aufgabe werden die Teilnehmer aktiv in die Texterschließung einbezogen.

Tabelle 1: Vergleiche in Hld 4,1-7

Nr.	*Vergleich*
1	Augen wie Tauben
2	Haar wie eine Herde Ziegen, die in großen Sprüngen vom Gebirge Gilead herabstürmen
3	Zähne wie eine Herde zur Schur bereiter Schafe, die aus der Schwemme heraufkommen, von denen jeder seinen Zwilling hat, keiner von ihnen fehlt
4	Lippen wie eine karmesinrote Kordel

5	Mund wie der Riss im Granatapfel
6	Hals mit Halsschmuck wie der Turm Davids, mit Verschanzungen gebaut. Tausend Schilde hängen daran, alles Schilde von Helden
7	Brüste wie Kitze, Zwillinge der Gazelle, die in den Lotusblumen weiden

Tabelle 2: Vergleichspunkte

Nr.	*Vergleichspunkt*
A	Festliches Strahlen
B	Farbe, Weichheit, Geschmack
C	Zartheit, Lebenskraft
D	Selbstbewusstsein
E	Liebe
F	Farbe
G	Energie

(Lösung: 1E, 2G, 3A, 4F, 5B, 6D, 7C)

Die Teilnehmer werden in der Lage sein, einige der Vergleichspunkte zuzuordnen, es werden aber auch Fragen offenbleiben.

Phase 3: Beantworten Sie die aufgekommenen Fragen zum Text, indem Sie die Vergleiche mithilfe des Kommentars erklären und dabei die Vergleichspunkte noch etwas näher beschreiben. Dabei wird ein wichtiger Aspekt des Textes deutlich, dass die hier beschriebene Attraktivität sowohl äußere als auch innere Werte umfasst.

2.3.3.5.3 Anwendung

Phase 4: Teilen Sie die Teilnehmer in zwei Gruppen nach Mädchen und Jungen auf. Kommen Sie anhand der folgenden Fragen ins Gespräch: Welche der aus Hld 4,1-7 erarbeiteten Eigenschaften finde auch ich wichtig? Welche Eigenschaften, die der Text nicht nennt, würde ich zusätzlich nennen (Ehrlichkeit, Treue, Humor ...)? Welche der gesammelten Eigenschaften machen wohl eine Beziehung tragfähig? Sammeln Sie die Ergebnisse auf einem Blatt.

Phase 5: Die Mädchengruppe und die Jungengruppe stellen sich gegenseitig ihre Ergebnisse vor (evtl. anonym). Die andere Partei bekommt jeweils die Möglichkeit, darauf zu reagieren.

2.3.3.5.4 Abschluss

Lesen Sie Hld 8,6b-7 vor und tragen Sie dazu kurz einige abschließende Gedanken vor: Die Liebe zwischen Mann und Frau – als eine Urmacht, die in uns brennt – als eine Gottesgabe – zum dankbaren Annehmen – zum Gebrauch in Verantwortung vor dem Geber.

2.3.3.5.5 Weitere Vorschläge

a) Hld 4,1-7 kann als Anknüpfungspunkt sowohl für die männlichen als auch für die weiblichen Gesprächsteilnehmer dienen. Nach Möglichkeit können die Mädchen/jungen Frauen stattdessen aber auch mit dem Abschnitt Hld 5,9-16 arbeiten, dem Beschreibungslied für den Mann.

Tabelle 1: Vergleiche in Hld 5,9-16

Nr.	*Vergleich*
1	Gesichtszüge wie Gold
2	Locken wie Dattelrispen, schwarz wie ein Rabe
3	Augen wie Tauben an Bachläufen voll Wasser, gebadet in Milch, über dem vollen Becken sitzend
4	Wangen wie ein Balsambeet, das Würzkräuter sprießen lässt
5	Lippen wie Lotusblumen, triefend von Myrrhenöl
6	Arme und Beine wie goldene Stäbe, besetzt mit Türkissteinen; Säulen aus Alabaster, gegründet auf Sockeln von Feingold
7	Gestalt wie der Libanon, Zedern des Libanon

Tabelle 2: Vergleichspunkte

Nr.	*Vergleichspunkt*
A	Liebe im Überfluss
B	Lebenskraft, Frische
C	stattlich, aufrecht
D	edel, muskulös
E	Wildheit
F	Duft
G	edle Ausstrahlung

(Lösung: 1G, 2E, 3A, 4F, 5B, 6D, 7C)

b) Bei einer fortgeschrittenen Gruppe kann Sprüche 31,30 zur Gegenüberstellung in das Gespräch eingebracht werden: »Trügerisch ist Anmut und nichtig die Schönheit; eine Frau aber, die den HERRN fürchtet, die soll man rühmen.« Widerspricht diese Aussage dem Hohenlied, oder haben nicht doch beide Sichtweisen in ihrem jeweiligen Zusammenhang ihre Berechtigung?.

2.3.4 Er: Komm mit mir vom Libanon (4,8-11)

Übersetzung von 4,8-11

Der Bräutigam bittet seine Braut zum Fest.

8 *Mit mir vom Libanon,*
meine Braut,
mit mir vom Libanon
sollst du kommen,
sollst du herabsteigen,
vom Gipfel des Amana,
vom Gipfel des Senir und Hermon,

von den Lagerplätzen der Löwen,
von den Bergen der Leoparden.
9 *Du hast mich verzaubert,*
meine Schwester, meine Braut,
du hast mich verzaubert
mit einem einzigen Blick aus deinen Augen,
mit einer einzigen Perle von deinem Halsschmuck.
10 *Wie schön sind deine Zärtlichkeiten,*
meine Schwester, meine Braut!
Wie wohltuend sind deine Zärtlichkeiten
mehr als Wein
und der Duft deiner Salben
mehr als alle Balsamdüfte!
11 *Flüssiger Honig tropft von deinen Lippen,*
meine Braut.
Honig und Milch sind unter deiner Zunge,
und der Duft deiner Gewänder
gleicht dem Duft des Libanon.

2.3.4.2 Kontext und Aufbau von 4,8-11

Im erzählerischen Zusammenhang von 3,1-5,1 beschreibt 4,8-11 den Moment, an dem der Bräutigam seine Braut auffordert, mit ihm zu kommen, um den Ort des Hochzeitsfestes aufzusuchen.

Das Lied ist sprachlich kunstvoll gestaltet. Mehrmals kommt der sogenannte Stufenparallelismus vor, bei dem die Aussage Schritt für Schritt entfaltet wird (➤ 1.7.2). An vier Stellen ist in den Parallelismus eine Anrede eingeschoben. In den beiden rahmenden Versen lautet die Anrede **Braut**, in den inneren beiden Versen wird sie noch gesteigert zu **meine Schwester, Braut**. Das rahmende Stichwort **Libanon** am Anfang von V. 8 und am Ende von V. 11 hält die vier Verse zusätzlich zusammen. Wieder verwendet der Dichter kraftvolle Bilder, die alle Sinne ansprechen: die geheimnisvolle Majestät des Libanon, Kostbarkeiten wie Wein, Honig und Milch sowie Duftöle.

2.3.4.3 Einzelauslegung von 4,8-11

8 Der **Libanon** ist das höchste Gebirge in Israels Umgebung, mit Gipfeln bis über 3000 m ü.M. Er lag weit entfernt von den Zentren altisraelitischer Zivilisation; seine Ehrfurcht gebietenden Massive und abgelegenen Hänge strahlen eine wilde Schönheit aus. Bei Israels Nachbarn galten Berge gar als Wohnsitze der Götter – eine Vorstellung, die das Alte Testament an einigen Stellen bildhaft aufgreift (z.B. Ps 48,2.3; 121,1-2). Hesekiel vergleicht den vermeintlichen Gott-König Pharao mit einer Zeder auf dem Libanon (Hes 31), und Jeremia beschreibt den Hochmut Jerusalems mit den Worten: »Die du auf dem Libanon wohnst und auf den Zedern nistest …« (Jer 22,23). Der junge Mann beschreibt hier also seine Geliebte als erhaben und unnahbar, beinahe wie eine Göttin (Keel 145.148).

Von den neben dem Libanon noch genannten Bergen **Amana**, **Senir** und **Hermon** lässt sich nur der Hermon eindeutig zuordnen, nämlich als südlicher Gipfel des heute als Antilibanon bezeichneten Gebirgszuges, der östlich vom Libanon liegt (zum Senir vgl. 5Mo 3,9). In biblischer Zeit wurde dieser Bereich zum Libanon gerechnet (Maier 99). Bis in die römische Zeit hinein befanden sich auf dem Hermon verschiedene Heiligtümer (Keel 148). Die Nennung der Berggipfel unterstreicht und konkretisiert die Aussage der ersten Verszeile.

Leoparden (oder Panther, das hebräische Wort ist nicht eindeutig) und **Löwen** sind im Alten Vorderen Orient immer wieder zusammen mit Göttinnen abgebildet. Auch heute noch gibt es auf Postern Darstellungen attraktiver Frauen zusammen mit Löwen oder Drachen. Solche Darstellungen vermitteln, dass von der Frau eine Macht ausgeht, die wilde Kraft der Tiere ohne Fesseln und Ketten zu bändigen (Keel 148). Mit dem Bild macht der junge Mann eine Aussage über die geheimnisvolle Aura, die von seiner Geliebten ausstrahlt.

Der Liebhaber bleibt allerdings nicht dabei stehen, die göttinnengleiche Erhabenheit der Geliebten zu rühmen. Er möchte nicht, dass sie für ihn so unerreichbar bleibt. Er ruft sie zu sich, führt sie, bildlich gesprochen, vom Gipfel des erhabenen und stolzen Libanon herab. Der Vers beschreibt also in gewissem Sinne die Heimholung der Braut. – Das Fürwort **meine** Braut ist übrigens in der Übersetzung ergänzt, im hebräischen Text steht das Wort durchweg als Anrede **Braut** ohne Zusatz.

Hinter der Formulierung **Du hast mich verzaubert** steht ein **9**
hebräisches Verb, das in der Bibel nur an dieser Stelle vorkommt und von dem Wort für Herz abgeleitet ist (*lāvav* von *lēv*). Als eine wörtliche Übersetzung bietet sich an: »Du hast mir das Herz geraubt« (so z.B. Elberfelder, vgl. Luther). Im hebräischen Denken ist allerdings das Herz nicht wie bei uns der Sitz der Gefühle allein, sondern umfasst Denken, Wollen und Fühlen – wie ja auch das Verliebtsein nicht allein als ein vom Rest abgetrenntes Gefühl erlebt wird, sondern den Menschen als Ganzes erfasst. Das versucht die hier verwendete Übersetzung zum Ausdruck zu bringen (so auch Hoffnung für alle, Einheitsübersetzung; vgl. Maier 101).

Die Anrede **meine Schwester** ist hier nicht wörtlich zu verstehen, sondern als eine Metapher, die ein enges Zusammengehörigkeitsgefühl ausdrückt. Auch in altägyptischen Liebesliedern wird die Geliebte im übertragenen Sinne als Schwester angesprochen (➤ 1.4.1).

10 Der Vers bildet ein direktes Gegenüber zu 1,2, dem Beginn des Liedes. Dort vergleicht sie seine Zärtlichkeiten mit Wein und genießt seinen Duft. Hier gibt er nun das Kompliment zurück, vergleicht ihre **Zärtlichkeiten** mit **Wein** und genießt ihren **Duft**. Zur Übersetzung **Zärtlichkeiten** und zu den **Salben** siehe den Kommentar zu 1,2.

Zum ersten Mal im Lied erscheint hier der ➤ **Balsam**. Der Begriff bezeichnet den feinwürzigen Duft, der aus Pflanzenteilen des Balsamstrauches gewonnen wurde und als besonders kostbar galt. In der Mehrzahl, wie hier, dient das Wort aber auch als Sammelbegriff für wertvolle Duftöle. Für den Liebhaber übertrumpft der Geruch der Geliebten auch das beste Parfüm. Gleichzeitig wird »sein Duft unter der Hand zur Metapher für die betäubende Seligkeit, die die Geliebte dem Geliebten gewährt« (Keel 154f.).

11 Bei dem **flüssigen Honig** handelt es sich um den kostbaren ersten Honig, der von selbst von der Wabe tropft (»Honigseim«). **Honig** und **Milch** sollten im verheißenen Land Kanaan fließen (2Mo 3,8); die Kombination ist daher Ausdruck für das »reiche Schenken Gottes« (Brandenburg 195).

Was meint der Liebhaber damit, dass er an den **Lippen** und unter der **Zunge** der Geliebten Milch und Honig findet? Einige Ausleger gehen davon aus, dass er die Worte der Geliebten genießt (z.B. Maier 103). Tatsächlich finden sich Bibelstellen, die von Worten wie Honig sprechen oder auch von Worten, die »unter der Zunge« liegen (Spr 16,24; Ps 10,7 nach der Elberfelder). Dennoch ist es wahrscheinlicher, dass es hier um das Küssen geht, nämlich um das gegenseitige Berühren der Lippen und den Zungenkuss. Die Liebenden kommen sich im dritten Zyklus schrittweise näher: Nach der Ankunft des Bräutigams in

3,6-11 betrachtet dieser seine Braut im Beschreibungslied 4,1-7 zunächst noch aus der Distanz; hier im Libanonlied nimmt er sie zu sich und lässt sich von ihr verzaubern; im anschließenden »Paradies der Liebe« folgt dann die Erfüllung der Hochzeitsnacht. Ein weiteres Argument für den Kuss sind die im vorangegangenen Vers angesprochenen Zärtlichkeiten und insgesamt die Verbindung zu 1,2, wo das Küssen direkt angesprochen wird. Die Metapher von den süßen Lippen, die zu küssen sind, ist außerdem im Alten Vorderen Orient und bis heute kulturübergreifend gängig.

Der in V. 10 schon beschriebene **Duft** der Braut wird nun abschließend noch einmal aufgegriffen. ➛ **Zedern**öl wird auch heute gern als Duftstoff verwendet. Das Stichwort **Libanon** bindet den Abschnitt 4,8-11 zusammen. Auch nachdem sie den symbolischen Libanon verlassen hat und ihrem Bräutigam nun ganz nah ist, ist ihre Erhabenheit für ihn noch weiter spürbar.

2.3.4.4 Zusammenfassung und Aussage von 4,8-11

Der Bräutigam war in einem prächtigen Zug zum Haus der Braut gekommen. Nun bittet er sie, mit ihm zusammen die Sanfte zu besteigen, um den eigentlichen Ort des Festes aufzusuchen. Bisher war sie für ihn beinahe göttergleich: geheimnisvoll, erhaben und unerreichbar. Nun aber wird er sie als seine Braut heimholen (V. 8).

Als er sie auffordert, kommt er ihr ganz nahe. Er schaut ihr tief in die Augen und wird dabei von Liebe wie berauscht (V. 9). Die beiden umarmen sich, und er spürt ihre zärtliche Berührung (V. 10). Er nimmt ihren Duft in sich auf und küsst seine Braut auf den Mund (V. 11).

Ist der Kuss an dieser Stelle Teil der üblichen Zeremonie –

entsprechend unserem »Sie dürfen die Braut jetzt küssen«? Zwar haben wir keine genaueren Informationen über altisraelitische Hochzeitsbräuche, andererseits wäre es überraschend, wenn die Zeremonie *keinen* Kuss enthielte.

Im Verlauf des Hohenliedes lädt der junge Mann seine Geliebte auf verschiedene Art und Weise zu sich ein. Im zweiten Zyklus ist die Einladung von der fröhlichen Leichtigkeit eines ersten Rendezvous bestimmt (2,10-14); ebenso leicht klingt es wieder am Schluss des Liedes (8,13). Im vierten Zyklus steht dagegen das Verlangen nach Sexualität im Vordergrund (7,7-10). Hier im dritten Zyklus klingt eine andere Thematik an, nämlich dass aus Fremdheit Nähe wird (Gerhards 249) oder, konkreter, dass die junge Frau mit der Entscheidung für ihren Geliebten von einem Lebensraum in einen anderen überwechselt. Aus der Sicht des jungen Mannes verlässt sie die Sphäre der göttergleichen Unnahbarkeit, aus ihrer eigenen Sicht den Raum ihrer familiären Bezüge und ihrer Kindheit.

Insgesamt betrachtet stehen beide Partner vor der Aufgabe, sich von ihren Elternhäusern zu lösen. Der Bräutigam hat »Vater und Mutter verlassen« (1Mo 2,24), indem er die Sänfte bestieg; nun wird auch die Braut von ihrem »Libanon« herabsteigen. Nur wenn die Loslösung gelingt, kann mit der Ehe ein neuer Lebensraum entstehen, der weder von den eigenen Eltern noch von den Schwiegereltern dominiert wird, sondern den die beiden Partner gemeinsam für sich neu bestimmen.

2.3.4.5 Vorschlag zur Bibelarbeit (Eheseminar) über 3,6-11 und 4,8-11

Thema: Die Hochzeit – ein Aufbruch

Zielgruppe: Paare kurz vor oder nach der Hochzeit

Ziel: Die Paare sind dabei, sich aus den Strukturen ihrer Herkunftsfamilien zu lösen und neue Familienstrukturen zu schaffen. Sie sollen sich über die Bedeutung dieses Vorgangs bewusst werden und praktische Hilfestellung für die Bewältigung der damit verbundenen Herausforderungen erhalten.

Zur Vorbereitung siehe z.B. Lee, Das Ehe-Buch; Himmelstoß, Schwiegereltern und Schwiegerkinder (weitere Informationen in der Bibliografie) sowie www.tollebeziehung.de (abgerufen im Januar 2014).

2.3.4.5.1 Einstieg

Wer heiratet, bricht auf, seinem Partner zu begegnen. Zu diesem Aufbruch gehört, Altes hinter sich zu lassen und Neues zu beginnen. Das Hohelied beschreibt poetisch den Aufbruch der beiden Partner aufeinander zu. Als Weisheitsbuch lädt es ein, den Vorgang bewusst zu erleben und den Aufbruch zum Partner aktiv zu gestalten.

2.3.4.5.2 Texterschließung

Der biblische Teil kann als Gruppengespräch gestaltet sein. Alle Teilnehmer haben den Text in der gleichen Übersetzung vorliegen. Mithilfe von Fragen lenken Sie das Gespräch an den folgenden Schritten entlang:

1. Schritt – Grundlagen zum Textverständnis: Beginnen Sie mit einem Brainstorming: Was fällt euch auf? Was spricht Euch besonders an? Was erscheint euch merkwürdig? Besprechen Sie die aufkommenden Einzelfragen. Einigen Sie sich darauf, den Namen Salomo symbolisch zu verstehen: Am Tag seiner Hochzeit darf sich der Bräutigam wie ein König fühlen. Sparen Sie den »Libanon« zunächst noch aus.

2. Schritt – Thema der Annäherung: Was ist beiden Abschnitten gemein? Beide beschreiben eine Bewegung von der Ferne zur Nähe. Lassen Sie die Teilnehmer die Schritte der Annäherung erarbeiten. Bei ihm: Staubwolke in der Ferne – Truppe der Begleiter – Einzelheiten der Sänfte – der Bräutigam selbst; bei ihr: Libanon – Blickkontakt – Umarmung – Kuss. Was ist die tiefere Bedeutung dieser Bewegung? – Zwei Menschen nähern sich aus der Ferne einander an und werden schließlich zu einer neuen Einheit.

3. Schritt – Thema des Verlassens: Nicht nur das Ziel der Bewegung verdient Aufmerksamkeit, sondern auch die Herkunftsorte, im Text besonders der der Frau. Erklären Sie die Symbolik des Libanon. – Der Bräutigam kommt aus der Wüste bzw. Steppe, ebenfalls also von einem abgelegenen Ort, jedenfalls aus der Sicht der Braut. Seine Mutter hat ihm die Hochzeitskrone aufgesetzt, doch dann hat er sich von ihr verabschiedet.

Die beiden Texte führen die Aussage von 1Mo 2,24 bildlich vor Augen und beziehen sie wechselseitig auf beide Partner.

2.3.4.5.3 Anwendung

Steigen Sie in einen Erfahrungsaustausch ein zu den folgenden Fragen:

- Habt ihr selbst gerade das Gefühl, im Aufbruch zu sein? Wie würdet ihr den Weg von der Familie weg und auf den Partner zu beschreiben?

- Habt ihr auch das Gefühl, dass der Partner von einem aus eurer Sicht fremden Ort zu euch kommt? Wie würdet ihr diese Empfindung beschreiben?

Als der Bräutigam seine Braut küsst, riecht er an ihr den Duft des Libanon. Von der fremden, geheimnisvollen Umgebung, aus der sie (aus seiner Sicht) kommt, hat sie etwas zu ihm mitgebracht.

Wenn zwei Partner zusammenfinden, bringt jeder der beiden seine Erfahrungen und Vorstellungen mit, wie er sie in seiner Herkunftsfamilie kennengelernt hat. Dies bereichert die Beziehung, es kann aber auch zu Konflikten führen. Beide Partner müssen sich bewusst sein, dass der andere mit der Hochzeit nicht einfach der eigenen Familie »beitritt«, sondern dass die Partner zusammen eine neue Familie gründen. Damit das gelingt, ist es notwendig, dass die Eheleute sich innerlich und auch äußerlich von ihrer Herkunftsfamilie lösen. In Zukunft gilt die Loyalität immer zuerst dem Partner und erst danach der Familie, und zwar der eigenen und der des Partners. Es gilt, ein freundschaftliches Verhältnis zu den Eltern und Schwiegereltern zu pflegen, sich aber bei Einmischungen abzugrenzen. Dazu ist gerade in der Anfangszeit auch eine räumliche Trennung wichtig. Die beiden Partner benötigen Freiraum, um miteinander ihre eigene Struktur von Familie zu entwickeln.

In Eheratgebern sind zu diesem Thema z.B. die folgenden Ratschläge zu lesen:

- Entscheidungen immer zuerst mit dem Partner besprechen, erst dann (wenn sie betroffen sind) mit den Eltern;
- vor den Eltern immer für den Partner Partei ergreifen;
- niemals mit den Eltern über Probleme mit dem Partner sprechen;
- aktiv ein gutes freundschaftliches Verhältnis zu den Schwiegereltern aufbauen, in der Anfangszeit z.B. durch kurze Besuche;

- unbefugte Einmischungen seitens der Eltern/Schwiegereltern nicht dulden, sondern von Anfang an höflich, aber bestimmt Grenzen ziehen;
- Ansprüche der Eltern auf Dienstleistungen, z.B. Rasen mähen: Es gilt hier kein Gewohnheitsrecht, sondern es muss neu ausgehandelt werden, was angemessen ist. Die junge Ehe geht vor!
- Wenn Eltern durch Babysitten, Haushaltshilfe oder Finanzierungen stärker an der jungen Ehe beteiligt sind, ist es dennoch wichtig, dass die Ehepartner miteinander eine gemeinsame »Außenpolitik« festlegen.

Lassen Sie die Paare über die folgenden Fragen miteinander ins Gespräch kommen:

- Annäherung: In welchen Bereichen haben wir bereits gemeinsame Vorstellungen entwickelt, in welchen Bereichen klaffen die Vorstellungen auseinander? Welche konkreten Absprachen wollen wir deshalb miteinander treffen?
- Abgrenzung: Was läuft in Bezug auf die Familie der Eltern und Schwiegereltern gut, was läuft schlecht? Welche konkreten Absprachen wollen wir miteinander treffen, z.B. um die Grenzen klar zu ziehen?

2.3.5 Er und Sie: Komm in mein Paradies der Liebe (4,12–5,1)

Übersetzung von 4,12–5,1

AUF DEM FEST. DER BRÄUTIGAM LÄDT SEINE BRAUT ZUR HOCHZEITSNACHT EIN.

12 *Ein verschlossener Garten bist du,*
meine Schwester, meine Braut,
ein verschlossener Garten,
eine versiegelte Quelle.

13 *Aus dir sprosst ein Lustgarten:*
Granatapfelbäume samt köstlichen Früchten,
Hennasträucher samt Narden und Kurkuma,

14 *Würzrohr und Zimt samt allem Weihrauch,*
Myrrhe und Aloe samt allerbestem Balsam.

15 *Eine Quelle der Gärten bist du,*
ein Brunnen von lebendigem Wasser,
wie es vom Libanon strömt.

SIE

16 *Erwache, Nordwind,*
und komm, Südwind!
Lass duften meinen Garten,
strömen soll sein Balsam!
Mein Geliebter komme in seinen Garten
und esse seine köstlichen Früchte!

ER

5,1 *Ich komme in meinen Garten,*
meine Schwester, meine Braut,

Ich pflücke meine Myrrhe samt meinem Balsam,
ich esse meine Wabe samt meinem Honig,
ich trinke meinen Wein samt meiner Milch.
Esst,
Freunde,
trinkt,
und berauscht euch an der Liebe!

2.3.5.2 Kontext und Aufbau von 4,12–5,1

Mit dem Bild vom »Paradies der Liebe« kommt der dritte Zyklus zu seinem feierlichen Höhepunkt und Abschluss. Begonnen hatte der Zyklus mit einem Wachtraum der jungen Frau, in der diese die Ankunft des Bräutigams vorweggenommen hatte (3,1-5). Am Morgen des Hochzeitstages war der Bräutigam dann in einem festlichen Zug am Haus der Braut erschienen (3,6-11). Er hatte seine wunderbar geschmückte Braut bewundert (4,1-7) und sie aufgefordert, mit ihm zu kommen (4,8-11). Nun kann die Hochzeitsfeier mit Speise und Trank beginnen und der Bräutigam mit seiner Braut in der anschließenden Hochzeitsnacht das »Paradies der Liebe« erleben (4,12-5,1). Der erzählerische Zusammenhang zumindest von 3,6-5,1 wird von einer ganzen Reihe von Auslegern gesehen (z.B. Gerhards 231-260).

Der Abschnitt steht formal exakt im Zentrum des Hohenliedes: 55 Verse gehen ihm voran (die Überschrift in 1,1 nicht mitgerechnet), 55 Verse folgen ihm. Damit wird die Beobachtung unterstrichen, dass es sich um einen der zentralen Texte des Hohenliedes handelt.

Der Abschnitt selbst ist durch die Anrede **meine Schwester, meine Braut** in 4,12 und 5,1 gerahmt, die schon aus dem vorangehenden Libanonlied bekannt ist. Die Beschreibung des zunächst verschlossenen Gartens wird in V. 12-15 vorgenommen. Auch hier liegt noch einmal eine Rahmung vor: Die Nennung des Gartens und der Quelle in V. 12 und 15 umfasst die eigentliche Beschreibung des Gartens in V. 13-14. Die Bepflanzung des Gartens wird in vier Zeilen beschrieben, die parallel zueinander gestaltet sind. Das viermalige **samt** steigert die Intensität der Beschreibung ebenso wie das zweimalige **alle**. Insgesamt werden in den beiden Versen zehn verschiedene Pflanzenarten genannt.

Die junge Frau antwortet nun und lädt ihren Bräutigam in den Garten ein (V. 16). Der Vers ist in drei Paaren zu je zwei parallelen Zeilen aufgebaut. Es folgt in 5,1 die Antwort des Geliebten. Auch sie enthält noch einmal drei Zeilen, die mit dem Wort **samt** intensiviert sind.

Von der zyklischen Struktur des Hohenliedes her betrachtet (➛ 1.6.1) ist Vers 5,1 auffällig. Die anderen Zyklen enden nämlich jeweils mit einer Einladung des Geliebten durch die Frau. Nur hier beim dritten Zyklus wird die Einladung auch beantwortet. Wo sonst die Spannung und das Verlangen aufrechterhalten bleiben, kommt hier das fortgesetzte gegenseitige Sehnen zu einer Erfüllung.

2.3.5.3 Einzelauslegung von 4,12-5,1

Im trockenen und heißen Klima Israels galt ein schön angeleg- **12**
ter und gut bewässerter **Garten** als Inbegriff von Genuss und Wohlergehen (Keel 158). Wenn ein jeder »unter seinem Weinstock und Feigenbaum« wohnen konnte (1Kön 5,5; Micha 4,4; Sach 3,10 u.a.), dann herrschten Wohlstand und Frieden. Besonders die größeren Gartenanlagen galten als ein besonderer Luxus, wie z.B. der Prediger Salomo beschreibt (Pre 2,4-6). Die Stelle

zeigt auch, dass man sich nicht in erster Linie einen Garten mit Blumen und Gemüse vorzustellen hat, sondern eher eine Parkanlage mit Bäumen und Sträuchern. Die meisten Vorkommen des Wortes »Garten« in der hebräischen Bibel beziehen sich aber auf den Garten Eden in 1. Mose 2-3. Hier werden die Mühen des Ackerbaus dem Luxus eines reichhaltig bewässerten und mit kostbaren Obstbäumen ausgestatteten Gartens gegenübergestellt.

Der männliche Protagonist des Liedes vergleicht nun seine Braut mit einem solchen Garten und zugleich mit der Quelle, die den Garten überhaupt ermöglicht (vgl. Spr 5,15-19). Die Anrede **meine Schwester** ist hier nicht wörtlich zu verstehen, sondern als eine Metapher, die ein enges Zusammengehörigkeitsgefühl ausdrückt. Auch in altägyptischen Liebesliedern wird die Geliebte im übertragenen Sinne als Schwester angesprochen (➛ 1.4.1). Das Wort **Braut** weist wieder auf den Zusammenhang der Hochzeit.

Die dritte Zeile des Verses wird in den Bibelübersetzungen unterschiedlich wiedergegeben. Dies liegt an einer unterschiedlichen Textüberlieferung. Die hebräische Handschrift, die normalerweise den Bibelübersetzungen zugrunde liegt (der *Codex Leningradensis*), hat das Wort *gal*, das gewöhnlich »Haufen« oder »Welle« bedeutet und hier möglicherweise im Sinne von »Brunnen« oder »Quelle« zu verstehen wäre. Dementsprechend übersetzt z.B. die Elberfelder »ein verschlossener Born«. Allerdings kommt das Wort *gal* in diesem Sinne in der Bibel sonst nicht vor. Viele andere hebräische Handschriften und auch die alten Bibelübersetzungen lesen dagegen *gan*, das Wort für »Garten«. Damit wäre die dritte Zeile eine Wiederholung der ersten. Dem soll auch hier gefolgt werden.

Auch die altägyptische Liebeslyrik kennt das Bild der Geliebten als Garten. So heißt es in den »heiteren Liedern« (zitiert nach Schott 56):

Ich bin deine Geliebte, die Beste.
Ich gehöre dir wie das Grundstück,
das ich mit Blumen bepflanzt habe
und mit allerlei süß duftenden Kräutern.

Lieblich ist der Kanal darin,
den deine Hand gegraben hat,
uns im Nordwind zu erquicken,
ein schöner Platz zum Wandeln.

Der »Nordwind« bringt hier angenehme Kühle, die den Aufenthalt im Garten angenehm macht.

Der Garten der Geliebten ist zunächst noch **verschlossen.**

Für **Lustgarten** steht im Hebräischen das Wort *pardēs*, das mit **13**
dem persischen *pairidaeza* verwandt ist. Über das griechische *paradeisos* ist es als »Paradies« eingedeutscht worden. Eine besondere urgeschichtliche oder endzeitliche Bedeutung hat der hebräische Begriff allerdings nicht. Er wird etwa für die Gärten Salomos verwendet (Pre 2,5), aber auch für den königlichen Forst (Neh 2,8). Im übertragenen Sinne kann man für den Abschnitt 4,12-5,1 aber durchaus von einer symbolischen Rückkehr in den Garten Eden oder von einem »Paradies der Liebe« sprechen. Kostbarkeit, Exotik und auch Erotik drücken jedenfalls die nun genannten Pflanzen aus. Nicht weniger als zehn verschiedene Pflanzen werden in diesem und im folgenden Vers genannt.

Den ➤ **Granatapfel** zählt das Alte Testament unter den landwirtschaftlichen Produkten des verheißenen Landes auf, die Wohlstand und Wohlergehen sicherstellen (4Mo 13,23; 5Mo 8,8; Joel 1,12; Hag 2,19). In Ägypten galt der Granatbaum symbolisch als eine Art Lebensbaum. Auch in der ägyptischen Liebeslyrik kommt er vor.

Die Blütendolden des ➤ **Hennastrauchs** werden heute vor allem zu dem gleichnamigen Färbemittel verarbeitet. Bis in die

Neuzeit hinein war aber auch der aus der Pflanze gewonnene Duftstoff sehr beliebt. Er ist süß und leicht erdig und wird mit dem Duft von Rosen verglichen.

Die ➛ **Narde** (hebr. *nērd*) ist ein kostbarer Duftstoff, der aus einer ursprünglich im Himalaja heimischen Pflanze gewonnen wird. Er ist mit dem Baldrian verwandt, auch was seine entspannende Wirkung betrifft. In Indien galt Narde sogar als Aphrodisiakum.

➛ **Kurkuma** (hebr. *karkōm*) ist ein aus Südasien stammendes Ingwergewächs, das als Gewürz und auch als Farbstoff verwendet wird. Im Hohenlied steht es symbolisch für exotischen Genuss.

14 Alle im Vers genannten Pflanzen wurden zu Duftstoffen verarbeitet. ➛ **Würzrohr**, ➛ **Zimt** und ➛ **Myrrhe** waren Zutaten für das heilige Salböl der Stiftshütte (2Mo 30,23f.). Auch der ➛ **Weihrauch** kommt im Alten Testament vor allem im Zusammenhang mit der Stiftshütte und dem Tempel vor.

Mit ➛ **Aloe** und Myrrhe ist der König am Tag seiner Hochzeit parfümiert: »Myrrhe, Aloe und Kassiazimt sind alle deine Kleider« (Ps 45,9). Aber auch die Prostituierte oder Nymphomanin verführt mit den Worten »Ich habe mein Lager benetzt mit Myrrhe, Aloe und Zimt« (Spr 7,17). ➛ **Balsam** und Myrrhe verwenden nach Est 2,12 auch die Haremsmädchen vor ihrem ersten Gang zum König.

Es handelt sich also um eine opulente Mischung kostbarer Düfte, die dem Garten der Liebe eine zugleich feierliche und erotische Atmosphäre verleihen.

15 Aussagen über die Wasserversorgung in V. 12 und V. 15 rahmen die Beschreibung des Gartens in V. 13-14. **Lebendiges Wasser** meint fließendes, aus einer Quelle sprudelndes Wasser, im Unterschied zu Regenwasser, das in einer Zisterne gesammelt wird und bald abgestanden schmeckt. Das Wasser der Quelle ist frisch und klar wie ein Gebirgsbach, der von dem majestätischen

Libanon herabkommt. Damit ist der Garten aufs Beste mit Wasser versorgt, die Frau also die ideale Partnerin für die Liebe.
Bisher war der Garten als eine Art Stilleben beschrieben worden, 16
der ruhig und verschlossen dalag. Doch nun kommt Bewegung in das Bild. Die Winde werden aufgerufen, dass sie durch den Garten wehen und seinen Duft verbreiten. Nach Keel (S. 169) sorgt der **Nordwind** für angenehme Kühle, während der warme **Südwind** die Düfte zur Wirkung bringt. Wahrscheinlich werden aber Norden und Süden stellvertretend genannt, um die Gesamtheit der Winde zu bezeichnen, die durch den Garten wehen und seine Düfte in Bewegung bringen. So macht sich die Braut bereit, ihren Geliebten zu empfangen.

Mit der abschließenden Einladung der jungen Frau endet nor- 5,1
malerweise die zyklische Struktur des Liedes. Nur hier im dritten Zyklus folgt auf die Einladung eine Antwort des Geliebten. Das Verlangen, das sonst in der Schwebe gehalten wird, kommt hier zur Erfüllung. Der Vers enthält vier Verben, deren Form die Bestimmtheit der Handlungen zum Ausdruck bringt – was sonst im Hohenlied selten der Fall ist. Der junge Mann betritt den Garten. Die köstlichen Früchte werden nicht länger nur bewundert, sondern gepflückt und verzehrt.

Die Duftkräuter **Myrrhe** und **Balsam**, die schon in V. 14 genannt wurden, können natürlich nur gepflückt und ihr Duft genossen werden. Um die Vereinigung der beiden Geliebten anzudeuten, werden deshalb zusätzlich ess- und trinkbare Nahrungsmittel mit in das Bild aufgenommen. Im vorangegangenen Abschnitt hatte der Liebhaber schon geschwärmt: »Honig und Milch sind unter deiner Zunge« (4,11). Nun möchte er diesen **Honig** essen und die **Milch** trinken. In der Sprache des Alten Testaments sind Milch und Honig ein Inbegriff für Wohlstand (z.B. 2Mo 3,8). Das Hohelied steigert dieses Bild noch: Der Geliebte will nicht nur den Honig essen, sondern auch gleich die

Wabe dazu; er will nicht nur Milch trinken, sondern auch **Wein** dazu. Beide Kombinationen sind an sich ungewöhnlich, die Vergleiche sind bewusst überzeichnet. Damit drückt der junge Mann aus, dass er die Freuden der **Liebe** zusammen mit seiner Braut voll und ganz auskosten möchte.

Überraschend erscheinen im letzten Versteil nicht näher benannte **Freunde**, die ebenfalls essen, trinken und sich an der Liebe wie an Wein berauschen sollen. Die Gegenwart von Freunden scheint nicht so recht zum vorher angedeuteten Thema der Hochzeitsnacht zu passen. Eine Erklärung ergibt sich, wenn man beachtet, dass das Hohelied nicht einfach eine Geschichte erzählt, sondern dass es sich zumindest streckenweise um ein Vortragsstück handelt, das im Rahmen der Hochzeit zur Aufführung kam (so auch Zakovitch 208; ➛ 1.5.4). Dann haben wir in 4,12-5,1 den Moment vorliegen, wo Braut und Bräutigam gemeinsam die Hochzeitsfeier verlassen, um sich für die Hochzeitsnacht zurückzuziehen. Bevor er geht, ermuntert der Bräutigam die Gesellschaft dazu, die Feier weiter zu genießen.

Rhetorisch gesehen bricht die abschließende Wendung das Bild und erzeugt eine gewisse Distanz. Sie erinnert den Leser daran, dass er sich nicht selbst im Garten der Liebe befindet, sondern gewissermaßen zum Publikum gehört. Er darf sich für das Brautpaar mitfreuen und wenigstens die Freuden eines guten Essens genießen.

2.3.5.4 Zusammenfassung und Aussage von 4,12-5,1

Der junge Mann beschreibt seine Braut als einen herrlichen Garten, der reich bewässert ist und in dem die kostbarsten Pflanzen wachsen. Der Garten war bis jetzt verschlossen, doch nun öffnet die Frau ihn für den Geliebten und lädt ihn ein, den Garten zu betreten. Der Geliebte nimmt die Einladung an und genießt seine Freuden in vollen Zügen.

Das Hohelied hat bis hier einen langen Weg beschrieben, den Mann und Frau aufeinander zugehen: das Verliebtsein und Werben, das Verabreden und Begegnen, die Hindernisse, das Verlangen und Aushalten, schließlich das Herannahen des Hochzeitsfestes. Jetzt endlich stehen die Brautleute an der Schwelle zur Erfüllung. Mit der Hochzeit ist die Zeit des Wartens und der Zurückhaltung (Maier 114) vorüber, und die beiden begeben sich ins »Paradies der Liebe«.

Das Gartenlied steht von der Verszählung her exakt im Zentrum des gesamten Hohenliedes. Die Liebe zwischen Mann und Frau findet ihr Ziel und ihre höchste Erfüllung in der intimen Vereinigung der beiden Partner.

Sicher nicht zufällig verwendet Hld 4,16-5,1 das Bild vom Garten. Der Liebesakt wird dadurch in gewissem Sinne zu einer Rückkehr in den Garten Eden: Der verschlossene Garten (1Mo 3,24) wird wieder geöffnet; das an falschem Erkenntnisstreben gescheiterte Paar darf einander in einem ganzheitlichen und körperlichen Sinn »erkennen« (1Mo 4,1.17.25); zumindest für eine bestimmte Zeit wird der Satz wieder wahr: »Sie waren beide nackt … und schämten sich nicht« (1Mo 2,25).

Zum Wert der Liebe zwischen Mann und Frau als Schöpfungsgabe Gottes siehe ausführlich Kap. 1.9.4 und 1.9.5.

2.3.5.5 Vorschlag zur Bibelarbeit (Themenpredigt) anhand von 4,12–5,1, mit 1Mo 2–3

Thema: »Liebe ist … ein Garten«

Zielgruppe: Gemeinde

Ziele:

1. Die Gemeinde soll angeregt werden, Liebe und Sexualität nicht in erster Linie als ein zu reglementierendes Problem wahrzunehmen, sondern im Gegenteil als einen von Gott geschenkten »Daseinsraum«, der dankbar angenommen und gestaltet werden kann.
2. Die Hörer sollen an das urgeschichtliche Modell der Paarbeziehung erinnert werden. Dabei soll auch die falsche Ansicht abgewehrt werden, die Herrschaft des Mannes über die Frau sei Teil einer »Schöpfungsordnung«.
3. Die Hörer sollen angeregt werden, ihre eigene Paarbeziehung neu wertzuschätzen und zu pflegen.

Zur Vorbereitung siehe auch die Kap. 1.9.2 »Liebe ist … ein Garten« und 1.9.4 »Liebe ist … eine Gottesgabe«.

2.3.5.5.1 Hinführung

Über das »Thema Nr. 1«, die Liebe zwischen Mann und Frau, wird gewöhnlich selten von der Kanzel aus geredet. Eine ältere Generation von Christen vermeidet es lieber ganz, es zur Sprache zu bringen; eine jüngere Generation redet zwar von der Sexualität als Schöpfungsgabe Gottes, doch wird dieses formale Bekenntnis inhaltlich oft nicht gefüllt. Es bleibt dabei, dass die Sexualität vor allem von ihren Rändern her betrachtet wird, also von der Frage: Was ist erlaubt, was ist verboten? Manche evangelische Freikirche scheint sich über solche Fragen geradezu zu definieren – jedenfalls wenn man es von der öffentlichen Wahrnehmung her sieht: Schlagzeilen machen vor allem Aufreger wie Sexualität vor der Ehe, Abtreibung, Ehescheidung und Wiederheirat, Homosexualität usw.

Aber gibt es über die Sexualität als Gabe Gottes nicht doch mehr zu sagen als nur das? Kann man dem Thema wirklich gerecht werden, wenn man es nur von seinen Problemen her betrachtet?

Heute möchte ich Ihnen einen biblischen Text vorstellen, der die Liebe zwischen Mann und Frau nicht von den Rändern her betrachtet, sondern von seiner Mitte her, nämlich das Hohelied Salomos. Das Hohelied füllt den Satz »Sexualität ist eine Gabe Gottes« mit Leben. – Fügen Sie, wenn nötig, einige kurze Erläuterungen zur Frage der allegorischen Auslegung ein (➤ 1.1.2). – Lesen Sie den Bibeltext vor.

2.3.5.5.2 Erklärungen zum Text

Zum Bild des Gartens: Garten als Inbegriff von Genuss und Wohlergehen. – Die Regelung der Bewässerung ist im trockenen Israel eine notwendige Voraussetzung. – Kostbare Pflanzen vermitteln eine feierliche, exotische und auch erotische Atmosphäre. – Nach der Hitze des Tages lassen laue Winde die Kräuterdüfte zur Wirkung kommen.

Zur Bedeutung des Gartenliedes: Der Garten ist ein Symbol für die Braut und auch für die Liebe selbst. – Der Garten ist anfangs verschlossen, wird dann aber für den Bräutigam geöffnet, der ihn betritt und genießt.

Zum Kontext des Gartenliedes: Erklären Sie kurz den Zusammenhang der Hochzeitsfeier von Hld 3,1 oder Hld 3,6. Das Gartenlied steht poetisch für die Hochzeitsnacht. Es liegt zahlenmäßig und inhaltlich im Zentrum des gesamten Hohenliedes.

Das Hohelied spricht die Geschehnisse in der Hochzeitsnacht an, aber nicht in einer derben oder vulgären Art, auch nicht technisch-distanziert, sondern auf eine Weise eindeutig zweideutig und gleichzeitig doch »das Geheimnis bewahrend«. Vor allem drückt die poetische Sprache höchste Wertschätzung aus: Die sexuelle Vereinigung wird mit den schönsten Worten gefeiert.

2.3.5.5.3 Erster Hauptteil: »Liebe ist ... ein Garten«

Das Gartenlied handelt konkret von der Hochzeitsnacht, im weiteren Sinne steht das Bild vom Garten aber auch für die Liebe zwischen Mann und Frau generell.

Was ist Liebe? Versuche, das Wort abschließend zu definieren, müssen wohl scheitern. Doch ist es möglich, die Liebe auf verschiedene Art zu beschreiben. Ein Theologe spricht von der Liebe als einem von Gott »gewährten Daseinsraum« (Wannenwetsch 1-3). Anders gesagt: Liebe ist ein Garten. Der Garten lädt ein, ihn zu erkunden, zu genießen und ihn zu gestalten. Nicht nur unser Text, sondern das gesamte Hohelied stellt uns diesen »Garten der Liebe« vor.

Auch die Grenzen des »Gartens« werden im Hohenlied thematisiert. Sie stehen aber nicht im Mittelpunkt.

Wir dürfen auch unsere Paarbeziehungen wieder neu bewusst wahrnehmen als ein Geschenk Gottes, als einen Daseinsraum, als einen Garten. Wir dürfen unsere Beziehungen neu wertschätzen, sie genießen, sie gestalten. – Geben Sie hier konkrete Anwendungsbeispiele, wie Beziehung festlich gestaltet werden kann.

2.3.5.5.4 Zweiter Hauptteil: »Liebe ist ... Rückkehr in den Garten Eden«

Mit dem Bild des Gartens, aber auch mit seinem Thema insgesamt, knüpft das Hohelied eng an 1. Mose 2-3 an. Im Garten Eden ist die Beziehung zwischen Gott und Mensch und auch die zwischen Mann und Frau noch heil. Mann und Frau gehören zusammen, ergänzen einander, sind einander ebenbürtig. Erläutern Sie dazu die Aussagen von 1Mo 2,18.24. – Auch stellt die Nacktheit der Partner kein Problem dar.

In der gelingenden Beziehung zwischen Mann und Frau können wir erleben, welches Geschenk Gott dem Menschen damit gemacht hat, dass er uns als Mann und Frau geschaffen hat. Als Mann und Frau kehren wir gewissermaßen in den Garten Eden zurück. Wir dürfen aufs Neue das Paradies der Liebe erleben.

Damit ist natürlich nicht gesagt, dass die Liebe zwischen Mann und Frau ein Mittel zur Erlösung ist. Es ist Jesus Christus, der uns mit Gott versöhnt hat.

Dennoch wohnt auch der Liebe zwischen Mann und Frau eine heilende Kraft inne. – Stellen Sie die Verbindung von Hld 7,11 mit 1Mo 3,16 vor: Nach der Urgeschichte liegt auf dem Verhältnis zwischen den Geschlechtern ein Fluch. Unter anderem kommt dieser in dem Bestreben des Mannes zum Ausdruck, seine Frau zu beherrschen. Bei der Herrschaft des Mannes über die Frau handelt es sich also keineswegs um eine »Schöpfungsordnung«, wie manchmal gesagt wird, sondern um eine Auswirkung des Fluches. Wie Hld 7,11 andeutet, kann dieser Fluch in der Liebe überwunden werden. Übrigens ruft auch Paulus die Ehepartner zur gegenseitigen Unterordnung auf (Eph 5,21).

Auch unsere Beziehungen können für uns ein kleines Stück Paradies sein oder werden, wenn wir unsere gegenseitige Liebe pflegen.

5. Abschluss

Die Liebe zwischen Mann und Frau ist ein großes Geschenk, und in ihr steckt eine große Kraft. In dem Alltag unserer Beziehungen dürfen wir dieses Geschenk und diese Kraft zur Entfaltung kommen lassen. Auch die Liebe zwischen Mann und Frau bedarf aber der Erlösung, die uns durch Jesus Christus geschenkt ist. Seine Liebe zu uns ist die Grundlage und der Auftrag dafür, dass wir auch einander lieben.

2.4 Der vierte Zyklus: Die Partner sind im Rausch der Gefühle (5,2–7,13)

Im vierten Zyklus erreicht die Dramatik der Gefühle ihren Höhepunkt. Das gegenseitige Verlangen schäumt geradezu über und droht dabei zeitweise Grenzen zu überschreiten.

Der vierte Zyklus schließt nicht chronologisch an den dritten an. Denn obwohl der dritte Zyklus von der Hochzeit handelt, sind die Partner am Beginn des vierten Zyklus offensichtlich unverheiratet. Allerdings erinnern zwei der nachfolgenden Abschnitte dann wieder an alte syrische Hochzeitsbräuche (➤ 1.4.3). Darauf aufbauend lässt sich die Ansicht vertreten, dass der vierte Zyklus die (mehrtägige) Hochzeitsfeier fortsetzt, die im dritten Zyklus begonnen wurde. Der Abschnitt 5,2-6,3 wäre dann entweder ein chronologischer Einschub oder aber ein Rückblick der Braut in die Zeit vor der Hochzeit, den sie im Rahmen der Feierlichkeiten zum Besten gibt. Diese Sicht muss aber eine Vermutung bleiben.

Generell ist zu sagen: Das Hohelied erzählt seine Geschichte nicht einfach linear, sondern es stellt die Hochzeit ins literarische Zentrum und gruppiert andere Aspekte des Themas darum herum. Die poetische Logik ist also der erzählerischen Logik übergeordnet (➤ 1.6.2).

2.4.1 Sie: Im Traum suchte ich nach dir Teil II (5,2-8)

2.4.1.1 Übersetzung von 5,2-8

SIE

5,2 *Ich lag und träumte.*
Horch, mein Geliebter klopft!
»Öffne mir,
meine Schwester,
meine Freundin,
meine Taube,
meine Vollkommene!
Denn mein Kopf ist voller Tau,
und meine Locken voll von Tropfen der Nacht!«

3 *»Ich habe mein Kleid schon ausgezogen –*
soll ich es etwa wieder anziehen?
Ich habe meine Füße schon gewaschen –
soll ich sie etwa wieder schmutzig machen?«

4 *Mein Geliebter streckte seine Hand durch die Luke,*
da bebte mein Herz ihm entgegen.

5 *Ich stand auf, um meinem Geliebten zu öffnen,*
da troffen meine Hände von Myrrhe
und meine Finger von Myrrhenöl
am Griff des Riegels.

6 *Ich öffnete meinem Geliebten,*
doch mein Geliebter war weg, verschwunden.
Ich war außer mir, dass er weg war!
Ich suchte ihn, aber ich fand ihn nicht.
Ich rief ihn, doch er antwortete nicht.

7 *Mich fanden die Wächter,*
die die Stadt durchstreifen.
Sie schlugen mich, verwundeten mich.
S *ie nahmen mir meinen Umhang weg,*
die Wächter der Mauern.
8 *Ich beschwöre euch,*
    Töchter Jerusalems,
dass ihr meinen Geliebten findet!
Was sollt ihr ihm ausrichten?
Dass ich krank bin vor Liebe!

2.4.1.2 Kontext und Aufbau von 5,2-8

Der vierte Zyklus beginnt wie der dritte mit der Schilderung eines Traums, in dem die junge Frau ihr Verlangen nach dem Geliebten zum Ausdruck bringt. Die beiden Träume 3,1-5 und 5,2-8 ähneln sich darin, dass die Frau in der Stadt umherstreift, um ihren Geliebten zu suchen. Im ersten Traum findet sie ihn auch, im zweiten allerdings nicht. Eine gegensätzliche Rolle nehmen auch die Nachtwächter ein, die im ersten Traum freundlich-passiv bleiben, während sie im zweiten Traum die junge Frau sogar schlagen und ihr den Umhang wegnehmen. Was ist der Grund für diesen Kontrast? Dieser Frage werden wir bei der Auslegung nachgehen müssen.

Beide Träume enden mit einer Beschwörungsformel an die **Töchter Jerusalems**. Beim ersten Traum leitet diese zum Mottosatz des Liedes über, beim zweiten ist sie allerdings abgewandelt, sodass die Aussage über die »rechte Zeit« wegfällt. Der zweite Traum ist außerdem in eine größere Handlungseinheit eingebettet, die erst mit dem Auffinden des Geliebten in 6,3 endet.

Der erste Teil des Traums kann mit der Gattung der Türklage verglichen werden, die besonders in der griechisch-lateinischen Liebeslyrik häufig ist. Um dies zu veranschaulichen, seien zwei Ausschnitte wiedergegeben. So heißt es z.B. in einem Gedicht aus Alexandria (zitiert nach Keel 177f.):

> *Dereinst zu mitternächtlicher Stunde …, als alle Sterblichen, durch die Müdigkeit besiegt, ruhten, da stand plötzlich Eros an meiner Tür und schlug an die Riegel. (…) Öffne, sagte er, ich bin ein kleines Kind, ich bin ganz nass und habe mich in dieser mondlosen Nacht verirrt.*

Und ein ägyptisches Liebesgedicht sagt (zitiert nach Schott 64):

> *Ich ging zur Nacht an ihrem Hause vorbei.*
> *Ich klopfte, nicht ward mir geöffnet.*
> *Eine schöne Nacht für unseren Türhüter!*
> *O Tür, ich öffne!*
> *Riegel, du bist mein Geschick,*
> *denn du bist mein (guter) Geist.*

In der Fortsetzung stellt sich der Liebhaber vor, einen Tischler dafür zu bezahlen, dass er eine Tür aus dünnem Rohrstock und einen Riegel aus Stroh anfertigt. So wird in Zukunft die Tür für ihn kein Hindernis mehr sein.

Eine Reihe von Elementen der beiden Gedichte sind mit Hld 5,2-8 vergleichbar: die nächtliche Stunde, die Tür, der Riegel, die Nässe, die Bitte des Liebenden um Einlass, die Verweigerung dieser Bitte. Es geht um eine typische Situation, in der sich Verliebte aller Zeiten und Kulturen wiederfinden können. Sie ist mit großer innerer Aufregung und Spannung verbunden und wird nicht zuletzt deshalb in der Liebeslyrik immer wieder aufgegriffen.

Im Hohenlied ist die Situation wie beim ersten Textbeispiel aus der Sicht der Frau geschildert. Selbst die Worte des Mannes in 5,2 sind genau genommen Bestandteil ihres Traums.

2.4.1.3 Einzelauslegung von 5,2-8

2 **Ich lag und träumte:** Die Zeile lautet wörtlich »Ich schlief und mein Herz war wach.« Das Herz gilt im biblischen Denken nicht in erster Linie als Sitz der Gefühle, sondern bezeichnet Wille und Verstand sowie im weiteren Sinn die Personenmitte. Der Satz meint dann entweder, dass die junge Frau schläft und träumt, oder dass sie am Einschlafen ist und noch einigen Gedanken nachhängt. Es bleibt daher auch unklar, welche Teile der folgenden Handlung Traum und welche Wirklichkeit sind. War der Geliebte tatsächlich an der Tür? Oder träumt sie dies nur und ist dann beim Aufwachen enttäuscht, dass er doch nicht da ist? Oder ist das Aufstehen gleichfalls Teil des Traums? In einem Zustand zwischen Traum und Wachsein bleiben solche Fragen offen.

Jedenfalls meint sie, den jungen Mann zu hören, der seine Geliebte durch leises Rufen der Kosenamen **meine Schwester, meine Freundin, meine Taube, meine Vollkommene** auf sich aufmerksam machen will, ohne dass dabei die übrigen Familienmitglieder geweckt werden.

Der **Tau** kann in Palästina in der Kühle der Nacht recht unangenehm werden (vgl. Dan 4,22.30). Gideon presst eine ganze Schale davon aus dem ausgelegten Vlies (Ri 6,38). Während der Liebhaber dem Tau gerne entfliehen möchte, ist für die junge Frau in ihrem warmen Bett der Gedanke an tropfende Nässe unangenehm.

3 In einem ersten Impuls wehrt die junge Frau das Begehren ihres Liebhabers ab. Sie hat sich schon für die Nacht **ausgezogen**

und ihre **Füße gewaschen**, um ihr Bett vom Staub des Bodens freizuhalten. Wenn sie nun wieder aufstehen würde, wäre die ganze Mühe dahin. Der Zeitpunkt ist für sie also unpassend. Vielleicht klingt in den Worten auch der Vorwurf an, der Geliebte hätte doch früher kommen sollen.

Bei der **Luke**, wörtlich »Höhlung«, handelt es sich vermut- 4
lich um eine kleine Öffnung in der Tür, die mit einem Türspion vergleichbar ist (Delitzsch 85). Der Liebhaber steckt seine Hand hindurch, um nach dem Riegel zu tasten. Nun wird die Geliebte erregt. **Da bebte mein Herz ihm entgegen**: So nach der Einheitsübersetzung, wörtlich lautet die Formulierung: »Da wogten meine Eingeweide zu ihm.« Die Eingeweide stehen bildlich für die Gefühle; vom »Wogen der Eingeweide« spricht das Alte Testament, wenn es um große Gefühlsregungen geht, die jemand für einen anderen empfindet (Jes 16,11; Jer 4,19; 31,20).

Solchermaßen ergriffen, springt die Geliebte nun doch auf. 5
Schnell wirft sie sich einen Umhang um die Schultern (vgl. V. 7) und geht zur Tür, um den **Riegel** zu öffnen.

Woher kommt aber die ➛ **Myrrhe**? Einige Ausleger vermuten, dass das Duftöl von den Händen des Liebhabers stammt, der nach dem Riegel getastet hatte. Möglich ist aber auch, dass sie selbst Duftöl genommen hat, um ihrem Liebhaber angenehm duftend entgegenzutreten, und dabei in der Eile vielleicht sehr großzügig war. Der Duft der Myrrhe wird in der Bibel außerdem mehrfach im Zusammenhang mit Liebe und Erotik genannt (Ps 45,9; Spr 7,17; Est 2,12f.). Bildlich steht die triefende Myrrhe daher für die Erregung der jungen Frau.

Doch als sie die Tür endlich geöffnet hat, ist der Geliebte ver- 6
schwunden. **Ich war außer mir** heißt wörtlich: »Meine Kehle ging hinaus«, wobei der Begriff »Kehle« (*näfäsch*) im Alten Testament für Bedürftigkeit und Verlangen steht, aber auch allgemein für das Gemüt (siehe zu 1,7).

7 Auf ihrer nächtlichen Suche nach dem Geliebten wird die Frau von Nachtwächtern angetroffen. Dabei sind die **Wächter** der Stadt und die am Ende des Verses genannten **Wächter der Mauern** ein und dieselbe Personengruppe.

Auch im altorientalischen Bereich ist das Motiv bekannt, wie der folgende Auszug aus den »Erzählungen aus den Tausendundein Nächten« zeigt (Littmann 1966, Bd. 5, S. 69, zitiert nach Schreiner 85):

Mein Herzensallerliebster kam zu mir im Dunkel;
Ich stand, um ihn zu ehren, und er setzte sich.
Ich sprach: »O du mein Wunsch, mein einzigstes Begehren,
Du kamst zu mir bei Nacht, kein Wächter schreckte dich.«
Er sprach zu mir: »Wohl hatt ich Furcht, allein die Liebe
Hat mich um meinen Geist und meinen Sinn gebracht.«

Überraschend und befremdlich für heutige Leser ist allerdings die Reaktion der Wächter im Hohenlied, die die junge Frau **schlagen** und ihr den **Umhang** wegnehmen. Eine Hilfe zum Verständnis bietet eine Passage aus einem assyrischen Gesetzbuch aus dem 12. Jahrhundert v. Chr., wo es heißt (TUAT I/1, S. 88):

Eine Dirne darf sich nicht verhüllen, ihr Kopf bleibt entblößt. Wer eine verhüllte Dirne erblickt, soll sie festnehmen, Zeugen stellen und sie zum Eingang des Palastes bringen. Ihren Schmuck darf man nicht nehmen, aber derjenige, der sie festgenommen hat, bekommt ihre Kleidung. Man soll ihr fünfzig Stockschläge versetzen.

Das assyrische Gesetzbuch hatte natürlich keine Geltung innerhalb von Israel, es zeigt aber einen kulturellen Hintergrund auf, den man in abgewandelter Form auch für unsere Textstelle voraussetzen darf: Eine Prostituierte durfte sich nicht anmaßen, die Kleidung einer ehrbaren Frau zu tragen. Sie würde sonst eine Standesgrenze überschreiten. Genau dies unterstellen die Wächter der jungen Frau und bestrafen sie entsprechend.

Warum wird das Ereignis berichtet? Soll einfach aufgezeigt werden, zu welchen Missgeschicken es kommen kann, wenn Liebende einander verpassen? Dies ist sicher ein Teil der Aussage. Erklärt werden muss aber auch, warum die Wächter hier so aggressiv handeln, während sie beim ersten Traum der Geliebten freundlich bzw. neutral bleiben (3,3). Dazu macht Koorevaar die folgenden Beobachtungen:

Im ersten Traum (3,1-5) hat die junge Frau vor, den Geliebten ins Haus ihrer Mutter zu bringen. Damit nimmt sie im Traum vorweg, was anschließend mit dem Kommen der Sänfte Salomos zum Haus der Braut beschrieben wird, nämlich den Hochzeitstag (3,6-11). Sie träumt also von der Hochzeit und hat nichts moralisch Anstößiges im Sinn.

Der zweite Traum (5,2-8) dagegen handelt vom nächtlichen Verlangen jenseits der gesellschaftlichen Normen. Hier will erst er – und sie weist ihn instinktiv ab – und dann sie selbst etwas Verbotenes tun. Ihren unterschwelligen Gewissenskonflikt überträgt sie auf die Nachtwächter, die gleichzeitig Wächter über Anstand und Moral sind. Ihre Tat bleibt nicht verborgen, sondern ihre Schande wird aufgedeckt. Im Traum konnte sie nicht widerstehen – zum Glück ist es nur ein Traum (Koorevaar 2000b, S. 28f.; ähnlich Seybold 116).

Die junge Frau spricht nun die **Töchter Jerusalems** an. Diese **8**
wird sie kaum mitten in der Nacht auf der Straße angetroffen haben. Sie sind also nicht Teil der Handlung – und doch werden sie auf eine spielerische Art in die Suche nach dem Geliebten mit einbezogen. Hier zeigt sich, wie in dieser Episode die Ebene der Handlung bzw. des Traums und die der dramatischen Gestaltung im Sinne eines Bühnenstückes einander überlagern (➛ 1.5.4).

Ich beschwöre euch, Töchter Jerusalems: Diese Formulierung erscheint noch an drei weiteren Stellen im Hohenlied und leitet dort jeweils den Mottovers ein, der aussagt, dass die Liebe nicht vor ihrer Zeit geweckt werden soll (2,7; 3,5; 8,4; alle vier Stellen stehen in der zyklischen Struktur am Ende der jeweiligen A-Teile: 2-A, 3-A, 4-A und 5-A). Hier jedoch wird der Satz ganz anders fortgesetzt. Wo sonst die Frau Einhalt gebietet und sich selbst ermahnt, auf den rechten Zeitpunkt zu warten, kennt sie nun kein Halten mehr. Statt Worten der Weisheit hören wir hier aus ihrem Mund nur noch das Verlangen, denn sie ist **krank vor Liebe**. Dass sie von den Wächtern festgesetzt ist, hindert sie nur wenig. Sie beauftragt einfach die Töchter Jerusalems, für sie zu übernehmen: **Dass ihr meinen Geliebten findet!**

2.4.1.4 Zusammenfassung und Aussage von 5,2-8

Die junge Frau erzählt davon, wie sie in einer Stimmung zwischen Schlaf und Wachen auf ihrem Bett liegt. Auf einmal meint sie, ihren Geliebten an der Tür rufen zu hören. Zuerst hält sie ihn hin, sie ist zu bequem, noch einmal aufzustehen. Doch als sie bemerkt, wie er seine Hand durch die Türluke steckt und nach dem Riegel tastet, wird sie von Erregung ergriffen. Sie springt auf, wirft sich ein Kleid über, nimmt schnell von ihrem Duftöl und eilt zur Tür. Doch welch eine Enttäuschung: Der Geliebte ist verschwunden. Sie tritt auf die nächtliche Straße hinaus und schaut sich nach ihm um, sie eilt durch die Straßen und sucht
8 ihn, doch sie findet ihn nicht. Nachtwächter greifen sie auf. Sie halten sie für eine Prostituierte, die sich anmaßt, das Gewand einer ehrbaren Frau zu tragen. Deshalb bestrafen sie sie mit Schlägen und nehmen ihr den Umhang weg. Doch sie lässt sich nicht von ihrem Ziel abbringen. Getrieben von ihrem Verlangen

beschwört sie nun die »Töchter Jerusalems«, den Geliebten für sie zu suchen.

Dieses nächtliche Geschehen ist am besten als eine Beziehungsfantasie zu verstehen, in der die junge Frau ihre Sehnsucht nach dem Geliebten, aber auch ihre geheimen Ängste zum Ausdruck bringt und in einer kleinen Episode gedanklich durchlebt. Die Episode handelt davon, wann *nicht* die rechte Zeit für die Liebe ist, und zwar in doppelter Hinsicht. Zum einen verpassen die Liebenden gegenseitig den richtigen Zeitpunkt: Als er nach ihr verlangt, ist sie noch nicht so weit; als sie bereit ist, hat er schon aufgegeben. Ein kleiner Moment des Zögerns, der große Folgen hat. Zum andern führt das nächtliche Verlangen dazu, dass die Liebe zur falschen Zeit geweckt wird, dass sie nämlich außerhalb der Ordnungen stattfindet, die dafür in der Gesellschaft festgelegt sind und für deren Aufrechterhaltung die Wächter stehen.

Mit dem »ausgefallenen« Mottosatz greift das Hohelied spielerisch eine weitere typische Beobachtung auf, die man gelegentlich bei Liebenden machen kann: Die Liebenden schlagen alle moralischen Richtlinien, die sie vorher vertreten und vielleicht sogar lauthals verkündet haben, in den Wind. Für sie zählt nur noch eines: die Liebe. Mit der Beobachtung wird indirekt natürlich auch die Frage aufgeworfen, wie man bei aller Liebessehnsucht zu einem verantwortlichen Umgang mit Liebe und Sexualität zurückfinden kann.

Wie viele andere Abschnitte, so wird auch dieser von einigen Auslegern allegorisch oder typologisch ausgelegt (➢ 1.1.2). Bei Maier (S. 122) steht beispielsweise der Liebhaber für Jesus Christus und die junge Frau für die Gemeinde. Doch illustriert gerade ein Abschnitt wie dieser die Problematik einer übertragenen Auslegung. Nicht nur wäre das Bild von einer liebeskranken Gemeinde, die auf der Suche nach Jesus Christus herumirrt, reichlich gewagt. Auch müssen die Wächter bei dieser Auslegung als »feindliche Mächte« verstanden werden, die die Gemeinde bedrohen. Dies aber verträgt sich nicht mit dem Bild vom Wächteramt, das im Alten Testament sonst durchweg positiv verstanden wird.

2.4.1.5 Vorschlag zur Bibelarbeit über 5,2-8

Thema: Zwischen Vernunft und Verlangen

Zielgruppe: junge Erwachsene

Ziel: Am Beispiel einer kritischen Situation sollen die Teilnehmer Anstöße erhalten, ihr »Liebesleben« reflektiert und weise zu gestalten.

Zur Vorbereitung siehe auch Kap. 1.9.6 »Liebe ist ... Verlangen feiern« und 1.9.9 »Liebe ist ... eine Frage der richtigen Zeit«.

2.4.1.5.1 Texterschließung

a) Lassen Sie den Text lesen. Stellen Sie den Teilnehmern die Aufgabe, die beschriebene Handlung nachzuerzählen. Helfen Sie mit zusätzlichen Informationen zur Textbedeutung, wo sich Unklarheiten auftun, z.B. Bedeutung der Myrrhe, Reaktion der Wächter, Funktion der »Töchter Jerusalems«. Für die weitere Diskussion ist es erforderlich, dass die Teilnehmer ein relativ einheitliches Verständnis des Textes entwickeln. Legen Sie z.B. fest, dass der gesamte Text als Nacherzählung eines Traums verstanden werden soll.

b) Was ist das »Thema«, der tiefere Sinn der Geschichte? Fragen Sie nach den Motiven und Emotionen der Frau: Warum erträumt sie sein Kommen? – Sehnsucht, Verlangen – Warum will sie erst nicht aufstehen? – Vernunft, moralische Bedenken – Warum geht sie dann doch zur Tür? – Verlangen – Warum ist der Geliebte auf einmal weg? – Verlustangst – Warum träumt sie von den Wächtern? – Schlechtes Gewissen, moralische Bedenken – Warum ruft sie die »Töchter Jerusalems« zu Hilfe? – Verlangen. Es geht also um das Ringen zwischen dem Verlangen und dem, was vernünftig, angemessen, moralisch vertretbar ist. – Zu beachten ist: Das Hohelied nimmt hier nicht selbst eine moralische Wertung vor, es zeigt aber den Konflikt auf, der zwischen dem Verlangen und moralischen Erwägungen entsteht.

c) Der wichtigste Satz der kleinen Erzählung wird in der Erzählung nicht ausgesprochen: Die Worte »Ich beschwöre euch, Töchter Jerusalems« werden sonst im Hohenlied nämlich anders fortgesetzt: »dass ihr nicht weckt, dass ihr nicht erregt die Liebe, bis es ihr selbst gefällt«. Es handelt sich um den Mottosatz des Hohenliedes (2,7; 3,5; 8,4). Warum will die Frau den Satz hier nicht aussprechen, obwohl er ihr sonst so wichtig ist? – Ihre Sehnsucht ist so stark, dass sie ihre moralischen Bedenken in den Wind schlägt.

2.4.1.5.2 Anwendung

a) Für die Anwendung gehen wir ein Stück vom konkreten Fall ab und fragen, was an der kleinen Geschichte typisch und allgemeingültig ist: Im Augenblick des Verlangens, der Versuchung, werden Werte, die sonst mit Überzeugung vertreten wurden, auf einmal leicht über Bord geworfen. Auch »gestandene Christen« kann dies unversehens treffen. – Beispiel: Eine Jugendmitarbeiterin, die immer für das Warten bis zur Ehe geworben hat, wird von ihrem Freund schwanger und muss ihre Ausbildung abbrechen. – Im Augenblick des Verlangens sind es manchmal nur noch die äußeren Umstände, die z.B. einen Ehebruch verhindern: die Verlangenden verpassen sich, oder es treten »Wächter« auf.

Warum beschreibt das Hohelied eine solche typische Situation? Erklären Sie das weisheitliche Anliegen des Hohenliedes. Die Weisen des Alten Testaments machen auf typische Zusammenhänge aufmerksam. Sie leiten an, Situationen zu durchschauen und das eigene Handeln entsprechend anzupassen, damit das Leben, und hier die Liebe, gelingt. – Welche Schlussfolgerungen lassen sich also ziehen?

b) In der kritischen Situation kann die Vernunft versagen. Die Vernunft kann aber dafür sorgen, dass bestimmte kritische Situationen erst gar nicht entstehen. So kann es helfen, sich »Wächter« zu schaffen. Konkrete Beispiele zur Diskussion: kein Treffen mit der begehrenswerten Person, ohne dass die Ehepartner dabei sind; keine fortgesetzte Seelsorge von Mann zu Frau oder von Frau zu Mann; den Bildschirm des Computers so aufstellen, dass er von anderen eingesehen werden kann; Zweierschaft mit einem Freund, in der offen über Versuchungen gesprochen wird ... Unklug ist jedenfalls die Haltung »Ich brauche so etwas nicht, denn mir kann das nicht passieren«.

c) Lässt sich die Spannung zwischen Vernunft und Verlangen auflösen, indem man entweder alles der Vernunft unterstellt oder indem man sich vollständig dem Verlangen hingibt? – Wäre eines davon erstrebenswert? – Das Hohelied als Ganzes beschreibt ein wiederholtes Wechselspiel zwischen Distanz und Nähe. Es zeigt auf, dass in der entstehenden Beziehung gerade die Spannung zwischen Erwartung und Erfüllung einen großen Teil des Reizes ausmacht. Es »gefällt« also der Liebe, wenn nicht alles sofort geschieht, sondern wenn man auf das richtige »Timing« achtet (2,7). Sein Liebesleben weise zu gestalten, bedeutet dementsprechend, eine Beziehung und auch die zugehörige körperliche Intimität Schritt für Schritt wachsen zu lassen, jede Phase der Beziehung mit ihren eigenen Freuden und mit ihren eigenen Grenzen zu genießen – und sich auf das freuen, was noch kommt.

2.4.2 Sie: Mein Geliebter ragt heraus unter Zehntausenden (5,9-16)

2.4.2.1 Übersetzung von 5,9-16

TÖCHTER JERUSALEMS, HERAUSFORDERND

9 *Was hat dein Geliebter, was andere Geliebte nicht haben,*
du Schönste der Frauen?
Was hat dein Geliebter, was andere Geliebte nicht haben,
dass du uns so beschwörst?

SIE

10 *Mein Geliebter ist blühend und voller Kraft,*
er ragt heraus unter Zehntausenden!

11 *Seine Gesichtszüge sind edel wie pures Gold,*
seine Locken wild wie Dattelrispen,
schwarz wie der Rabe.

12 *Seine Augen sind wie Tauben*
an Bachläufen voll Wasser,
gebadet in Milch,
über dem vollen Becken sitzend.

13 *Seine Wangen duften wie ein Balsambeet,*
das Würzkräuter sprießen lässt.

Seine Lippen sind belebend wie Lotusblumen,
triefend von Myrrhenöl.

14 *Seine Arme sind edel wie goldene Stäbe,*
besetzt mit Türkissteinen;

sein Leib ein Kunstwerk aus Elfenbein,
bedeckt mit Saphiren;

15 *seine Beine sind Säulen aus Alabaster,*
gegründet auf Sockeln von Feingold.

Seine Gestalt ist stattlich wie der Libanon,
auserlesen wie die Zedern.
16 *Sein Mund ist voll Süße,*
und alles an ihm ist begehrenswert. –
Das ist mein Geliebter,
und das mein Freund,
ihr Töchter Jerusalems!

2.4.2.2 Kontext und Aufbau von 5,9-16

Der Abschnitt ist eingebettet in einen dramatischen Handlungsstrang, der von 5,2 bis 6,3 reicht. Am Ende des vorangegangenen Abschnittes hatte die weibliche Hauptperson die »Töchter Jerusalems« beauftragt, für sie nach dem Geliebten zu suchen. Bevor diese aber einwilligen, möchten sie wissen, was denn den Geliebten von anderen jungen Männern unterscheidet. Die junge Frau antwortet mit einem Beschreibungslied, in dem sie die Einzigartigkeit ihres Geliebten zum Ausdruck bringt.

In der zyklischen Struktur des Hohenliedes (➛ 1.6.1) ist 5,9-16 dem Abschnitt 4-B zuzuordnen. Doch während sonst der Geliebte regelmäßig zum Beginn der B-Teile erscheint (2-B: Hld 2,8; 3-B: Hld 3,6; 5-B: Hld 8,5), ist er hier abwesend. Dies hat mit dem vorangehenden Traum zu tun, an dessen Ende diesmal nicht das Finden des Geliebten stand. Im weiteren Sinne bedeutet es auch, dass dem im Traum beschriebenen gefährlichen Verlangen nicht stattgegeben wird. So kann die junge Frau an dieser Stelle nicht mit ihm, sondern nur über ihn reden. Die Situation klärt sich erst am Ende von 4-B, in Hld 6,2-3, wo der Geliebte wieder gegenwärtig ist. Der übrige Verlauf des vierten Zyklus entspricht dann wieder der regulären Struktur.

Von der Textgattung ist 5,9-16 als Beschreibungslied zu bezeichnen – das einzige im Hohenlied, das den Mann zum Thema hat Beschreibungslieder über die Frau sind 4,1-7; 6,4-10; 7,1-6. Der Abschnitt ist voller Vergleiche. In der Auslegung ist zu beachten: Die Vergleiche beziehen sich nur zu einem kleinen Teil direkt auf das Aussehen. Wichtiger ist, dass die genannten Bedeutungs*spender* (Pflanzen, Edelsteine usw.) eine von der Kultur vorgegebene Symbolik tragen; ebenso geht es bei den Bedeutungs*empfängern*, d.h. den Körperteilen, eher um die Funktion als um das Aussehen. So bedeutet die Aussage »Dein Kopf ist wie Gold« etwa: Deine Gesichtszüge strahlen etwas Edles aus, wie Gold es tut (➤ 1.7.1).

Im Hebräischen stehen die zu vergleichenden Elemente meist unverbunden nebeneinander, z.B. »seine Wangen – wie ein Balsambeet«. Die Übersetzung versucht das Verständnis zu erleichtern, indem sie statt der sonst üblichen deutschen Ergänzung »Seine Wangen *sind* wie ein Balsambeet« jeweils ein Wort einfügt, das den Vergleichspunkt verdeutlicht, z.B. »Seine Wangen *duften* wie ein Balsambeet«.

Das Beschreibungslied hat einen symmetrischen, chiastischen Aufbau, d.h., Anfangs- und Endbereich sind wie ineinandergeschachtelte Rahmen ausgeführt: Den äußersten Rahmen bilden die Frage der Töchter Jerusalems und die Antwort der jungen Frau (9 und 16b). Darin eingeschlossen sind am Anfang und Ende zwei allgemeine Aussagen über die Schönheit und Stattlichkeit, die jeweils kombiniert sind mit einer Aussage über die Einzigartigkeit des Geliebten (10 und 15b-16a). Darin eingeschlossen wiederum ist die eigentliche Beschreibung der Körperteile, die beim Kopf beginnt und bei den Füßen endet. Beide werden mit Gold verglichen (11a und 15a). Das Schaubild verdeutlicht den Aufbau:

A	9	Frage der »Töchter Jerusalems«: Was zeichnet deinen Geliebten aus?
B	10	Mein Geliebter ist blühend und herausragend
C	11a	Kopf wie Gold
D	11-15a	Beschreibung von Kopf, Haaren, Augen, Wangen, Lippen, Händen, Körper, Beinen, Füßen
C'	15a	Füße wie Gold
B'	15b-16a	Mein Geliebter ist stattlich und auserlesen
A'	16b	Antwort an die »Töchter Jerusalems«: So ist mein Geliebter!

2.4.2.3 Einzelauslegung von 5,9-16

9 Die Bitte der jungen Frau (5,8) wird noch nicht erhört. Bevor die »Töchter Jerusalems« sich auf die Suche machen, möchten sie nämlich wissen, ob der Mann die Mühe auch wirklich wert ist: **Was hat dein Geliebter, was andere Geliebte nicht haben?** Der Ton der Frage ist neckend, ebenso wie die Anrede **du Schönste der Frauen**. Natürlich ist der besagte Mann den Freundinnen bestens bekannt. Doch zu einfach wollen sie es der Liebhaberin nicht machen.

10 Die weibliche Hauptperson nimmt die Herausforderung an und beginnt nun, ihren Geliebten zu beschreiben. Die Übersetzung **blühend und voller Kraft** folgt der Guten Nachricht Bibel. Wörtlich heißt es: »Mein Geliebter ist weiß und rot.« Das Althebräische gehört zu denjenigen Kulturen, die nur sehr wenige Wörter für Farben kennen, nämlich Schwarz, Weiß und Rot. Bei dem hier genannten **weiß und rot** scheint es sich um ein Schönheitsideal zu handeln, denn auch in Kla 4,7 wird die Schönheit der jungen Männer so beschrieben: »weißer als Milch, röter als Korallen ihr Leib«. Ähnlich wird von David gesagt, er sei »rötlich und von schöner Gestalt« (1Sam 16,12; 17,42). Der Hautton zeugt von Gesundheit und Vitalität.

Er ragt heraus: Das hier verwendete Verb ist von dem hebräischen Wort für »Feldzeichen« abgeleitet: Der Geliebte sticht aus der Masse hervor wie ein Feldzeichen aus der Menge der Soldaten.

Seine Gesichtszüge sind edel wie pures Gold: Wörtlich: 11
»sein Haupt – pures Gold«. Der Vergleichspunkt ist nicht in erster Linie die Farbe des Goldes, sondern der edle Charakter, den es ausstrahlt.

Ganz im Kontrast zum Gold des Hauptes stehen die **schwarzen Locken**, die die geheimnisvolle, wilde Seite des Geliebten darstellen. Das Haar symbolisiert im biblischen Kontext Energie und Lebenskraft (siehe zu 4,1).

In der altvorderorientalischen Kunst werden immer wieder 12
➛**Tauben** neben einer Person abgebildet, um auszudrücken, dass diese verliebt ist (siehe Keel 87). Die Aussage **Seine Augen sind wie Tauben** meint daher: »Seine Blicke sind voller Liebe für mich.« Das Hohelied verwendet diesen Vergleich mehrfach.

Hier wird das Bild noch weiter gesteigert: Viele Bäche in Israel führen nur während der Regenzeit Wasser (vgl. Ps 42,2; 126,4; Hiob 6,15; Joel 1,20; 4,20); die **Bachläufe voll Wasser** stehen daher für Wohlergehen und Überfluss. Noch mehr gilt dies für das **Baden** in **Milch** (vgl. Hiob 29,6; 2Mo 3,8.17), das außerdem auf die weiße Farbe der Tauben Bezug nimmt.

Über dem vollen Becken sitzend: Tauben, die am Rand eines Wasserbeckens oder einer Wasserschüssel sitzen, sind als ein Symbol für Luxus in der Kunst seit 2000 v. Chr. bekannt (Keel 189).

Einige Ausleger vermuten, dass es im zweiten Teil des Verses nicht um die Augen, sondern um die Zähne geht, die von weißer Farbe sind und fest im Kiefer sitzen. Daher wird eine Textveränderung vorgeschlagen, bei der die Worte »seine Zähne« eingefügt werden: »Seine Zähne sind gebadet in Milch« usw. (vgl. 1Mo 49,12). Dies findet sich in mehreren deutschen Bibelübersetzungen.

Doch auch der überlieferte Text macht Sinn. Die drei Ergänzungen beziehen sich dann auf die Tauben und bringen Frische und Glücklichsein zum Ausdruck, die aus den Augen des Geliebten strahlen.

13 Die erste Zeile lautet wörtlich: »seine Wangen – wie ein Balsambeet«: Wahrscheinlich hat man sich den jungen Mann bärtig vorzustellen. Der Schwerpunkt des Vergleichs liegt aber auf dem angenehmen, würzigen Duft des ➛ **Balsams**, der vom Geliebten ausgeht.

Seine Lippen sind belebend wie Lotusblumen: Die Zeile lautet wörtlich: »seine Lippen – wie Lotusblumen«. Es geht wieder nicht um den Vergleich der Form, sondern um die Symbolik: ➛ **Lotusblumen** stehen von der altägyptischen Kultur her für Lebensfrische und Lebenserneuerung (Keel 81.83).

➛ **Myrrhe** wurde sowohl im sakralen Bereich verwendet (2Mo 30,23) als auch im Zusammenhang mit der Erotik: Hochzeitskleider (Ps 45,9), ein Liebeslager (Spr 7,17) und Haremsmädchen vor ihrem ersten Gang zum König (Est 2,12f.) sind mit Myrrhe parfümiert. Hier signalisieren die von Myrrhe triefenden Lippen erotische Ausstrahlung.

14-15a Wie der Kopf in V. 11, so werden nun auch **Arme**, **Leib** und **Beine** mit Edelmetallen, Edelsteinen und anderen kostbaren Materialien verglichen. Diese Form des Vergleiches ist aus dem alten Ägypten bekannt. So heißt es von einem Pharao aus dem 20./19. Jahrhundert v. Chr.: »Seine Glieder waren mit Gold eingelegt, sein Kopftuch war aus echtem Lapislazuli.« Und Ramses III. wird mit den Worten besungen: »Dein Haar ist

Lapislazuli, deine Augenbrauen ein Edelstein, der Augen grüner Malachit, dein Mund roter Jaspis.« Neben der Kostbarkeit können die genannten Materialien auch Reinheit symbolisieren. So wird in einem akkadischen Text über einen Kranken gesagt: »Wie Lapislazuli will ich seinen Körper rein machen, wie Alabaster sollen seine Züge glänzen, wie reines Silber, wie rotes Gold. Ich will rein machen, was trüb ist« (vgl. Mal 3,3). Außerdem wurden die im Text genannten Materialien im ganzen Alten Vorderen Orient dazu verwendet, kostbare Götterstatuen herzustellen (Keel 193f.). Die junge Frau bringt mit ihren Vergleichen zum Ausdruck, wie edel, wie königlich der Geliebte für sie ist. Zu **Türkis**, **Saphir** und **Alabaster** siehe auch die Sacherklärungen.

Der **Libanon**, nördlich von Israel gelegen und mit Gipfeln **15b**
über 3000 m Höhe majestätisch und beeindruckend, war im Altertum von ausgedehnten ➛ Zedernwäldern bewachsen. Seit der Zeit Salomos dienten diese in Israel als Bauholz. Der hohe, schlanke Wuchs der ➛ **Zeder** hat sie zu einem Symbol der Stattlichkeit werden lassen. Ja, die Libanonzeder steht für eine fast göttergleiche Erhabenheit (vgl. Hes 31,2ff.; Jer 22,23).

Außer der Reihe nennt die junge Frau nun noch die **Süße** **16**
seines **Mundes**. Sie denkt daran, den soeben beschriebenen Geliebten zu küssen (vgl. 1,2). Mit dem gedanklichen Kuss schließt sie ihren Lobpreis auf den Geliebten in einem triumphierenden Ton ab. Den Töchtern Jerusalems bleibt nichts anderes, als ihr zuzustimmen: Der Geliebte ist wirklich einzigartig und ganz und gar **begehrenswert**.

2.4.2.4 Zusammenfassung und Aussage von 5,9-16

Die »Töchter Jerusalems« fordern die junge Frau auf, ihren Geliebten zu beschreiben. Vordergründig betrachtet benötigen sie für ihre Suche einen Steckbrief. Doch eigentlich geht es darum, die junge Frau herauszufordern. Sie soll in Worte fassen, was sie an ihrem Geliebten denn so besonders findet. Die Liebhaberin ist um eine Antwort nicht verlegen. Für sie ist er absolut herausragend und einzigartig, von edelstem Charakter, ja fast göttergleich – und dürfte daher von den übrigen Einwohnern der Stadt auch nicht schwer zu unterscheiden sein.

Was nach dem Beschreibungslied in 4,1-7 für die Frau gilt, lässt sich hier in 5,9-16 entsprechend auch für den Mann aussagen: Liebe hat nach dem Hohenlied durchaus mit körperlicher Schönheit zu tun. Auch die Ästhetik des männlichen Körperbaus ist eine Gottesgabe, die es zu feiern gilt. Doch wieder geht es nicht um den Körper allein. Körperhaltung, Gestik und Mimik, auch die Form des Körpers selbst, verraten ja viel vom Charakter eines Menschen. Auf diesen heben die verwendeten Bilder vor allem ab.

Wer die Beschreibungslieder von Mann und Frau vergleicht, wird Ähnlichkeiten, aber auch auffallende Unterschiede feststellen. Die in 4,1-7 für die Frau gewählten Bilder vermitteln Selbstbewusstsein, Lebenskraft, festliche Ausstrahlung, aber auch Zartheit und Verspieltheit. Der Mann erscheint demgegenüber weniger dynamisch. Bei ihm liegt der Schwerpunkt auf der edlen Ausstrahlung oder, mit anderen Worten, auf dem Status. Dies zeigt nicht nur der rahmende Gold-Vergleich bei Kopf und Füßen, sondern auch die Häufung edler Materialien bei der Beschreibung des Körperbaus sowie die im Luxus schwelgenden Tauben als Bilder für die Augen. Der herausragende Status wird über die schwarzen Haare mit einem gewissen Maß an Wildheit kombiniert. Die Bilder zu Mund und Lippen runden den Charakter mit einer zärtlichen, »süßen« Seite ab.

Die Männer- und Frauenbilder, wie sie in den Beschreibungsliedern gezeichnet werden, können durchaus als typisch bezeichnet werden. Die hier gemachten Beobachtungen gelten über die Kulturen hinweg. Zwischen Männern und Frauen gibt es wesensmäßige Unterschiede. Allerdings sollten die Texte nicht zu Klischees eng gefasst oder gar im Sinne von Vorgaben verstanden werden. Vielmehr laden die weisheitlichen Beobachtungen dazu ein, sie als Beispiel und als Anknüpfungspunkt für eigene Gedanken zu verwenden.

Für eine Bibelarbeit siehe den Vorschlag zu Hld 4,1-7.

2.4.3 Sie: Der Geliebte ist wiedergfunden (6,1-3)

2.4.3.1 Übersetzung von 6,1-3

TÖCHTER JERUSALEMS

6,1 *Wohin ist dein Geliebter gegangen,*
du Schönste der Frauen?
Wohin hat sich dein Geliebter gewandt,
dass wir ihn mit dir suchen?

SIE

2 *Mein Geliebter ist hinabgegangen in seinen Garten*
zu den Balsambeeten,

um in den Gartengründen zu weiden
und um Lotusblumen zu pflücken.

3 *Ich gehöre meinem Geliebten,*
und mein Geliebter gehört mir,
der in den Lotusblumen weidet.

2.4.3.2 Kontext und Aufbau von 6,1-3

Der Abschnitt bildet den Abschluss der Episode 5,2-6,3. Die junge Frau hatte in einer nächtlichen Begegnung ihren Liebhaber verpasst. Auf der Suche nach ihm war sie den Nachtwächtern in die Hände gefallen. Solchermaßen an der Fortsetzung ihrer Suche gehindert, hatte sie ihre Begleiterinnen, die »Töchter Jerusalems«, gebeten, ihn für sie zu suchen. Die Begleiterinnen hatten von ihr zunächst eine Beschreibung des Geliebten gefordert und auch bekommen (5,2-16).

Nun sind die »Töchter Jerusalems« endlich bereit, der weiblichen Hauptperson zu helfen. Sie benötigen aber noch einen Hinweis, wo sie mit ihrer Suche beginnen sollen (6,1). Doch die Antwort der jungen Frau überrascht: Sie weiß bereits, wo der Geliebte sich aufhält, ja, sie ist sogar schon wieder mit ihm vereint (6,2-3).

Diese überraschende Wende lässt sich nur verstehen, wenn man berücksichtigt, dass es sich beim Hohenlied um eine poetische Komposition handelt und nicht einfach um die chronologische Nacherzählung einer Liebesgeschichte. Das Lied bindet verschiedene Bilder, Beziehungsfantasien und Versatzstücke realer Handlungen zu einer poetischen Komposition zusammen, um damit das Wechselspiel des gegenseitigen Verlangens zum Ausdruck zu bringen, wie es Verliebte auf dem Weg in die Partnerschaft erleben (➤ 1.5). Der Abschnitt 6,1-3 hat die Funktion, den mit dem zweiten Traum eröffneten Spannungsbogen zu schließen. Endlich ist der Geliebte wieder anwesend und kann dementsprechend ab 6,4 auch selbst wieder das Wort ergreifen.

Um die Wiedervereinigung mit dem Geliebten in Worte zu fassen, greifen die Verse 6,2-3 auf die Gartenmetaphorik vom Ende des dritten Zyklus (4,16-5,1) zurück. Auch verwenden die beiden Verse Formulierungen, die sonst nur beim Zyklusabschluss auftreten. Um der Handlung willen weicht man hier also vom strengen Schema der zyklischen Struktur (➛ 1.6) ab und Motive werden von anderen Stellen des Hohenliedes »entliehen«.

2.4.3.3 Einzelauslegung von 6,1-3

Der Vers ist ähnlich wie 5,9 aufgebaut, auch die Anrede **du** 1
Schönste der Frauen ist dieselbe. Nachdem die Frau die Einzigartigkeit ihres Geliebten besungen hat, sind die »Töchter Jerusalems« nun bereit, ihr bei der Suche nach dem Geliebten zu helfen.

Während die Siedlungen in Israel meist auf Hügeln lagen, wa- 2
ren Gärten an den tieferen Stellen angelegt, entlang eines Baches oder bei einer Quelle. Das ist der Grund, warum der Geliebte **hinabgegangen** ist. Er will dort **weiden**, wird also wie in 2,9.17 und in 8,14 indirekt mit einer Gazelle oder einem Hirsch verglichen. Die ➛ Gazelle als ein sehr agiles Tier in einer scheinbar lebensfeindlichen Umgebung ist ein Symbol für Lebenskraft und Lebensfreude. Ebenso ist die über dem Gartenteich erblühende ➛ **Lotusblume** ein Symbol für Leben und Lebenserneuerung. Der **Garten** steht wie in 4,12-5,1 für die Geliebte selbst. Die Doppeldeutigkeit wird elegant ausgenutzt, um die Szene abzuschließen: Nach der wörtlichen Bedeutung »Der Geliebte ist in seinem Garten« wissen die Töchter Jerusalems nun, wo sie hinzugehen haben. Sie bekommen also eine angemessene Antwort auf ihre Frage. Die übertragene Bedeutung »Der Geliebte ist bei der Geliebten« zeigt dagegen: Die Suche ist beendet, das Verlangen erfüllt (Haag/Elliger 123; Keel 195; Carr 145).

Die Liebhaberin bringt nun die gegenseitige Hingabe der 3
Partner zum Ausdruck. Die beiden Partner sind auch dann innerlich eins, wenn der Partner nicht körperlich gegenwärtig ist. Die Formulierung erscheint ähnlich in 2,16 und 7,11.

2.4.3.4 Zusammenfassung und Aussage von 6,1-3

Mit dem kurzen Stück 6,1-3 endet der Spannungsbogen, der in 5,2 begonnen hatte. Er handelt gleichzeitig von einer äußeren und einer inneren Krise. Die äußere Krise, die Abwesenheit des Geliebten, wird mit 6,1-3 kunstvoll gelöst: Der Aufenthaltsort des Geliebten ist nun bekannt und die weitere Suche erübrigt sich.

Die innere Krise, wie sie der Traum von 5,2-8 beschreibt, bestand darin, dass das Verlangen der Verliebten außer Kontrolle geraten war und dass ein solches Verlangen nicht erfüllt werden durfte – weshalb die Wächter der Moral einschreiten mussten. Es ist zu fragen, ob und inwieweit 6,1-3 auch diese innere Krise zu einem Abschluss führt. Eine Lösung wird zumindest angedeutet: Die junge Frau wird sich ihrer tiefen inneren Verbundenheit zum Geliebten bewusst. Diese trägt auch dann, wenn der Geliebte einmal nicht anwesend ist (Maier 135; Carr 145), und auch dann, wenn nächtliche Zweisamkeit und damit verbundene körperliche Intimität noch nicht gesellschaftlich gestattet bzw. angemessen sind.

2.4.4 Er: Du faszinierst und erschreckst mich (6,4-10)

2.4.4.1 Übersetzung von 6,4-10

Er

4 *Schön bist du,*
meine Freundin,
wie Tirza,
hinreißend wie Jerusalem,
furchterregend wie das geordnete Heer.

5a *Wende deine Augen von mir ab,*
denn sie wühlen mich auf!

5b *Dein lockiges Haar ist voller Energie –*
wie eine Herde Ziegen,
die in großen Sprüngen vom Gilead herabstürmen.

6 *Deine Zähne strahlen festlich –*
wie eine Herde Mutterschafe,
die aus der Schwemme heraufkommen,
von denen jeder seinen Zwilling hat,
keiner von ihnen fehlt.

7 *Wie der Riss im Granatapfel lockt dein offener Mund*
durch deinen Schleier hindurch.

8 *Sechzig Königinnen sind es*
und achtzig Nebenfrauen
und Mädchen ohne Zahl.

9 *Einzig ist sie,*
meine Taube,
meine Vollkommene,
einzig ist sie ihrer Mutter,
die Liebste derer, die sie gebar.
Sähen sie die Mädchen, sie priesen sie glücklich,
die Königinnen und Nebenfrauen, sie rühmten sie:

10 *Wer ist sie,*
die da hervorbricht wie die Morgenröte,
schön wie der weiße Mond,
rein wie die Glut der Sonne,
furchterregend wie das geordnete Heer?

2.4.4.2 Kontext und Aufbau von 6,4-10

Die junge Frau hat ihre sehnsüchtige Suche beendet (5,2-6,3). Der Geliebte ist nun wieder anwesend und beginnt zu sprechen. Auch aus seinen Worten klingen Sehnsucht und Verlangen stärker heraus als je zuvor im Lied. In einem ersten Gedicht schildert er, wie ihn die Ausstrahlung seiner Angebeteten zugleich erschreckt und fasziniert.

Gerahmt wird das Gedicht in V. 4 und V. 10 über je zwei Vergleiche, nämlich zwei Hauptstädte und zwei Himmelslichter, sowie der wörtlichen Wiederholung der Formulierung **furchterregend wie das geordnete Heer**. In den Rahmen eingebettet ist zum einen ein Zitat aus einem vorangegangenen Beschreibungslied: Die Verse 5b-7 wiederholen fast wörtlich die Beschreibung von Haar und Gesicht der Geliebten in 4,1b-2.3b. Zum andern gibt es eine Gegenüberstellung seiner Geliebten mit den Frauen des königlichen Harems in der Form A-B-A': der Harem (V. 8) – die Geliebte (V. 9a) – der Harem (V. 9b).

In V. 10 ist die Formulierung **Wer ist sie …** bemerkenswert. Sie kommt im Hohenlied insgesamt dreimal vor und kündigt in 3,6 die Ankunft des Mannes, hier in 6,10 das Erscheinen der Frau und schließlich in 8,5 den gemeinsamen Auftritt beider Partner an.

Poetische Versformen im Gedicht sind der zweizeilige (6b; 9b) und dreizeilige Parallelismus (4; 8; 9a; 10b), teilweise mit eingeschobener Anrede (4; 9a).

2.4.4.3 Einzelauslegung von 6,4-10

4 **Jerusalem**, die Hauptstadt des salomonischen Israels und die spätere Hauptstadt des Südreiches, wird auch in den Psalmen für ihre Schönheit gepriesen (Ps 48,3.13; 50,2; vgl. Kla 2,15). Weni-

ger bekannt ist **Tirza**, eine Stadt im Gebiet des Stammes Manasse. Ihre Lage ist heute nicht mehr bekannt. Der Name der Stadt ist mit dem hebräischen Wort für »Wohlgefallen haben« (*raṣāh*) verwandt – was möglicherweise von der besonderen Schönheit der Stadt herrührt. Ursprünglich war Tirza ein kanaanäisches Stadtkönigtum, das von Josuas Armee eingenommen wurde (Jos 12,24). Nach dem Tode Salomos diente die Stadt den ersten Königen des Nordreiches als Regierungssitz (930–880 v. Chr.). Ob sie auch zu Salomos eigener Zeit eine besondere Funktion z.B. als Verwaltungszentrum hatte, wissen wir nicht. Die Frage berührt die Datierung des Hohenliedes (➛ 1.3.1): Wenn die Textstelle beabsichtigt, die Hauptstadt des Nordreiches und die Hauptstadt des Südreiches gemeinsam zu nennen, stünde damit die Entstehungszeit des Textes auf 930-880 v. Chr. fest. Doch auch andere Interpretationen sind möglich. So kann Tirza auch schon zu Salomos Zeiten eine für das Nordreich wichtige oder für ihre Schönheit berühmte Stadt gewesen sein. Dass sie nach Salomos Tod zur Hauptstadt wurde, hat sicher eine Vorgeschichte gehabt. Wer andererseits für eine spätere Datierung des Liedes eintritt, kann argumentieren, dass Samaria, die spätere Hauptstadt des Nordreiches, wegen ihres Baalstempels in Verruf stand, weswegen der Poet auf eine andere wichtige Stadt ausgewichen sei (so Keel 200).

Was soll der Vergleich der jungen Frau mit den Städten aussagen? Die beiden befestigten Städte sind schön und gleichzeitig beeindruckend. Mit ihren Palästen, Stadtmauern und Torbauten stellen sie architektonische Gesamtkunstwerke dar. Gleichzeitig geht eine Aura der Macht von ihnen aus: Wer die Stadt besitzt, kontrolliert die gesamte umliegende Gegend. Wenn es sich um Regierungssitze handelt, gilt dies noch in besonderem Maße. Kurz gesagt: Es geht also um eine stolze Anmut, die der junge Mann an seiner Geliebten beschreibt.

Die dritte Zeile führt das Bild noch weiter. Hier ist allerdings die Übersetzung **das geordnete Heer** (nach Keel 197) nicht gesichert. Wörtlich bedeutet der Ausdruck »die unter den Bannern«, wobei wahrscheinlich Feldzeichen gemeint sind, die verwendet wurden, um die einzelnen Abteilungen des Heeres geordnet führen zu können (vgl. 4Mo 1,52; Delitzsch 99). Ein geordnetes Heer strahlt die Ästhetik der Macht aus. Direkter noch als bei den Städten ist dabei auch das Gefühl von Respekt, ja von Angst angesprochen.

Die Geliebte wird also offensichtlich nicht als eine passive Schönheit oder als ein Mauerblümchen charakterisiert. Im Gegenteil, der junge Mann begegnet in ihr einem starken, selbstbewussten Gegenüber. Ihre Ausstrahlung beeindruckt ihn, schüchtert ihn regelrecht ein. Gerade das Respekt Einflößende macht aber dann auch wieder einen Teil der Faszination aus (Keel 201).

5a Das Hohelied thematisiert immer wieder die **Augen** bzw. Blicke der jungen Frau, die auf den Liebhaber eine besondere Anziehungskraft ausüben. So vergleicht er in 1,15 und 4,1 ihre Augen mit ➤Tauben, die ein Symbol für die Liebe darstellen. In 4,9 raubt sie sein Herz mit einem einzigen Blick. Hier nun geht er in seiner Aussage noch einen Schritt weiter: Ihre Blicke **wühlen** ihn regelrecht **auf**. Das hier verwendete hebräische Wort ist mit dem Eigennamen Rahab verwandt. Rahab ist eine mythische Seeschlange, die das Meer zum Schäumen bringt, ein Sinnbild für das Chaos (Ps 89,10-11; Jes 51,9-10).

Warum kann der Liebhaber dem Blick der Verehrten nicht standhalten? Fühlt er Unsicherheit darüber, ob er ihr überhaupt gewachsen ist? Er merkt, dass er alles einsetzen, sich selbst riskieren muss, um in die Beziehung mit dieser Frau eintreten zu können.

5b-7 Der Liebhaber wiederholt nun einen Abschnitt aus seinem ersten Lied, in dem er die junge Frau beschreibt. Fast wörtlich werden aus Kapitel 4 die Verse 1b, 2 und 3b zitiert. Damit ruft er ihre Schönheit und Ausstrahlung in Erinnerung, wie er sie schon beschrieben hat.

Doch dann bricht das Zitat ab. Nicht noch einmal sollen alle Körperteile beschrieben werden. Denn im Vordergrund steht diesmal nicht das Beschreiben, sondern die Faszination und das Erschrecken vor der Macht der weiblichen Ausstrahlung.

Es gehörte zu den Vorrechten altvorderorientalischer Könige, 8
eine größere Anzahl von Ehefrauen zu besitzen. Der Vers beschreibt eine dreistöckige Hierarchie von Frauen am Hof: Die **Königinnen** sind die Hauptfrauen des Königs, deren Ehen mindestens teilweise auch aus diplomatischen Gründen geschlossen wurden und denen Rang und Ehre zustehen. Die **Nebenfrauen** waren die Geliebten des Königs, hatten aber wohl auch haushalterische Aufgaben (vgl. 2Sam 15,16). Mit den **Mädchen** sind junge Frauen im heiratsfähigen Alter gemeint. Möglicherweise waren sie den Frauen und Nebenfrauen unterstellt und dienten am Hof, auch in der Hoffnung, dort eine gute Partie zu machen (Keel 203). Eventuell kann es sich aber auch um die Töchter des Königs gehandelt haben. Sie stehen für die Schönheit der Jugend.

Lassen sich die Angaben zum Königshof historisch einordnen? Diese Frage hat mit der Datierung des Hohenliedes zu tun. Möglich ist, dass der Vers einen bestimmten Zeitpunkt Salomos Herrschaft widerspiegelt, als dessen Harem noch nicht die in 1Kön 11,3 beschriebene Größe von 700 Frauen und 300 Nebenfrauen hatte. Wird das Lied dagegen später datiert, kommen auch andere Könige infrage, wobei eine genaue Zuordnung nicht möglich ist. Am besten passen die Zahlen in die Zeit von Salomos Sohn Rehabeam: Er hatte nach 2Chr 11,21 18 Frauen, 60 Nebenfrauen und 60 Töchter (Keel 203). Generell ist bei dieser Frage aber zu bedenken, dass das Hohelied nicht die Absicht hat, eine bestimmte historische Liebesgeschichte wiederzugeben.

9 Der versammelten weiblichen Schönheit und Pracht des Hofes stellt der Liebhaber nun seine Geliebte gegenüber. Bei der Vielzahl von Frauen am Hof wird die einzelne Frau am Ende austauschbar. Anders als der König es meint, bedeuten mehr Frauen am Ende nicht mehr Liebe. Für unseren Liebhaber ist seine Geliebte dagegen die Eine, die **Einzige** und die Einzigartige. Darin ist er sich völlig mit der **Mutter** der Geliebten einig, deren ganzer Stolz sie ist. Und auch objektiv kann sich die Geliebte mit der versammelten Schönheit des Königshofes messen. Davon ist der Liebhaber überzeugt. All die anderen Frauen können seine Geliebte nur neidlos bewundern.

10 Für den krönenden Abschluss reichen dem Liebhaber keine anderen Vergleiche als solche aus dem kosmischen Bereich. Die Morgenröte wird im kanaanäischen Mythos als ein göttliches Wesen angesehen. In der Bibel ist das nicht der Fall, doch findet sich an einigen Stellen ein bildhaftes Reden z.B. von den »Wimpern« oder den »Flügeln« der Morgenröte (Hiob 3,9; 41,10; Ps 139,9; vgl. Ps 57,9; 108,3).

Sonne und Mond werden hier nicht mit den geläufigen hebräischen Ausdrücken, sondern poetisch als »die Weiße« und »die Glut« bezeichnet (so auch in Jes 24,23; 30,26). So stehen Farbe und Wirkung plastisch im Vordergrund. Weil diese Bezeichnungen im Deutschen nicht ohne Weiteres verständlich sind, ist die Übersetzung oben erklärend ergänzt.

Die Schlusszeile **furchterregend wie das geordnete Heer** ist wörtlich von V. 4 aufgenommen. Weil im Zusammenhang Sonne und Mond genannt werden, verstehen einige Ausleger unter dem Heer das »Heer des Himmels«, die Sterne (z.B. Keel 206; die Einheitsübersetzung). Möglicherweise wird mit der Doppeldeutigkeit der Formulierung gespielt, und zwar in der Weise, dass in V. 4 ein menschliches Heer und in V. 10 das »Heer des Himmels« bezeichnet ist. Dann läge in V. 4 eine sich steigernde Reihe menschlicher Pracht- und Machtentfaltung »Tirza« ➛ »Jerusalem« ➛ »Heer von Soldaten« vor, der in V. 10 eine sich ebenfalls steigernde Reihe kosmischer Prachtentfaltung »Mond« ➛ »Sonne« ➛ »Heer des Himmels« gegenübergestellt wird.

2.4.4.4 Zusammenfassung und Aussage von 6,4-10

Der Liebhaber erlebt und beschreibt eine neue Seite an seiner Geliebten, nämlich eine Aura der Macht und Autorität, die von ihr ausgeht und die ihn zugleich erschreckt und fasziniert. Sie ist seine »Angebetete«, die ihn in ihren Bann zieht, der er ganz und gar verfallen ist.

Wo der Mann sonst gerne erklärt, seine Geliebte in Besitz nehmen zu wollen (1,11; 2,10; 4,6.8; 5,1; 7,9), schreckt er hier zurück: »Wende deine Augen von mir ab!« Hat er an ihr ein »Mehrsein« entdeckt, das ihm bisher nicht bewusst gewesen war und das ihm ein Gefühl der Unterlegenheit vermittelt? Wird ihm nun in einer besorgniserregenden Weise klar, dass er sich ganz und gar in die Beziehung investieren muss, um seiner Geliebten gerecht werden zu können?

Insgesamt thematisiert das Gedicht deutlicher als zuvor im Hohenlied die Macht der »Leidenschaft« (hebr. *qin'ah*), die nach Hld 8,6 »hart wie die Unterwelt« ist, also auch eine gefährliche, dunkle Seite hat. Hier empfindet der junge Mann sie als eine fast schon bedrohliche Macht, die von der Geliebten ausgeht.

In Konstellationen, wo die Partner einander nicht ebenbürtig sind, können daraus auch Missbrauch und sexuelle Abhängigkeit entstehen. Aber auch zu gesunden Beziehungen können solche Gefühle gehören und machen dann einen nicht unerheblichen Teil der gegenseitigen erotischen Faszination aus.

Für eine Bibelarbeit siehe zu 4,1-7.

2.4.5 Er: Mein Frühlingsverlangen treibt mich um (6,11-12)

2.4.5.1 Übersetzung von 6,11-12

Er

11 *In den Nussgarten ging ich hinab,*
um zu sehen die Sprösslinge im Bachtal,
um zu sehen, ob der Weinstock treibt,
ob die Granatapfelbäume blühen. –

12 *Was ist mit mir?*
Mein Verlangen treibt mich um!
… …

Die kleine Einheit lässt sich eindeutig sowohl vom vorangegangenen (6,4-10) als auch vom nachfolgenden Abschnitt (7,1-6) abgrenzen. Der innere Sinn der beiden Verse ist dagegen weniger klar. Vor allem V. 12 gibt den Auslegern Rätsel auf. Er lautet wörtlich übersetzt:

Ich weiß nicht
mein Verlangen setzte mich
die (Kriegs-)Wagen meines edlen Volkes

Einige der alten Bibelhandschriften haben statt »meines edlen Volkes« (hebr. *'ammî-nādîv*) den Eigennamen »Amminadab« eingesetzt. Vom Zusammenhang wäre zu erwarten, dass der junge Mann – sofern er hier der Sprecher ist – vom Verlangen nach der jungen Frau umgetrieben wird. Doch woher kommen im Bachtal auf einmal die Wagen, und was haben sie mit der Geliebten zu tun? Auch bleibt unklar, auf was sich das »Ich weiß nicht« genauer bezieht.

In den Bibelübersetzungen und Auslegungen findet sich für die dritte Textzeile eine Fülle von Erklärungsversuchen, bei denen allerdings fast immer der vorliegende Text abgewandelt wird. Da die junge Frau in 7,2 als »Tochter eines Edlen« (*bat-nādîv*) bezeichnet wird, nimmt man z.B. an, dass auch hier nicht von »Wagen« oder »Volk«, sondern eigentlich von der Geliebten die Rede gewesen sein muss.

In der altägyptischen Liebeslyrik wird eine Szene beschrieben, bei der eine junge Frau auf dem Weg zum Tempel dem Mann, in den sie verliebt ist, in seinem Streitwagen begegnet (zitiert nach Schott 40):

Da traf ich Mehi im Streitwagen unterwegs
mit seinen Jünglingen.

Ich weiß nicht, wie ich vor ihm ausweichen soll.
Soll ich an ihm unbefangen vorbeigehen?

Die Stelle ist mit der im Hohenlied nur indirekt vergleichbar. Sie gibt aber einen Hinweis, dass das Motiv von der Begegnung mit den Streitwagen möglicherweise einen breiteren kulturellen Hintergrund hat, der uns heute nicht mehr geläufig ist (Gerlemann 191f.). An dieser Stelle soll den Spekulationen jedoch nicht noch eine weitere hinzugefügt werden. Die dritte Textzeile ist daher in der Übersetzung ausgelassen. Über das Übrige lässt sich Folgendes sagen:

Eine Möglichkeit ist, 6,11-12 als Rückblick zu verstehen: Der junge Mann erinnert sich hier an die ersten Begegnungen mit seiner Geliebten, wie sie etwa in 2,8-17 dargestellt werden, und er beschreibt sein Gefühl von Verwirrung und Verlangen, als er sich verliebte.

Allerdings wird 6,11 in 7,13 fast wörtlich aufgegriffen. Möglicherweise sind daher diese beiden Abschnitte zusammen zu lesen. In 6,11-12 ist der junge Mann zunächst allein in der frühlingshaften Natur unterwegs, aber von innerer Unruhe geplagt. Es zieht ihn zu seiner Geliebten. In 7,11-13 brechen dann beide gemeinsam auf, um ihre Zweisamkeit in der aufblühenden Natur zu genießen.

2.4.6 Er: Tanze für mich, du Schulammit (7,1-6)

2.4.6.1 Übersetzung von 7,1-6

Auf dem Fest. Die Braut soll den traditionellen Brauttanz aufführen.

Freunde des Bräutigams

7,1 *Dreh dich, dreh dich,*
du Schulammit,
dreh dich, dreh dich,
dass wir uns an dir weiden!

Er

Was – ihr wollt euch an der Schulammit weiden
wie beim Tanz in den Kriegslagern?

Er zu ihr

2 *Wie schön sind deine Füße in den Sandalen,*
du Tochter eines Edlen!

Die Rundungen deiner Hüften sind wie Geschmeide,
ein Werk aus Künstlerhand.

3 *Dein Schoß ist eine runde Schale.*
Nie mangle es ihr an Mischwein!

Dein Mutterleib ist fruchtbar,
ein Weizenhaufen, umkränzt mit Lotusblumen.

4 *Deine beiden Brüste sind zart wie zwei Kitze,*
voll Lebenskraft wie Zwillinge der Gazelle.

5 *Dein Hals strahlt Adel aus, wie der Elfenbeinturm.*

Deine Augen sind bezaubernd
wie die glitzernden Teiche in Heschbon
am Tor Bat-Rabbim.

Wenn du deine Nase krausziehst,
zeigst du Stolz und Selbstsicherheit,
wie der Turm auf dem Libanon,
der nach Damaskus hin späht.

6 *Du trägst deinen Kopf hoch, wie der Karmel.*
und dein fallendes Haar schimmert wie Purpur.
Ein König ist gefesselt in deinen Locken!

2.4.6.2 Kontext und Aufbau von 7,1-6

Der junge Mann wendet sich nun mit einem weiteren Beschreibungslied an seine Geliebte. Wieder geht es, wie auch sonst im vierten Zyklus, recht dramatisch zu. Dies wird besonders dann sichtbar, wenn man den Abschnitt mit dem ersten Beschreibungslied in 4,1-7 vergleicht. Dort steht sie als seine geschmückte Braut vor ihm. Er bewundert ihre Ausstrahlung und beschreibt sie ausgehend von ihrem Gesicht bis zu ihrem Dekolleté, wo er endet. In 7,1-6 erleben wir sie dagegen vor einem Publikum tanzend, während die Blicke aller auf sie gerichtet sind. Ihr Körper wird von unten nach oben beschrieben, verweilt wird auch auf der Körpermitte mit eindeutig-zweideutigen Aussagen. Keine andere Stelle im Hohenlied ist so explizit wie diese. Wie auch sonst im vierten Zyklus wird hier an Grenzen gegangen. Von einer Grenzüberschreitung ist allerdings anders als in 5,2-8 keine Rede. Vielmehr werden die Liebe und Erotik ausgelassen gefeiert.

Hinter dem Textabschnitt steht möglicherweise die Sitte, dass die Hochzeitsgesellschaft die Braut an einem bestimmten Zeitpunkt des Festes zu einem Tanz aufforderte. Ein solcher Brauttanz ist jedenfalls aus traditionellen syrischen Hochzeitsbräuchen bekannt (➤ 1.4.3).

Die Einleitung in V. 1 besteht aus einem Parallelismus mit eingeschobener Anrede, wie sie im Hohenlied öfter in rahmenden Textteilen begegnet. Sie ist mit einem kurzen Wechselgespräch verbunden. Auch das Beschreibungslied des Mannes in 5,9-16 war von einem kurzen Dialog eingeleitet worden. Bei der Personengruppe, die hier mit **wir** (4. Zeile) bzw. mit **ihr** (5. Zeile) angesprochen wird, handelt es sich nach der vorgeschlagenen Deutung um die Freunde des Bräutigams, die auch in 5,1 genannt werden, oder allgemein um die Hochzeitsgesellschaft.

Auf die Einleitung folgt eine Beschreibung des Körpers der jungen Frau. Von unten nach oben gehend werden **Füße**, **Hüften**, **Schoß**, **Leib**, **Brüste**, **Hals**, **Augen**, **Nase**, **Kopf** und **Haar** genannt (V. 2-6). Die letzte Zeile von V. 6 schwenkt von der Beschreibung zu den Gefühlen und bildet so einen geeigneten Abschluss. Die Stichworte **Tochter eines Edlen** (V. 2) und **König** (V. 6) geben dem Lied einen »königlichen« Rahmen (Keel 213). Der edle, königliche Charakter der jungen Frau wird zudem in einigen der Vergleiche aufgenommen.

Einige Ausleger verstehen V. 7 als Abschluss des Gedichts. Meiner Ansicht nach lässt sich der Vers aber besser als Einleitung des folgenden Abschnittes 7,7-10 verstehen. Für weitere Informationen siehe dort.

2.4.6.3 Einzelauslegung von 7,1-6

Der Vers ist in seiner Bedeutung viel diskutiert, vor allem was 1
den genauen Unterton der Frage und der Antwort ausmacht. Zunächst wiederholen die erste und dritte Zeile viermal ein Wort, das die Bedeutung »umkehren« oder »sich wenden« hat und hier auf die Bewegungen des Körpers beim Tanzen bezogen ist.

Die Bezeichnung **Schulammit** erscheint nur hier im Hohenlied und wird im Vers zweimal gebraucht. Beide Vorkommen tragen den Artikel, was darauf hinweist, dass es sich nicht um einen Eigennamen im vollen Sinne handelt. Möglich ist, dass aus zwei Begriffen ein Kunstwort gebildet wurde. So bilden die Konsonanten das Wort *schəlōmît*, was die weibliche Form des Namens Salomo (hebr. *schəlōmōh*) darstellt, während die Vokale an das Wort *Schûnammît* erinnern, die schöne Schunemiterin Abischag, die David in hohem Alter umsorgte und um die es unter Davids Söhnen zum Konflikt kam (1Kön 1-2). Dann wäre die **Schulammit** ein Kunstwort für die Schönheit vom Lande, die gleichzeitig von einer königlichen Aura umgeben ist.

Dass wir uns an dir weiden: Das hier verwendete Verb (hebr. *chazāh* mit Präposition *bə*) bedeutet »etwas mit Befriedigung ansehen« (vgl. Mi 4,11; Ps 27,4; Hiob 36,25). Einige Zuschauer fordern also die junge Frau auf, für sie zu tanzen, damit sie sie dabei genussvoll betrachten können.

Was – ihr wollt euch an der Schulammit weiden …?: Anders als in einigen Bibelübersetzungen wiedergegeben handelt es sich nicht um eine informative Frage der Art: »Was wollt ihr an Schulammit betrachten?«. Vielmehr wird hier Kritik in Form einer Was-Frage (hebr. *mah*) geäußert – wie etwa bei Mose: »Was streitet ihr mit mir? Was versucht ihr den HERRN?« (2Mo 17,2; weitere Beispiele 1Mo 4,10; 12,18; 15,2; 2Mo 14,15 u.a.; auch

Hld 8,4). Grammatisch ist der kritische Unterton daran festzumachen, dass das Wort **was** hier keinen Satzteil ersetzt, nach dem gefragt würde, sondern dass ein in sich vollständiger Satz folgt.

Über den **Tanz in den Kriegslagern** wird in den Kommentaren viel spekuliert. Möglicherweise handelt es sich um einen »Tanz zwischen zwei Lagern«, d.h. um den Tanz einer einzelnen Person zwischen zwei Gruppen von Tänzern oder aber auch um eine bestimmte Art des Tanzes, wie sie im Kriegslager durchgeführt wurde.

Der Bräutigam weist also seine Freunde zurecht – vielleicht halb im Scherz, halb im Ernst. Sie sollen es sich ja nicht einfallen lassen, seine Braut so anzustarren, wie es etwa die Soldaten im Heer tun, wenn die bestellten Tänzerinnen vor ihnen auftreten.

Gleichwohl lässt es sich die Braut nicht nehmen, vor den Anwesenden zu tanzen. An Selbstbewusstsein mangelt es ihr nicht. Aber es ist der Bräutigam, der sich das Recht herausnimmt, sie dabei bewundernd zu beschreiben.

2 Vielleicht wegen ihrer Tanzschritte wird der Blick des Betrachters zuerst auf die **Füße** der jungen Frau gelenkt, denen hübsche **Sandalen** besondere Wirkung verleihen. Von den Reizen der Sandalen ist auch im Buch Judit die Rede (Kap 10,3 und 16,11 Lutherbibel mit Apokryphen; mit anderer Verszählung 10,4 und 16,9 Einheitsübersetzung).

Die Anrede **du Tochter eines Edlen** muss hier nicht biografisch gemeint sein. Vielmehr soll die edle Ausstrahlung der Frau angesprochen werden. Die Anrede erinnert außerdem daran, dass es sich in 7,1-6 nicht nur um eine Beschreibung von Körperteilen handelt, sondern dass es auch hier wieder um die Person als Ganzes geht, zu der über die Anrede Beziehung hergestellt wird.

Das Wort für **Hüften** kann auch die »Schenkel« bezeichnen. Die gerundeten Formen des weiblichen Körpers werden hier mit besonders gelungenen Schmuckstücken verglichen, wie sie nur die Meister ihrer Zunft anfertigen können.

Für den **Schoß** steht im Hebräischen das Wort *schōr*, das ei- 3
gentlich den Nabel bezeichnet (so auch in Hes 16,4), hier aber wohl stellvertretend (*pars pro toto*) für den weiblichen Unterleib insgesamt steht. Manchmal wird das Wort aber auch als Umschreibung (*Euphemismus*) für den Schambereich verwendet. Der Dichter verzichtet darauf, das Intimste explizit zu machen – wenn auch die Metapher des Mischweins überraschend eindeutig zweideutig ist. Keine Stelle im Hohenlied spricht von der geschlechtlichen Vereinigung deutlicher als diese.

Im Bild wird zum Getränk nun die Speise gestellt. Essen und Trinken waren auch schon in 5,1 mit dem »Auskosten« der Liebe in Verbindung gebracht worden. Der **Weizen** war eines der Grundnahrungsmittel im alten Israel. Die goldene Farbe und die sanft gewölbte Form des **Haufens** bilden den äußeren Anknüpfungspunkt für den Vergleich.

In Ägypten wurden Lebensmittel aller Art mit ➛**Lotusblumen** dekoriert (Keel 216). Sie stehen für Frische und noch grundsätzlicher für Lebenskraft. Weizen und Lotusblumen sind hier ein Symbol für die Fruchtbarkeit des Mutterleibes. In der Übersetzung ist dementsprechend das Wort **fruchtbar** ergänzt.

Die Beschreibung fährt nun mit dem Oberkörper fort, den 4
der junge Mann schon in Abschnitt 4,1-7 besungen hatte. Dabei werden teilweise die gleichen Bilder verwendet. Dies ist nicht auf mangelnde Kreativität seitens des Dichters zurückzuführen, sondern hat damit zu tun, dass die altvorderorientalische Poesie viel stärker als die unsere mit vorgegebenen Konventionen arbeitet und daher ihre Vergleiche aus einem kulturell angebotenen Schatz an Bildern auswählt.

Die ➤ **Gazelle** ist wie die Lotusblume ein Symbol für den Sieg des Lebens über den Tod. Ihre Zwillingskitze, die hier für die Brüste der Frau stehen, unterstreichen den Aspekt der Fruchtbarkeit und stehen darüber hinaus für Zartheit, Verspieltheit, Scheuheit u.a. (siehe zu 4,5).

5 Die erste Zeile lautet wörtlich: »Dein Hals – wie der Elfenbeinturm«. Schon in 4,4 waren Hals und Turm miteinander verglichen worden. Beide stehen symbolisch für Stolz und Wehrhaftigkeit. Das **Elfenbein** fügt hier allerdings einen besonderen Akzent hinzu, nämlich den von Adel und Luxus (Uehlinger 2000, S. 107-109).

Die **Augen** der jungen Frau werden nicht wie sonst im Lied mit Tauben verglichen (1,15; 4,1; 5,12), sondern mit zwei **Teichen**. In der Hitze der Sonne laden die Teiche die durch das Stadttor strömenden Passanten zur Erfrischung ein. Tatsächlich wurden bei Ausgrabungen im Tell der Stadt **Heschbon** Wasserbassins gefunden, die aus der Eisenzeit, d.h. aus der israelitischen Königszeit, stammen (Eichner/Scherer 12f.). Der Name des Tores, **Bat-Rabbim**, übersetzt »Tochter der vielen«, ist uns allerdings sonst nicht weiter bekannt. Heschbon war eine ehemalige amoritische Königsstadt (4Mo 21,25-30). Möglicherweise war ihr Name daher mit der Aura von exotischem Luxus umgeben (Keel 218). In der Übersetzung oben sind die Wörter **bezaubernd** und **glitzernd** ergänzt, um all diese Anklänge ein Stück weit zum Ausdruck zu bringen.

Der dritte Vergleich lautet wörtlich ganz knapp: »deine Nase – wie der Turm auf dem Libanon, der nach Damaskus hin späht«. Auch hier haben Ausleger den Vergleichspunkt immer wieder im Bereich des Aussehens gesucht, indem sie etwa die **Nase** mit einem Vorsprung am Turm vergleichen oder auf die kühn vorspringende semitische Nase verweisen.

Doch gilt wieder, was oben in Kap. 1.7.1 zur Bildsprache ausgeführt wurde, dass nämlich die Vergleiche sich nur zu einem kleinen Teil auf das Aussehen beziehen. Über die **Nase** wird nach dem Alten Testament Eigenwille und Zorn zum Ausdruck gebracht. Der **Turm** auf dem majestätischen **Libanon**gebirge bedeutet militärischen Überblick und Überlegenheit. Der Feind steht unter Beobachtung – bis hin zum fernen **Damaskus**. Es ist die stolze Wehrhaftigkeit, die Nase und Turm gemein ist.

Wörtlich lautet der erste Vergleich »dein Kopf auf dir – wie **6**
der Karmel«. Das **Karmel**gebirge ist zwar wesentlich niedriger als der Libanon, wirkt mit seinen bis zur Küste hinabreichenden Steilhängen aber dennoch imposant. Das Bild steht für die aufrechte und stolze Körperhaltung der jungen Frau.

➛ **Purpur** ist ein dunkelroter oder violetter Farbstoff, der in einem sehr aufwendigen Verfahren aus der Purpurschnecke gewonnen wurde. Purpur gefärbte Stoffe waren daher ein besonderer Luxus. Das **Haar** der jungen Frau ist allerdings nicht rot, sondern schwarz. Der Vergleich bezieht sich also nicht auf die Farbe, sondern allgemeiner auf das Glänzen und Schimmern und auf das insgesamt edle Erscheinungsbild des Haars.

Die Haare der jungen Frau sind so verlockend, dass selbst ein König von ihnen **gefesselt** wäre. Der Vergleich der Haare mit Fesseln wird auch in einem altägyptischen Liebesgedicht gezogen (zitiert nach Schott 63):

Sie wirft Schlingen gegen mich mit ihrem Haar.

2.4.6.4 Zusammenfassung und Aussage von 7,1-6

Einer Tradition entsprechend fordert das Publikum die Braut auf, für sie zu tanzen. Halb im Scherz, halb im Ernst weist der Bräutigam seine Freunde zurecht, sie dabei nicht auf ungebührliche Weise anzustarren.

Während die Braut mit ihrem Tanz beginnt, betrachtet sie ihr Bräutigam voller Bewunderung, wobei er von unten nach oben vorangeht. Füße und Beine beschreibt er vor allem in ästhetischer Hinsicht. Der Bereich der Körpermitte ist mit Bildern der Sexualität, Fruchtbarkeit und Lebenskraft verbunden. In der Beschreibung von Hals und Kopf kommen vor allem Charaktereigenschaften zum Ausdruck. Das übergreifende Thema ist die edle Ausstrahlung der jungen Frau. Der Bräutigam ist ganz und gar von ihr gefesselt.

Das Lied feiert die weibliche Schönheit und Anziehungskraft, und zwar noch intensiver und auch gewagter als das erste Beschreibungslied in 4,1-7. Der europäische Blickwinkel, der dazu neigt, nur das Sichtbare zu sehen, scheitert allerdings schon am Verständnis der Bildsprache. Der Schlüssel ist auch hier wieder ein ganzheitlicher Zugang, bei dem die Aspekte von körperlicher Ästhetik, Sexualität und Fruchtbarkeit sowie Charakter und Ausstrahlung nicht voneinander getrennt, sondern als Einheit gesehen werden. Erst alles zusammen macht weibliche Sinnlichkeit aus.

Dass in diesem Lied Männer ihre begehrenden Blicke auf eine tanzende Frau richten, wirft für christliche Leser Fragen auf. Hier ist zwischen dem guten Gebrauch und dem Missbrauch einer Schöpfungsgabe Gottes zu unterscheiden. Die Gabe der Sexualität hat eine starke körperbezogene Seite, zu der auch gehört, dass männliche Blicke von weiblicher Schönheit angezogen werden – und natürlich auch umgekehrt (Schautrieb und Zeigetrieb). Der Tanz einer Frau vor einem Mann ist hierfür geradezu typisch und an sich aus der Sicht des Hohenliedes nicht verwerflich.

Aus dem schöpfungsgemäßen Betrachten und Begehren kann natürlich auch ein falsches Begehren werden, das zum Ehebruch führt bzw. das nach Jesus Christus an sich schon eine Form von Ehebruch ist (Mt 5,27-28; vgl. Hiob 31,1). Heute stellt dies unter anderem in Form der Internet-Pornografie eine große Herausforderung an die christliche Gemeinde dar. Das Hohelied nimmt die Thematik dahin gehend auf, dass der Bräutigam seine Freunde ermahnt, es mit dem bewundernden Betrachten seiner Braut nicht zu übertreiben (7,1).

2.4.7 Er: Ich will mit dir schlafen (7,7-10)

2.4.7.1 Übersetzung von 7,7-10

ER

7 *Wie schön bist du,*
und wie bezaubernd bist du,
meine Liebe, meine Lust!

8 *Deine Gestalt ist schlank und üppig:*
Sie gleicht einer Dattelpalme
und deine Brüste den Trauben.

9 *Ich habe mir vorgenommen:*
Ich will die Palme ersteigen,
ich will ihre Rispen ergreifen.

Dann werden deine Brüste wie Weintrauben sein
und der Duft deines Atems wie Apfelduft
10 *und dein Gaumen wie der beste Wein,*
der dem Liebhaber glatt eingeht,
der noch die Lippen der Schlafenden benetzt.

2.4.7.2 Kontext und Aufbau von 7,7-10

In den Redeabschnitten des jungen Mannes ist immer wieder eine Bewegung erkennbar, und zwar von der Beschreibung hin zum Verlangen. Dies gilt sowohl für die einzelnen Lieder in sich als auch für deren Abfolge. So folgt im vierten Zyklus auf die beiden vor allem beschreibenden Abschnitte 6,4-10 und 7,1-6 zum Abschluss ein Lied, in dem der Liebhaber deutlich sein Verlangen nach sexueller Vereinigung mit der Geliebten zum Ausdruck bringt.

Auch innerhalb des Liedes ist diese Bewegung zu beobachten: Der Liebhaber beginnt zunächst mit einem beschreibenden Vergleich, der dann in eine Absichtserklärung mündet.

Der einleitende Vers 7 wird von manchen Auslegern zum Ende des vorigen Gedichts gerechnet. Dies ist möglich, doch würde V. 8 dann recht unvermittelt einsetzen. Auch eignet sich der Ausruf in V. 6 »Ein König ist gefesselt in deinen Locken!« gut, um das vorangehende Lied abzuschließen. Auf die Auslegung im Ganzen hat die unterschiedliche Platzierung von V. 7 aber keinen Einfluss.

Der Abschnitt ist wieder sprachlich kunstvoll gestaltet. Zur Verwendung kommen zweizeilige und dreizeilige Parallelismen.

2.4.7.3 Einzelauslegung von 7,7-10

7 Der junge Mann beginnt, indem er zunächst mit allgemeinen Worten die verlockende Schönheit seiner Geliebten zur Sprache bringt. Die letzte Zeile ist im Deutschen nicht ganz wörtlich nachzubilden, mit einem altertümlichen Wort ließe sie sich wiedergeben als »o Liebe in Wonnen«. Für ihn ist sie der Inbegriff der Liebe.

Die erste Zeile lautet wörtlich nur: »Dies ist deine Gestalt.« 8
Die Wörter **schlank und üppig** sind in der Übersetzung hinzugefügt, um den für uns befremdlichen Vergleich mit der ➛ **Palme** besser nachvollziehen zu können. Das Schönheitsideal ist hier nicht eine knabenhafte Schlankheit, sondern der Vergleich zielt auf den Kontrast zwischen der schlanken Palme und ihren ausladenden Fruchtständen, wie die beiden folgenden Zeilen verdeutlichen. Mit **Trauben** sind an dieser Stelle Datteltrauben gemeint. Im Alten Orient ist die Palme (hebr. *tāmār*, davon der Name Tamara) ein Urbild für das Leben.

Die erste Zeile lautet wörtlich: »Ich sagte.« Wenn ein Sprecher 9
sich selbst zitiert, will er einen Gedanken mitteilen, den er sich gemacht hat (z.B. 1Mo 20,11; 26,9; 31,31; Ri 15,2). Der junge Mann kündigt an, was er vorhat.

Für die Dattelernte kletterte man an dem glatten Stamm der **Palme** hoch. Der Griff nach den **Rispen**, während man sich am Stamm festklammert, ähnelt von seinen Bewegungsabläufen der eng umschlungenen Haltung der Partner beim Geschlechtsakt.

Wieder verzichtet das Hohelied aber darauf, in einer pornografischen Weise konkret zu werden (Maier 159f.). Stattdessen richtet sich die Kamera wie in einer entsprechenden Spielfilmszene auf den Bereich der Oberkörper.

Die letzte Zeile lautet wörtlich: »und der Duft deiner Nase wie Äpfel«. Die Nase steht hier stellvertretend für den **Atem**, und der ➛ **Apfel** heißt im Hebräischen »der Duftende«. So erklärt sich die auf den ersten Blick befremdliche Aussage. Der Liebhaber ergreift also ihre **Brüste** und spürt ihren heftigen Atem, als sich die Gesichter einander annähern.

Es folgt der intensive Zungenkuss, der hier auch stellvertre- 10
tend für den Höhepunkt beim Liebesakt steht. Der ➛ **Wein** symbolisiert Liebesgenuss und Liebesrausch. Auch andere Stellen im Hohenlied vergleichen die Liebe mit Wein bzw. stellen

die Liebe in ihrer Wirkung über den Wein (1,2.4; 2,4; 4,10; 5,1; 7,3).

Die zweite Zeile des Verses hat im überlieferten Text das Wort »meinem Geliebten« (*lədôdî*) stehen. Übersetzungen und Kommentare haben verschiedene Vorschläge, damit umzugehen:

1. Wird der überlieferte Text verwendet, so folgt daraus, dass ab V. 10b nicht der Mann, sondern die Frau spricht (so z.B. Zakovitch 253). Ein Sprecherwechsel mitten im Satz wäre allerdings überraschend. Er würde die sehr direkte Absichtserklärung des jungen Mannes in ein Duett verwandeln. Die Antwort der jungen Frau ist besser erst in 7,11-13 zu sehen.

2. Keel (S. 231f.) macht aus »meinem Geliebten« mit einer kleinen Ausspracheänderung »meine Liebkosungen« (*lədôdaj*) und übersetzt »wenn er (der Gaumen, nicht der Wein) weich auf meine Liebkosungen eingeht«. Dies ist grammatikalisch aber problematisch, weil das Subjekt der folgenden Verszeile dann doch wieder der Wein und nicht der Gaumen ist, der »die Lippen der Schlafenden benetzt«.

3. Wahrscheinlich liegt daher ein Abschreibefehler vor, bei dem ein Schreiber den im Hohenlied häufigen Ausdruck »mein Geliebter« einmal zu oft verwandte. Ursprünglich hat möglicherweise einfach das Wort »mir« (*lî*) gestanden, oder – mit einem weniger starken Eingriff in den Text – die Wendung »einem Geliebten« (*lədôd*). Dieser letzten Variante soll hier gefolgt werden.

Auch die letzte Zeile des Verses ist in ihrer Übersetzung nicht eindeutig. Hier soll sie so verstanden werden, dass die Partner Arm in Arm einschlafen, noch im Schlaf von der Liebe berauscht.

2.4.7.4 Zusammenfassung und Aussage von 7,7-10

Nach dem Staunen über ihre Ausstrahlung (6,4-10) und dem Betrachten ihres wunderschönen Körpers beim Tanz (7,1-6) geht der Liebhaber nun weiter und bringt seinen Wunsch nach sexueller Vereinigung mit der Partnerin zum Ausdruck. Das Bild vom Umklammern der Palme (ihres Körpers) und dem Griff nach den Rispen (ihren Brüsten) verbildlicht Bewegungsabläufe während des Geschlechtsaktes. Die folgende »Nahaufnahme« beschränkt sich dann aber auf die Oberkörper. Der Liebhaber stellt sich vor, wie er ihre Brüste berührt, ihren heftigen Atem spürt, als sich die Gesichter einander nähern, im Zungenkuss mit ihr schwelgt … und wie beide dann noch im Schlaf von dem Erlebnis beseelt und berauscht sind.

Auch dieser Abschnitt ist von der im vierten Zyklus typischen wilden Romantik geprägt, die in ihrer erotischen Dramatik gegenüber dem dritten Zyklus noch einmal gesteigert ist. Wieder werden die Liebe und das sexuelle Verlangen gefeiert.

Der Abschnitt 7,7-10 fasst den Liebesakt in einer sehr »männlichen« Art und Weise auf. Die weibliche Sichtweise bildet dazu ein ausgleichendes Gegenüber. Sie wird in den folgenden Versen dargestellt.

2.4.8 Sie: Ich will dir meine Liebe schenken (7,11-13)

2.4.8.1 Übersetzung von 7,11-13

SIE

11 *Ich gehöre meinem Geliebten,*
und nach mir ist sein Verlangen.

12 *Komm,*
mein Geliebter,
wir wollen aufs Feld hinausgehen,
wir wollen bei den Hennasträuchern die Nacht verbringen.
13 *Wir wollen uns früh aufmachen zu den Weinbergen,*
wollen sehen,
ob der Weinstock treibt,
ob die Weinblüte sich geöffnet hat,
ob die Granatapfelbäume blühen.
Dort will ich dir meine Liebe schenken.

2.4.8.2 Kontext und Aufbau von 7,11-13

Mit seinem letzten Lied war der Liebhaber von der Beschreibung seiner Geliebten zum Ausdruck des Verlangens übergegangen. Im Bild gesprochen, aber doch recht unverhüllt, hat er den Wunsch nach sexueller Vereinigung zum Ausdruck gebracht. Zum Abschluss des Zyklus antwortet nun die Geliebte und lädt ihn ein zur Liebesnacht in der freien Natur.

Von der Episode aus lassen sich verschiedene Querverbindungen herstellen.

1. Das erste Rendezvous der Partner hat nach 2,8-17 in den Weinbergen stattgefunden. Wenn nun auch der Vollzug der Ehe an diesem Ort stattfindet, so schließt sich damit ein Kreis.

2. Auch die kurze Episode 6,11-12 handelt von »Frühlingsgefühlen« bzw. dem »Frühlingsverlangen«. Möglicherweise bilden die beiden Abschnitte 6,11-12 und 7,11-13 einen Rahmen um die dazwischenliegenden Texte. Wegen der unklaren Auslegung von 6,12 ist hier allerdings keine sichere Entscheidung möglich.

3. In 8,5-7 sieht der Leser Mann und Frau gemeinsam aus der Steppe heraufkommen. Die beiden sind zu einem Paar gewor-

den. Dies liest sich wie das Gegenstück zu der Verabredung von 7,11-13. Das Ereignis der Vereinigung selbst liegt zwischen diesen beiden Texten und findet unter Ausschluss der literarischen Öffentlichkeit statt. Wird dieser erzählerische Zusammenhang betont, so ergibt sich daraus das Bild einer mehrtägigen Hochzeitszeremonie, bei der auf die Feier (3. Zyklus und Teile des 4. Zyklus) eine Hochzeitsnacht im Grünen folgt (7,11-13; 8,5), in deren Anschluss die rechtliche Seite der Eheschließung vorgenommen wird (8,6-7).

Der Abschnitt 7,11-13 besteht aus Elementen, die für den Zyklusabschluss typisch sind (D-Teile in der zyklischen Struktur; ➛ 1.6.1).

2.4.8.3 Einzelauslegung von 7,11-13

Der kurze Abschnitt beginnt mit einer Aussage der gegenseitigen 11
Hingabe. Von der Grundform in 2,16 (vgl. 6,3) »mein Geliebter ist mein und ich bin sein« weicht er darin ab, dass hier das Wort **Verlangen** (hebr. *təschûqāh*) erscheint, ein sehr seltenes Wort, das in der Bibel sonst nur noch in 1Mo 3,16 und 4,7 steht. Besonders zu 1Mo 3,16 bestehen auch inhaltliche Verbindungen. Dort wird als Folge des »Sündenfalls« über die Frau ausgesprochen:

Nach deinem Mann wird dein Verlangen sein,
er aber wird über dich herrschen.

7,11 liest sich wie eine Antwort auf diese Aussage: Die Liebe ist in der Lage, den Fluch des Geschlechterkonflikts zu überwinden. Die junge Frau gibt sich ihrem Geliebten gerne voll und ganz hin, denn sie weiß, dass er nicht über sie »herrschen« wird, sondern dass sein Verlangen sich auf sie richtet, so wie ihr Verlangen auf ihn (Keel 232f.; Maier 161f.). Damit bedeutet auch in dieser Hinsicht die Liebe eine symbolische Rückkehr in den Garten Eden (vgl. 4,12-5,1; ➤ 1.9.4).

Die tiefe Zusammengehörigkeit der beiden Partner bildet für die Frau die Grundlage, die nun folgende Einladung auszusprechen.

12 Das **Feld** bezeichnet das freie Land außerhalb der Siedlungen. Das hier mit **Hennasträucher** übersetzte hebräische Wort *kōfer* kann grundsätzlich auch »Dörfer« (vgl. das aus dem Rotwelschen kommende »Kaff«) bedeuten. Zur Frage der richtigen Übersetzung ist der Kontext zu beachten. Das Wort erscheint im Hohenlied noch in 1,14 und 4,13 und meint an diesen beiden Stellen eindeutig die Pflanze. In 1,14 erhalten wir die zusätzliche Information, dass diese auch in Weinbergen anzutreffen ist (vgl. 7,13). Dass die Geliebten sich in der Nacht in verschiedenen Dörfern aufzuhalten wünschen, ist dagegen unwahrscheinlich und würde auch dem ersten Teil der Aussage, dem Wunsch, aufs Feld zu gehen, widersprechen.

Die Nacht verbringen: Das hebräische Wort *lîn* kommt im Alten Testament häufig vor und meint, die Nacht an einem bestimmten Ort zuzubringen (z.B. 1Mo 19,2; Rut 3,13; vgl. 2Mo 23,18).

13 Die ➤ **Weinberg**thematik verbindet den Vers mit verschiedenen anderen Stellen im Lied (siehe oben Kontext und Aufbau). Die frühlingshafte Natur wird zum Ort für die Begegnung der Liebenden und ist gleichzeitig Symbol für Abenteuer, Entdeckerfreude, Liebe und Fruchtbarkeit. Dass das Sich-Öffnen der Blüte auf den weiblichen Körper anspielt (so Keel 235), muss nicht unbedingt angenommen werden. Jedoch lässt die letzte Zeile des Verses keinen Zweifel, um was es geht. Für **Liebe** steht hier nicht das abstrakte Wort *'ahăvāh*, sondern *dôdîm*, das Zärtlichkeiten, Sexualität, also das »Liebe schenken« meint (außerhalb des Hld noch in Spr 7,18; Hes 16,8; 23,17).

2.4.8.4 Zusammenfassung und Aussage von 7,11-13

Die junge Frau bringt das Gefühl der innigen Zusammengehörigkeit mit dem Geliebten zum Ausdruck. Sie lädt ihn ein, mit ihr zusammen die Nacht in der freien Natur zu verbringen. In den blühenden Weinbergen will sie ihm ihre Liebe schenken.

Der Wunsch nach Liebe in der freien Natur mag befremdlich oder auch exotisch erscheinen. Doch ist von den damaligen Gegebenheiten her zu denken: Die oft von vielen Familienmitgliedern bewohnten Häuser boten möglicherweise wenig Raum für Intimität, während man in der weitläufigen Landschaft leicht ein ungestörtes Plätzchen finden konnte. Im heutigen Westeuropa gilt eher das Umgekehrte.

Von ihrer Symbolik her stehen die blühenden Weinberge für Frühlingsgefühle und Liebesgenuss.

Für christliche Leser nicht unerheblich ist die Frage, ob die Liebesnacht innerhalb oder außerhalb der Ehe stattfindet. Unter den Auslegern berufen sich diejenigen, die das Hohelied als Manifest auf die freie Liebe verstehen wollen, vor allem auf diese Verse. Doch ist Liebe in der freien Natur noch nicht gleich »freie Liebe«. Dagegen sprechen nicht nur der Kontext der altisraelitischen Kultur und der Kontext des alttestamentlichen Kanons. Auch das Hohelied selbst behandelt ja in seinem Zentrum die Hochzeit und spricht in seinem wiederholten Mottosatz davon, die Liebe nicht vor ihrer Zeit zu wecken (➛ 1.9.9 und 1.9.10).

Richtig ist, dass das Hohelied die Liebe angstfrei feiert
(➛ 1.9.2). Gerade der vierte Zyklus tastet sich dabei auch an
Grenzen heran. Während die erste Hälfte des vierten Zyklus mit
dem Traum der jungen Frau tatsächlich eine Überschreitung
moralischer Grenzen behandelt (5,1-6,3), steckt seine zweite
Hälfte einen weiten Raum innerhalb der Grenzen ab, in dem **13**
mit der Liebe in aller Freiheit und Lebensfreude umgegangen

werden kann (6,4-7,13). In diesem Sinne darf auch die Episode von der Liebesnacht in der Natur als Einladung zu einem unverklemmten Umgang mit der Sexualität verstanden werden.

2.4.8.5 Anregungen zur Anwendung von 6,11-7,13

Der Abschnitt ist durch das Thema »Frühlingsverlangen« gerahmt. Er feiert Erotik und Sexualität in einer ausgelassenen Weise. Der Text lässt sich in dreierlei Weise für heute anwenden:

1. In einer Bibelarbeit wären z.B. die folgenden Aspekte herauszustellen:

a) Das Hohelied lädt ein, die Gabe der Sexualität nicht ausschließlich von ihren Grenzen und Verboten her zu denken, sondern sie im Gegenteil positiv zu würdigen und zu feiern.

b) Das Hohelied zeigt einen Weg, wie man über die Sexualität in einer wertschätzenden Weise reden kann, etwa im Unterschied zu einer technisch-analytischen oder einer vulgär-pornografischen Redeweise. Hld 6,11-7,13 spricht so offen über sexuelles Verlangen wie kein anderer Abschnitt des Hohenliedes. Gleichzeitig ist aber die Sprache in höchstem Maße wertschätzend, die Sexualität wird als ein ganzheitliches Erleben beschrieben, die Sprache ist offen und bewahrt dennoch die Intimität und damit den Zauber der Liebe.

Die Themen werden in den Vorschlägen zur Bibelarbeit über 1,1-4 (S. 106) und über 4,12-5,1 (S. 208) ausgeführt. Für weitere Anregungen siehe dort.

2. Wenn in einem Eheseminar über die Gestaltung der Sexualität gesprochen werden soll, eignet sich der Abschnitt als »Eisbrecher«, um über das sensible Thema sprachfähig zu werden. Auch bietet er mancherlei Anknüpfungspunkte. Siehe dazu Kap. 1.9.8 »Liebe ist ... es in Worte fassen«.

3. Abschnitte wie dieser eignen sich auch dazu, sie sich im Schlafzimmer – oder vielleicht auch an einem intimen Ort in der freien Natur? – gegenseitig vorzulesen. Sie können Paaren helfen, denen es schwerfällt, ihre sexuellen Wünsche in Worte zu fassen.

2.5 Der fünfte Zyklus: Die Partner besiegeln ihre Liebe (7,14–8,14)

Nach dem emotional hochdramatischen vierten Zyklus führt uns der fünfte Zyklus zurück in ruhigere, dafür aber auch theologisch tiefe Gewässer.

2.5.1 Sie: Ach wärst du doch mein Bruder (7,14–8,4)

2.5.1.1 Übersetzung von 7,14–8,4

DIE JUNGE FRAU, ALLEIN IN IHREM ELTERNHAUS

14 *Die Liebesäpfelchen verströmen Duft,*
und an unserer Tür sind viele köstliche Früchte,
neue und solche vom Vorjahr –
mein Geliebter, für dich habe ich sie aufbewahrt.

8,1 *Ach wärst du doch mein Bruder,*
genährt an der Brust meiner Mutter!
Fände ich dich draußen, würde ich dich küssen,
und man dürfte nicht an mir Anstoß nehmen.

2 *Ich würde dich führen, dich hineinbringen*
ins Haus meiner Mutter, die mich lehrte.
Ich würde dir zu trinken geben vom gewürzten Wein,
vom Most aus Granatäpfeln.

3 *Seine Linke unter meinem Kopf*
und seine Rechte soll mich umfassen!
4 *Ich beschwöre euch,*
Töchter Jerusalems:
Was wollt ihr wecken,
was wollt ihr aufstören die Liebe,
bevor es ihr gefällt!

2.5.1.2 Kontext und Aufbau von 7,14-8,4

Der fünfte Zyklus eröffnet mit einer Gruppe von Versen, die das Verlangen der jungen Frau nach ihrem Geliebten zum Inhalt haben. Verschiedene Motive dieser Verse sind uns schon aus den anderen Zykluseröffnungen bekannt. So ähnelt der Wunschtraum in 8,1-2 den beiden Träumen in 3,1-4 und 5,2-7, z.B. im Motiv vom **Finden** und vom **Führen** ins **Haus meiner Mutter**. Der Satz in 8,3 **Seine Linke unter meinem Kopf ...** ist eine wörtliche Wiederholung von 2,6; der Mottosatz in 8,4 ist ebenfalls schon in 2,7 und 3,5 begegnet. Die Beobachtung dieser Zusammenhänge führt zur Entdeckung der zyklischen Struktur des Hohenliedes (➤ 1.6.1).

Eine enge Sinneinheit innerhalb des Abschnittes bilden die Verse 8,1-2. Dort träumt die junge Frau davon, sich ihrem Geliebten so unbefangen nähern zu können wie einem Bruder und ihn mit in ihr Elternhaus nehmen zu können. Der folgende Vers schließt sich inhaltlich gut an. Auch der vorangehende Vers 7,14 kann hinzugenommen werden, denn er handelt von köstlichen Früchten, die im Elternhaus der jungen Frau für den Geliebten bereitliegen (Gerlemann 208f.).

Einige Ausleger ziehen allerdings 7,14 zu den vorangehenden Versen 7,12.13. Doch liegt zwischen V. 13 und 14 ein deutlicher

Wechsel vor: von der Natur zum Haus und von der Frühlingsblüte zu den geernteten Früchten.

Der Abschnitt ist poetisch gestaltet, wenn auch formal weniger streng als andere Teile des Liedes. Die Verse 7,14-8,2 sind jeweils vierzeilig aufgebaut. In 8,2 sind außerdem Satzteilparallelismen angelegt: **dich führen ... dich hineinbringen** und **vom gewürzten Wein ... vom Most aus Granatäpfeln**. Die beiden Zeilen von 8,3 sind als synonymer Parallelismus formuliert; in 8,4 liegt eine sprachliche Gestaltung in der Wiederholung **was wollt ihr ... was wollt ihr** vor.

Ein vergleichbares Motiv findet sich auch in einem altägyptischen Liebesgedicht. Hier hofft die junge Frau auf die Zustimmung der Mutter ihres Geliebten, damit sie ihn unbefangen küssen kann und sich nicht schämen muss (zitiert nach Schott 42f.):

Ich ging vorüber nahe an seinem Hause
und fand dessen Tür offen.
Der Geliebte stand da zur Seite seiner Mutter.
Alle seine Geschwister waren bei ihm ...

Ach, dass die Mutter mein Herz kennte
und es ihr bald einfiele!
Goldene, ach gib es ihr ins Herz,
dann eile ich zu meinem Geliebten.

Ich küsse ihn vor den Seinen
und schäme mich nicht vor den Menschen,
sondern freue mich über ihren Neid,
weil Du mich erkennst.

Mit der »Goldenen« ist eine Göttin angeredet, die das Herz der Schwiegermutter *in spe* bewegen soll.

2.5.1.3 Einzelauslegung von 7,14–8,4

14 Mit den ➤ **Liebesäpfelchen** sind die Früchte der Alraune oder Mandragorafrucht bezeichnet, die einen angenehmen **Duft** ausströmen. Im alten Ägypten galten sie als Aphrodisiakum, und auch in 1Mo 30,14-16 erscheinen sie im Zusammenhang mit der Sexualität. In unserem Vers trägt der Duft der Früchte zu einer romantischen Atmosphäre bei, vergleichbar mit dem Aufstellen von Kerzen oder dem Ausstreuen von Rosenblättern heute.

Dazu sind verschiedene **köstliche Früchte**, frische und getrocknete, an der Türöffnung abgelegt, die zum Betreten des Hauses einladen.

Während bei den Liebesäpfeln zunächst noch nicht gesagt ist, von wem sie sind oder für wen sie duften sollen, kommt mit den Früchten das Elternhaus der jungen Frau in den Blick, wobei sich die Frau mit den Worten **unsere Tür** zunächst noch hinter der Familie versteckt. Erst mit der letzten Zeile gibt sie sich selbst zu erkennen und spricht ihren Liebhaber direkt an. Auf die letzte Zeile läuft der ganze Vers zu. Das Wort für **aufbewahren** kann auch »verbergen« meinen: Die junge Frau hat alle diese Früchte exklusiv für ihren Liebhaber gesammelt und für ihn sicher aufbewahrt. Nur ihm allein möchte sie alles schenken.

Sind die **köstlichen Früchte** wörtlich oder übertragen zu verstehen? Maier sieht in den Früchten alles, was die junge Frau »an Liebe geben kann, ja sogar alles, was sie in ihrer Person darstellt« (S. 163). Keel versteht die **neuen und alten** Früchte als Andeutungen auf »überraschende, noch unbekannte und altbewährte Freuden der Liebe« (S. 238). Meiner Ansicht nach können aber durchaus auch konkrete Früchte gemeint sein, welche die Geliebte gesammelt und aufgespart hat, um sie ihrem Geliebten zu schenken und damit ihre Liebe zum Ausdruck zu bringen.

Die junge Frau möchte ihren Freund am liebsten sofort mit sich nach Hause nehmen. Doch weiß sie, dass damit eine gesellschaftliche Grenze überschritten wäre. So stellt sie sich in einer »Beziehungsfantasie« vor, der Geliebte wäre ihr **Bruder**, an derselben **Mutterbrust** gesäugt wie sie und daher innig vertraut von Anfang an. In diesem Fall könnte sie ihm ganz unbefangen begegnen, ihn auf offener Straße **küssen** – wie z.B. Jakob seine Cousine Rahel küsste (1Mo 29,11) – und ihn zu sich einladen, ohne dass sie dadurch gesellschaftlich geächtet würde. **8,1**

Heutigen Lesern kommt der Wunsch der Geliebten befremdlich vor. Würde nicht die Entdeckung, dass es sich bei dem Freund um den leiblichen Bruder handelt, das sofortige Aus der Liebesbeziehung bedeuten? Doch geht es an dieser Textstelle nicht um das Thema der Geschwisterehe, sondern die Geliebte bringt lediglich ihre Sehnsucht nach Nähe zum Ausdruck.

In der Fortsetzung des vorangegangenen Verses wünscht die **2**
Geliebte sich, ihren Freund in das **Haus meiner Mutter**, also in ihr Elternhaus, zu **bringen**.

In diesem Zusammenhang liegt allerdings ein Problem bei der Textüberlieferung vor. So lautet die zweite Zeile in der Lutherbibel »in meiner Mutter Haus, in die Kammer derer, die mich gebar«. Luther folgt hier der Septuaginta (= alte griechische Übersetzung des Alten Testaments). Diese hat den Vers vermutlich an Hld 3,4 angeglichen, wo dieselbe Formulierung erscheint. Alle hebräischen Handschriften haben dagegen übereinstimmend **ins Haus meiner Mutter, die mich lehrte**.

Die Formulierung **die mich lehrte** ist allerdings wiederum in ihrer Übersetzung umstritten. Das hebräische Verb kann von seiner Form entweder »Du lehrst mich« oder »Sie lehrt mich« bedeuten. Nach der ersten Variante würde sich die Geliebte wünschen, von ihrem Freund in Liebesdingen unterrichtet zu werden. So heißt es z.B. in der Übersetzung der Gute Nachricht

Bibel: »Du könntest mich im Zärtlichsein belehren.« Als Beleg für eine solche Sicht lässt sich Jer 13,21 heranziehen. Dort heißt es wörtlich, Israel habe fremde Mächte »gelehrt«, ihr Freund zu sein. Allerdings wäre dies dann die einzige Aussage im Zusammenhang von 7,14-8,2, bei der der Mann handelt. Der Wechsel zum »Du lehrst mich« wirkt dabei abrupt und die Aussage ist so knapp, dass sie unverständlich bleibt, wenn sie nicht Sinn erweiternd ergänzt wird wie in der zitierten Übersetzung. Außerdem macht die Frau im Zusammenhang mit unserer Textstelle den Eindruck, durchaus genaue Vorstellungen davon zu haben, was sie mit dem Geliebten tun möchte. Sie braucht daher nicht erst von ihm gelehrt zu werden. Die zweite Variante »Sie lehrt mich« liegt daher näher. In Beziehungsdingen ist die Mutter die erste Lehrerin und Beraterin ihrer Tochter.

Vordergründig möchte die junge Frau ihren Freund mit **gewürztem Wein** und **Most von Granatäpfeln** berauschen. Im Sinn hat sie aber, ihn mit ihrer Liebe zu berauschen. Der ➤ **Wein** erscheint im Hohenlied ja oft im Zusammenhang mit der Liebe. Dass er **gewürzt** ist, bedeutet eine weitere Steigerung des Genusses. ➤ **Granatäpfel** waren ein Symbol für Wohlergehen und Genuss und eignen sich ebenfalls, um eine Anspielung auf Liebe und Zärtlichkeit zu machen.

An dieser Stelle liegt noch eine weitere Unsicherheit in der Textüberlieferung vor. Die wichtigste hebräische Bibelhandschrift, der *Codex Leningradensis*, spricht vom Most »meines Granatapfels« *(rimmōnî)*. Viele andere hebräische Handschriften haben dagegen Most »von Granatäpfeln« *(rimmōnîm)*. Bei der ersten Variante ist durch den persönlichen Bezug die erotische Anspielung noch deutlicher, insgesamt ist der Unterschied in der Bedeutung aber gering.

3 Der Vers kann im Zusammenhang mit dem Vorangehenden gelesen werden. Dann lässt sich leicht ausmalen, wie die junge Frau auf ihrem Lager liegt und sich einem sehnsuchtsvollen Tagtraum hingibt, in dem der Geliebte sie mit Zärtlichkeiten verwöhnt, ohne dass »störende« gesellschaftliche Normen die beiden daran hindern.

Die Aussage steht wörtlich auch in 2,6. Für weitere Einzelheiten der Auslegung siehe dort.

Der Träumerei wird ein Ende gemacht, indem sich die Ge- **4**
liebte darauf besinnt, dass in Sachen Liebe alles erst dann geschehen soll, wenn die rechte Zeit dafür gekommen ist. Dies sagt der Mottosatz des Liedes aus, der hier zum vierten Mal erscheint. Zur weiteren Auslegung siehe den Kommentar zu 2,7.

In 8,4 ist die Form des Satzes leicht abgewandelt. So fehlt gegenüber 2,7 die Formulierung »bei den Gazellen oder bei den Hirschkühen des Feldes«. Außerdem sind die beiden Beschwörungen »dass ihr nicht weckt … dass ihr nicht aufstört« in Fragen umgewandelt **Was wollt ihr wecken … was wollt ihr aufstören**. Inhaltlich ergibt sich daraus kein Unterschied. Die Variation ist aber aus formalen Gründen bemerkenswert. Sichtbar wird dies, wenn man die vier Mottosätze im Zusammenhang betrachtet – hier in einer sehr wörtlichen Übersetzung:

2,7	Ich beschwöre euch, Töchter Jerusalems,
+	bei den Gazellen oder bei den Hirschkühen des Feldes:
3,5	→ Wenn ihr weckt, wenn ihr aufstört die Liebe,
	bis es ihr gefällt!
5,8	Ich beschwöre euch, Töchter Jerusalems:
	→ Wenn ihr meinen Geliebten findet,
	→ was wollt ihr ihm ausrichten?
6,4	Ich beschwöre euch, Töchter Jerusalems:
	→ Was wollt ihr wecken, was wollt ihr aufstören die Liebe,
	bis es ihr gefällt!

Der dritte Mottosatz in 5,8 war aus dramaturgischen Gründen abgewandelt worden (zur Erläuterung siehe dort). 8,4 kehrt zum ursprünglichen Inhalt zurück, ist aber durch die Formulierung **was wollt ihr** an 5,8 angeglichen. Damit wird der dritte Mottosatz noch fester in die Gesamtstruktur integriert. Wieder einmal zeigt sich, wie kunstvoll das gesamte Lied durchgestaltet ist.

2.5.1.4 Zusammenfassung und Aussage von 7,14–8,4

Der Abschnitt zeigt in besonderer Weise die Spannung, die ent-
steht, wenn Liebessehnsucht und gesellschaftliche Normen auf-
einanderprallen. Die junge Frau würde ihren Freund am liebsten
auf der Stelle mit zu sich nach Hause nehmen und mit ihm die
Freuden der Zweisamkeit genießen. Sie weiß aber, dass ihr das
3 gesellschaftliche Ächtung einbringen würde. So gibt sie sich ei-
ner Fantasie hin, in der der Freund wie ein leiblicher Bruder ist,
dem sie sich ganz unbefangen nähern kann.

Anders als im vierten Zyklus, wo das Verlangen alles zu über-
rollen droht und dementsprechend auch der Mottosatz »verloren
geht« (siehe zu 5,8), findet die Geliebte nun aber wieder zu ihrer
Botschaft zurück, dass nämlich die Liebe nicht vor ihrer Zeit
geweckt werden soll. Jede Phase der Beziehung soll und darf mit
4 ihren eigenen Freuden, aber auch mit ihren eigenen Grenzen ge-
nossen werden.

2.5.1.5 Vorschlag zur Bibelarbeit über 7,14–8,4

Thema: Zwischen Wunsch und Wirklichkeit

Zielgruppe: Teenager

Ziele:
1. Die Teenager sollen entdecken, dass sie mit ihrer Sehnsucht nach körperlicher Nähe nicht allein sind und dass schon in der Bibel von dieser Sehnsucht gesprochen wird.
2. Die Teenager sollen darüber nachdenken, welche Gründe es dafür gibt, dass die Sehnsucht nicht sofort gestillt werden kann. Sie sollen verstehen, dass es sich lohnt, mit Spannungen zu leben. Auch sollen sie von dem Druck befreit werden, so schnell wie möglich sexuelle Erfahrungen machen zu müssen.

Für das Bibelgespräch müssen Jungen und Mädchen voneinander getrennt sein. Eine Vertrauensbeziehung zu den Teens ist von grundlegender Bedeutung, um über das Thema ins Gespräch zu kommen. Sorgen Sie für eine persönliche und entspannte Atmosphäre.

Zur Vorbereitung siehe auch Kap. 1.9.6 »Liebe ist … Verlangen feiern« und Kap. 1.9.9 »Liebe ist … eine Frage der richtigen Zeit«.

Diese Bibelarbeit wurde von Jugendpastor Simon Birr entwickelt.

2.5.1.5.1 Einstieg

Eröffnen Sie das Gespräch allgemein mit dem Thema Sehnsucht, z.B. zum Thema »Eis«: »Wann hattet ihr das letzte Mal so richtig Lust auf Eis?« – Sprechen Sie mit den Teenagern über Dinge, die das Leben schön machen, aber nicht automatisch verfügbar sind. Was spricht dagegen, jetzt ein Eis zu bekommen (zu späte Uhrzeit, kein Geld, Eisdiele zu weit entfernt …).

2.5.1.5.2 Texterschließung

Es gibt Sehnsüchte, die weitaus mehr bedeuten als die Sehnsucht nach Eis. In einem biblischen Text schreibt ein Mädchen davon, dass sie Sehnsucht nach ihrem Geliebten hat. – Lesen Sie gemeinsam den Text. Fragen Sie nach, was die Teenager verstanden haben. Lassen Sie die Teens ein wenig spekulieren. Eventuell kann jeder reihum etwas zum Text sagen.

Geben Sie anschließend als »Auflösung« die moderne Übertragung des Textes (➤ 3.1) aus und besprechen Sie sie. Das Mädchen wünscht sich ihren Freund herbei. Sie will in seinem Arm liegen und mit ihm zärtlich sein. Sie sieht aber auch, dass das nicht so einfach möglich ist. Die Eltern und Nachbarn würden es nicht zulassen. Das Mädchen ermahnt sich zu warten, bis die richtige Zeit gekommen ist.

2.5.1.5.3 Thematischer Teil

a) »Wie stellt ihr euch das vor, wenn man solch starke Sehnsucht nach dem/der Geliebten hat?« Bringen Sie die Teenager auf den Weg, über den Zwiespalt zu sprechen, in dem sie leben. Erinnern Sie die Teenager daran, dass dieser Zwiespalt auch im Bibeltext beschrieben wird. Machen Sie ihnen klar, dass die Sehnsucht nach körperlicher Nähe nicht falsch ist, sondern dass Gott dies in uns angelegt hat (1. Mose 1,27).

Sprechen Sie mit den Teenagern auch über die Art der Sehnsucht. Es besteht ein Unterschied zwischen dem Wunsch, in den Arm genommen zu werden, und dem Wunsch, mit dem Partner zu schlafen. Auch macht es einen Unterschied, ob die Teenager gerade in einer Freundschaft leben oder nicht.

b) »Welche Gründe gibt es, die Sehnsucht nach körperlicher Nähe noch nicht auszuleben?« – Mögliche Antworten: die Eltern; sich zu jung fühlen, sich noch nicht bereit fühlen; den Richtigen noch nicht gefunden haben; die Moral der Kirche/Gemeinde … – Kommen Sie über die Antworten ins Gespräch: »Welche der genannten Gründe machen aus Eurer Sicht Sinn?«

Machen Sie den Teenagern deutlich, dass die Mehrzahl aller Gleichaltrigen noch keine sexuellen Erfahrungen gemacht hat (siehe z.B. Birr 11). Lassen Sie die Teenager entdecken, dass sie Zeit haben und nichts überstürzen müssen. Was man immer und überall haben kann, ist nicht viel wert. Machen Sie ihnen deutlich, dass es am schönsten ist, wenn eine Beziehung auch im Hinblick auf körperliche Nähe langsam zusammenwächst.

Im Hohenlied ist die Sehnsucht des Mädchens keine Sehnsucht geblieben. Sie hat ihren Geliebten geheiratet, und ihre Sehnsucht wurde gestillt (3. Zyklus).

2.5.1.5.4 Abschluss

Fassen Sie das Thema zusammen, indem Sie z.B. ein persönliches Beispiel aus Ihrem Leben wiedergeben. Beschließen Sie den Abend mit einem gemeinsamen Eisessen.

2.5.2 Sie: Die Liebe währt ewig (8,5-7)

2.5.2.1 Übersetzung von 8,5-7

AM MORGEN NACH DER HOCHZEITSFEIER. DIE BRAUTLEUTE SIND ABWESEND.

BEOBACHTER

5a Wer ist sie,
die da heraufkommt aus der Steppe,
gelehnt an ihren Geliebten?

DER EHEBUND WIRD GESCHLOSSEN.

SIE

5b Unter dem Apfelbaum habe ich deine Liebe geweckt,
dort lag in Wehen mit dir deine Mutter,
dort lag in Wehen, die dich gebar.

6a *Lege mich als Siegel an dein Herz,*
als Siegel an deinen Arm!

6b *Denn stark wie der Tod ist die Liebe,*
hart wie das Totenreich die Leidenschaft.
Ihre Gluten sind Feuergluten,
eine Gottesflamme.

7a *Mächtige Wasser können die Liebe nicht auslöschen,*
und Ströme schwemmen sie nicht fort.

7b *Wenn einer den ganzen Besitz seines Hauses gäbe für die Liebe*
verachten, ja verachten würde man ihn.

2.5.2.2 Kontext und Aufbau von 8,5-7

Wenn eine Erzählung oder ein anderer literarischer Text dem Leser eine Botschaft vermitteln will, so ist es nicht unüblich, dies kurz vor Schluss der Geschichte zu tun: Hier laufen die verschiedenen Handlungsstränge zusammen, hier schließen die Charaktere ihre innere Wandlung ab, sodass sie nun bereit sind für die Lösung, die die jeweilige Geschichte bietet.

Diese Beobachtung gilt auch für das Hohelied. Die »Lösung« ist hier natürlich das endgültige Zusammenfinden der beiden Liebenden. In diesem Zusammenhang werden dann auch grundsätzliche theologische Aussagen über die Liebe gemacht.

In der zyklischen Struktur des Liedes (➛ 1.6) würde an dieser Stelle normalerweise die Geliebte das Kommen ihres Freundes beschreiben. Im fünften Zyklus ist das Muster jedoch aus dem genannten Grund abgewandelt. So beginnt Zyklus 5-B zwar mit genau denselben Worten wie der Abschnitt 3-B: **Wer ist sie, die da heraufkommt aus der Steppe?** (3,6). Allerdings kündigt die Frage dort das Erscheinen der Sänfte Salomos an; hier dagegen wird die Aussage durch einen kleinen sprachlichen Kunstgriff elegant abgewandelt: Die Partner erscheinen gemeinsam, Arm in Arm (8,5a). Insgesamt verwendet das Hohelied die Formulierung **Wer ist sie …?** übrigens dreimal. In 3,6 ging es dabei um sein und in 6,9 um ihr Erscheinen. Gewissermaßen als Krönung erscheinen dann hier in 8,5a beide Partner gemeinsam.

Ab dem folgenden Satz spricht dann wieder, der zyklischen Struktur entsprechend, die junge Frau. Doch sind ihre Worte ernster als zuvor. Es geht nicht mehr nur um Komplimente, sondern um die Besiegelung der Liebe und um ewige Treue (Verse 5b und 6a).

Die anschließenden grundsätzlichen Aussagen über die Macht der Liebe (Verse 6b-7) fallen dann stilistisch ganz aus dem heraus, was uns bisher im Lied begegnet ist. Zum ersten und einzigen Mal wird der weisheitliche Hintergrund des Liedes ganz unverhüllt sichtbar. Nur hier hören wir gewissermaßen den Autor mit seiner eigenen Stimme sprechen. An diesem Höhepunkt klingt dann auch zum einzigen Mal im Hohenlied der Name Gottes an.

Auch einige numerologische Beobachtungen heben die Verse 6b-7 besonders hervor. Im Hebräischen hat jeder Buchstabe einen Zahlenwert (a = 1, b = 2 usw.). Daher kann auch jedem Wort eine Zahl zugeordnet werden, die sich aus der Summe der Buchstabenwerte ergibt. Das hebräische Wort »Liebe« (*'ahăvāh*) hat den Zahlenwert 13. Es wird im Abschnitt dreimal genannt. Parallel dazu erscheint einmal das Wort »Leidenschaft« (*qin'āh*). Es hat den Zahlenwert 39 (= 3 x 13). Der gesamte Abschnitt besteht aus 117 Buchstaben (= 3 x 39). Das gesamte Hohelied besteht aus 117 Versen.

Diese Zusammenhänge unterstreichen, dass neben dem numerisch im Zentrum stehenden Lied vom »Paradies der Liebe« (4,12-5,1) der Abschnitt 8,6b-7 ein weiteres Kernstück des Hohenliedes bildet. Der Abschnitt fasst das in 117 Buchstaben zusammen, worum es in den 117 Versen des Hohenliedes geht, nämlich um die gewaltige »Gottesflamme« der Liebe und der Leidenschaft und den angemessenen Umgang mit ihr. Die Leidenschaft ist dabei gewissermaßen dreifach intensivierte Liebe, und das Hohelied wiederum ist »Leidenschaft, Leidenschaft, Leidenschaft«.

Von der erzählerischen Handlung betrachtet, stehen die Verse 6-7 für den ehelichen Treueschwur. Sie deuten die rechtliche Besiegelung der Ehe an. Zu beachten ist dabei, dass das Hohelied nicht unbedingt chronologisch voranschreitet. Ob die rechtliche Eheschließung üblicherweise vor, während oder nach der Feier vorgenommen wurde, lässt sich aus dem Text nicht schließen. Entscheidend ist im Hohenlied vielmehr eine poetische Logik, die mit dem Kennenlernen eröffnet, die Hochzeitsfeier ins Zentrum stellt und mit dem Treueschwur abschließt (➛ 1.6.2).

Was die verwendeten Formen betrifft, so ist V. 5b als Dreizeiler gestaltet, nach dem Muster A-B-B. Ansonsten liegen Zweizeiler vor, die in V. 6 und 7 als reguläre Parallelismen ausformuliert sind, d.h., jeweils zwei Verszeilen ergänzen sich gegenseitig in ihrer Bedeutung.

2.5.2.3 Einzelauslegung von 8,5-7

5a Bisher haben wir das Geschehen immer aus der Sicht der jungen Frau miterlebt, haben ihr Tun und Fühlen sozusagen in Großaufnahme verfolgt. Doch nun spricht auf einmal ein neutraler Beobachter. Mit ihm sehen wir die karge Landschaft in der Totalen und von weit weg das Paar Arm in Arm herankommen. Was ist geschehen? Das gegenseitige Aufreizen und Verlangen, das Spiel mit Nähe und Distanz im Kreise der Freunde ist vorbei. Eine neue, feste Gemeinschaft zwischen zwei Menschen ist entstanden, das Wunder der Liebe hat sich ereignet – ein Moment so privat, dass wir als Zuschauer dabei nicht geduldet waren. Was da aus der Steppe zu uns herankommt, sind nicht mehr die zwei einzelnen Menschen, wie wir sie vorher gekannt haben, sondern ein Paar.

Der ➛ **Apfelbaum** war im Hohenlied bisher noch nicht als Ort der Begegnung zwischen den Liebenden genannt worden. Es handelt sich auch nicht um eine konkrete Ortsangabe. Im Vordergrund steht vielmehr die Symbolik: Der Apfelbaum gilt vor allem im mesopotamischen Bereich als ein Symbol für die Liebe. Mit der Nennung des Baumes schlägt das Hohelied außerdem einen Bogen zum Anfang des Liedes: Bei der ersten »Liebeserklärung« zwischen den beiden Partnern in 2,1-3 hatte die junge Frau schon einmal vom Apfelbaum gesprochen. **5b**

Habe ich deine Liebe geweckt: Wörtlich heißt es: »habe ich dich geweckt«. Das hier verwendete Wort bezeichnet allerdings in der hebräischen Bibel nie das Aufwecken eines Schlafenden, sondern wird ausschließlich im übertragenen Sinne verwendet (z.B. in Spr 10,12 »Hass weckt Streit«) und ist deshalb hier sinngemäß ergänzt. Dasselbe Wort steht auch im Mottosatz des Liedes (2,7; 3,5 und 8,4): Die junge Frau hatte immer wieder gewarnt, dass es nicht zu früh geschieht, aber nun ist die Zeit dafür reif: Die Liebe ist geweckt.

Dort lag in Wehen: Das in der zweiten und dritten Zeile verwendete Wort für »in Wehen liegen« kann auch »empfangen« bedeuten. Daher variieren die Bibelübersetzungen.

Die junge Frau spricht in diesem Vers ihren Bräutigam auf die Abfolge der Generationen an: So wie seine Mutter ihn einst gebar, so wird sie selbst ihm einen Nachkommen gebären. Dies ist das Gesetz der Liebe, das sich von Generation zu Generation wiederholt (vgl. Gledhill 224f.).

Mit ihren feierlichen Worten bereitet die Frau vor, was im

folgenden Vers noch grundsätzlicher über die Macht der Liebe gesagt wird.

6a Archäologische Grabungen im Gebiet Israels haben bisher rund 8000 sogenannte Stempel**siegel** zutage gefördert (Keel 246). Sie hatten eine wichtige Funktion im Geschäftsleben, denn sie dienten dazu, Briefe und Verträge zu authentifizieren. Das Siegel war gleichsam die juristische Identität einer Person: Wer es hatte, konnte im Namen der Person frei agieren, wie z.B. Josef für den Pharao (1Mo 41,42-44), Isebel für Ahab (1Kön 21,7-8) oder Haman und später Mordechai für den persischen König (Est 3,10.12; 8,2.10). An einer Stelle spricht Gott in bildlicher Weise davon, Serubbabel zu seinem »Siegel« zu machen, d.h. zu seinem Bevollmächtigten, der wissen darf, dass hinter ihm die Autorität Gottes steht (Hag 2,23; vgl. Jer 22,24). Weil das Siegel Macht bedeutete, musste man es vor Missbrauch schützen, indem man es ständig am Körper trug, entweder an einer Schnur um den Hals (vgl. 1Mo 38,18.25), um das Handgelenk oder als Fingerring (z.B. Jer 22,24). Siegel konnten wegen ihrer Bedeutung auch die Funktion von Amuletten, d.h. Schutzzeichen, übernehmen, wie altorientalische Funde zeigen.

Auf diesem Hintergrund bedeutet die Aussage **Lege mich als Siegel an dein Herz** Folgendes: Die junge Frau möchte so nah bei ihrem Mann sein wie sein Siegel. Sie möchte fest und andauernd zu ihm gehören, zu einem Teil seiner Identität werden. Im öffentlichen Leben möchte sie im Namen ihres Mannes auftreten bzw. unter seinem Namen bekannt sein. Alle sollen wissen, dass sie jetzt für immer zu ihm gehört (Seybold 117).

Auf eine etwas andere Weise wird das Bild vom Siegelring in der ägyptischen Liebeslyrik verwendet, wo der Liebhaber scherzhaft beschreibt, wie seine Geliebte ihn anlockt, bändigt und dann mit ihrem Siegel brandmarkt, um ihn zu ihrem Eigentum zu machen (nach Schott 63):

Trefflich kennt sich aus im Schlingenwerfen die Geliebte,
ohne für Viehsteuer aufzukommen.
Sie wirft Schlingen gegen mich mit ihrem Haar.
Sie lässt mich eingefangen werden mit ihrem Auge.
Sie lässt mich gebändigt werden mit ihrem Schmuck.
Sie brandmarkt mich mit ihrem Siegelring.

An einer anderen Stelle wünscht sich der Liebhaber, immer in der Nähe der Geliebten zu sein, und ruft aus (Schott 67):

Ach wäre ich ihr Siegelring!

Natürlich ist der Ton der Hohenlied-Stelle wesentlich ernster als bei den ägyptischen Textbeispielen. Die Textbeispiele zeigen aber die Verbreitung des uns heute unbekannten Motivs auf.

In der Urgeschichte wird gesagt, dass Mann und Frau »ein Fleisch« werden, also eine gemeinsame Wesenheit bilden (1Mo 2,24). Auch beim Bild des Siegels geht es darum, dass die beiden Partner miteinander identifiziert werden, dass sie als eins gesehen werden. Über die Urgeschichte hinausgehend schließt das Bild vom Siegel aber, wie gesagt, auch die öffentliche Dimension ein. So war es im alten Israel wie auch in der Umwelt Brauch, einen Ehevertrag zu schließen.

Hinter der Aussage vom Siegel steht also mehr, als man vielleicht zunächst erwarten würde. Doch nur eine solche tiefer gehende Auslegung ist angemessen im Blick auf die folgenden inhaltsschweren Aussagen, die mit dem Wort **denn** als Begründung anschließen.

Mit den Versen 6b und 7 verlassen wir die personale Sprache **6b**
von »ich« und »du«, die sonst im Hohenlied vorherrscht, und kommen zu einer Reihe von vier allgemeingültigen Aussagen im Stile weisheitlicher Reflexion. Wie in der Sprücheweisheit werden hier Beobachtungen gegeben, aus denen der Einzelne für sein Leben die entsprechenden Schlüsse ziehen soll. Mit dem

Wort **denn** knüpfen die Aussagen begründend und erklärend an den vorangehenden Satz, aber in weiterem Sinne auch an den gesamten vorangehenden Text des Hohenliedes an.

Das Wort **Liebe** (*'ahăvāh*) und das zugehörige Verb »lieben« (*'āhav*) kommen im Alten Testament rund 250 Mal vor. Von der Bedeutung her verteilen sich die Vorkommen relativ gleichmäßig auf fünf Bereiche:

1. die freundschaftliche Liebe zwischen Menschen (z.B. von Vater zu Sohn, 1Mo 22,2);
2. die Liebe zwischen Mann und Frau (z.B. 1Mo 29,30);
3. die Liebe zu Dingen (Isaak liebt Wildbret, 1Mo 27,4; Gott liebt Gerechtigkeit Ps 11,7);
4. die Liebe von Gott zu Menschen (5Mo 4,37);
5. die Liebe von Menschen zu Gott (2Mo 20,6).

Alles in allem lässt sich sagen, dass das hebräische Wort *'ahăvāh* in seiner Bedeutung weitgehend dem deutschen Wort »Liebe« entspricht.

Stark wie der Tod ist die Liebe: Der kompakte Satz, der im Hebräischen aus nur drei Wörtern besteht (»stark / wie-der-Tod / Liebe«), weist uns an, den **Tod** und die **Liebe** gedanklich in Beziehung zu setzen, und als Vergleichspunkt mit dem Wort **stark** zu beginnen: Der Tod ist eine Urmacht über das menschliche Leben, er trifft jeden, schicksalhaft und unentrinnbar. Gleiches gilt für das Verlangen nach Liebe, als gewaltige Triebkraft im Leben des Menschen, der wir vielleicht ebenso schicksalhaft ausgeliefert sind wie dem Tod.

Doch geht es nicht nur um den abstrakten Vergleich der Macht von Liebe und Tod, sondern mehr noch um ein Kräfte*messen.* So meint die Textzeile auch: Die Macht der Liebe steht der Macht des Todes ebenbürtig gegenüber (Heinevetter 190-

198; Keel 247). Viele Bilder, die das Hohelied im Zusammenhang mit der Liebe verwendet, stehen für Leben und Lebenserneuerung: etwa der ➛ Lotus, der nach dem Rückgang der alles vernichtenden Nilüberschwemmung als Erster wieder über dem Wasser erblüht, oder die ➛ Gazelle, die in der kargen, scheinbar lebensfeindlichen Steppe ihre Jungen säugt. In mehrfacher Hinsicht besiegt die Liebe den Tod:

1. Geliebt sein bedeutet erfüllt leben. Liebe ist Lebensglück. Das Gegenteil davon ist Einsamkeit, missachtet werden, Trauer, Tod.

2. Durch die Liebe entsteht auch ganz konkret neues Leben. Mit der Schöpfung wird Tieren und Menschen der Segen der Fruchtbarkeit zugesprochen (1Mo 1,22.28). Nach der Verstoßung aus dem Garten muss zwar der Einzelne sterben, doch seine Nachkommen leben weiter (1Mo 5). Das Weiterleben der Familie ist nach alttestamentlichem Denken von besonderer Bedeutung. Menschen ringen um Nachkommen, wie z.B. Abraham (1Mo 15ff.) oder Hanna (1Sam 1). Auch gibt es im alttestamentlichen Recht die Institution der »Schwagerehe«, bei der ein Verwandter stellvertretend für den Verstorbenen ein Kind zeugte, um dessen Familienlinie zu erhalten (Rut; 5Mo 25,5-10; 1Mo 38; vgl. 4Mo 27,4; Ri 21).

3. Wer liebt, setzt sich für das Leben anderer ein. Keel (S. 248) führt Beispiele aus dem Alten Testament an, wo Frauen um der Liebe willen ein Töten verhindern: Michal (1Sam 19,9-17), Abigail (1Sam 25), die Frau aus Maacha (2Sam 20,14-22) und Rizpa (2Sam 21,8-14). Auch in diesem Sinne bedeutet Liebe Leben.

4. Schließlich und endlich ist es aber die Liebe Gottes, die auf umfassende Weise den Tod besiegt hat und besiegen wird.

Hart wie das Totenreich die Leidenschaft: Die zweite Zeile steht zur ersten parallel und ergänzt sie in ihrer Bedeutung. Das Alte Testament kennt, anders als die Religionen seiner Umwelt, keine Lehre von einem schattenhaften Weiterleben der Verstorbenen in einem **Totenreich**. Doch wird der Begriff an einigen poetischen Textstellen in einer bildlichen Weise verwendet. Das Totenreich ist **hart**, weil es keinen Menschen verschont und keinen, der einmal dort gewesen ist, wieder entlässt.

Leidenschaft: Das hebräische Substantiv *qin'āh*, das zugehörige Verb *qānā'* sowie das Adjektiv *qannā'* bedeuten »für jemanden oder etwas eifern« oder »auf jemanden eifersüchtig sein«. Es geht um Liebe, die einen Besitzanspruch geltend macht bzw. die sich gegen eine Schmälerung ihres Anspruchs behauptet (Delitzsch 129). Gott selbst ist nach der Bibel ein eifernder Gott (2Mo 20,5), der z.B. durch Israels Götzendienst zu Eifersucht und Zorn gegen sein Volk gereizt wird (Hes 5,11-13), der aber auch mit großem Eifer für sein Volk eintritt (Jes 42,13).

Gegenüber dem allgemeinen und eher statischen Begriff **Liebe** der ersten Zeile wird mit der **Leidenschaft** noch konkreter aufgegriffen, wovon das Hohelied handelt: die Liebessehnsucht, das unbändige Verlangen, der Wunsch, einen anderen Menschen ganz zu besitzen und ihm ganz zu gehören. Eine solche Leidenschaft hat auch eine dunkle Seite. Sie kommt vor allem dann zum Tragen, wenn Liebe nicht gelingt, z.B. wenn sich der/die Verschmähte in Eifersucht verzehrt, wenn Liebe den anderen erdrückt oder wenn Leidenschaft so außer Kontrolle gerät, dass Grenzen überschritten werden, wie etwa bei der Vergewaltigung oder anderen Formen von Misshandlung.

Während also in der ersten Zeile ein eindeutiges Gegenüber zwischen der Macht der Liebe und der des Todes angesprochen ist, ist die zweite Zeile mehrdeutig: Leidenschaft und Totenreich können unversehens in eine verhängnisvolle Nähe zueinander rücken. Liebe ist eine Macht, die zum Leben führt, doch sie hat auch eine dunkle Seite, die zum Tod führt – im bildlichen, aber im Extremfall auch im wörtlichen Sinne.

Die dunkle Seite der Leidenschaft ist dem alttestamentlichen Menschenbild nicht fremd, was nicht nur die Gesetzestexte zum Sexualstrafrecht zeigen, sondern auch einige Erzählungen. Zu nennen sind zum Beispiel die versuchte Misshandlung von Männern in Sodom (1Mo 19); die Vergewaltigung der Dina und die Vernichtung der Stadt Sichem (1Mo 34); die Vergewaltigung der Nebenfrau des Leviten und der anschließende Bürgerkrieg (Ri 19); der Ehebruch mit Batseba und die Ermordung ihres Ehemanns (2Sam 11); die Vergewaltigung der Tamar, der »Ehrenmord« und weitere sich daran anschließende Verwicklungen (2Sam 13).

Das Hohelied thematisiert die dunkle Seite der Leidenschaft nicht direkt. Sein Anliegen ist zu zeigen, wie mit der gewaltigen Macht der Liebe auf eine gute, positive Weise umgegangen werden kann.

Ihre Gluten sind Feuergluten: In einem weiteren Bild werden Liebe und Leidenschaft nun mit einem Feuer verglichen. Das Bild hat wieder zwei Seiten: Feuer kann wärmen, aber auch verbrennen. Das dann folgende Wort für **göttliche Flamme**, hebr. *schalhävätjāh*, ist in seiner Bedeutung umstritten und muss seiner Wichtigkeit wegen etwas ausführlicher besprochen werden.

Zunächst gibt es einige Ausleger, die das Wort mit einer Aussprachevariante als *schalhăvōtêhā* lesen, in der Bedeutung »ihre Flammen« (z.B. Stoop-van Paridon 437-439). Die ganze Zeile würde dann lauten: »Ihre Gluten sind Feuergluten, ihre Flammen.« Jedoch wirkt der Satz im Zusammenhang unvollständig.

Die meisten Ausleger folgen daher der von den jüdischen Überlieferern festgehaltenen Aussprache als *schalhävätjāh*. Es handelt sich dann um eine Zusammensetzung des Wortes *schalhävät* für »Flamme« und einer Kurzform für den Namen Gottes. Zwar wird gegenüber dieser Deutung kritisiert, dass zwischen *schalhävät* und *jāh* ein Bindestrich stehen müsste. Doch auch die häufige Kombination *halləlu-jāh*, d.h. »Lobt den HERRN«, erscheint in der Bibel gelegentlich ohne Bindestrich. In der Handschrift *Codex Leningradensis* nur in Ps 106,1, in anderen hebräischen Handschriften aber weitaus häufiger. So muss der fehlende Bindestrich nicht irritieren.

Einige Ausleger weisen darauf hin, dass die Kombination eines Wortes mit der Bezeichnung Gottes manchmal auch einfach steht, um die Bedeutung des Wortes zu unterstreichen. Dementsprechend übersetzen sie in Hld 8,6 »gewaltige Flamme« und lassen den Gottesbezug in der Übersetzung aus (z.B. Einheitsübersetzung, *Gute Nachricht Bibel*). Die Beispielstellen, die eine solche Übersetzung rechtfertigen sollen, sind allerdings rar und meist anders zu verstehen:

Richtig ist z.B., dass das »Gottesfeuer« in Hiob 1,16 nicht im engen Sinne von Gott verursacht ist. Andererseits haftet ihm dennoch etwas Überirdisches (Numinoses) an, da es »vom Himmel fiel« und sicher nicht menschlichen Ursprungs ist. Gemeint ist also nicht einfach ein »gewaltiges Feuer«, sondern eher ein »dämonisches Feuer«.

Ähnliches gilt für den »Gottesschrecken« in 1Sam 14,15: Er tritt in Verbindung mit einem Erdbeben auf, das die Philister als Eingreifen Gottes bzw. der Götter erkennen. Es geht also nicht nur um einen »gewaltigen Schrecken« allein, sondern um ein erschrecktes Bewusstwerden darüber, dass die jenseitige Welt spürbar auf das Kampfgeschehen Einfluss nimmt.

Auch Rahels Aussage in 1Mo 30,8 »Gotteskämpfe habe ich mit meiner Schwester gekämpft« meint nicht einfach »gewaltige Kämpfe«. Weil Jakob sie gegenüber ihrer Schwester vorzieht, macht Gott sie zum Ausgleich eine Zeit lang unfruchtbar. Gegen diese gottgegebene Unfruchtbarkeit kämpft sie an.

Entsprechend kann auch bei den anderen Stellen argumentiert werden, die gelegentlich für dieses Argument angeführt werden (Davidson 2007, S. 624-630).

Ganz bestimmt ist davon auszugehen, dass in den zentralen Versen des Hohenliedes der Name Gottes nicht einfach so »nebenbei« fällt, sondern dass er bewusst gesetzt ist. Liebe und Leidenschaft sind keine rein biologische Gegebenheit, sondern eine Macht aus dem Bereich der Ewigkeit (vgl. Fischer 37; Müller 1992, S. 85), eine Gabe Gottes, der der Ursprung aller Liebe und aller Leidenschaft ist. Die Übersetzung als »Flamme Jahs« oder »Gottesflamme« ist daher durchaus zu rechtfertigen.

Wenn numerologische Zusammenhänge in Hld 8,6b-7 eine Bedeutung haben (siehe oben Kontext und Aufbau), dann ist möglicherweise auch die folgende Beobachtung kein Zufall: Das hebr. Wort für **Gottesflamme** besteht aus 7 Buchstaben, und der Zahlenwert des Wortes beträgt 77. Die Zahl 7 symbolisiert in der Bibel die göttliche Vollkommenheit. Wurde dieses sehr spezielle Wort also bewusst eingesetzt, um sowohl inhaltlich als auch numerologisch einen Bezug zu Gott und der Vollkommenheit seiner Liebe herzustellen?

Insgesamt sagt der Satz aus, dass die Liebe eine Gabe Gottes ist. Die Liebe zwischen Menschen hat ihren Ausgangspunkt in der Liebe Gottes. Und andersherum: In der Liebe zwischen Mann und Frau nimmt die Liebe Gottes Gestalt an.

Anders als die Liebe Gottes hat menschliche Liebe zwar nicht die Kraft, in einem geistlichen Sinne zu erlösen. Aber sie wird zum wichtigsten Kennzeichen eines Lebens als Erlöste (Joh 13,34f.).

Weil die Liebe letztlich von Gott kommt, ist sie im Bild eine **7a**
Flamme, die nicht durch Wasser gelöscht werden kann, selbst durch große Wassermassen und ganze Flüsse nicht. In ihr wirkt eine Kraft, die naturgegebene Begrenzungen überwindet.

Seit der Errettung aus Ägypten ist der Durchzug durch das Schilfmeer für Israel zum Symbol dafür geworden, wie Gott den lebensfeindlichen Wassermassen Einhalt gebietet, um sein Volk am Leben zu halten (vgl. z.B. Jes 43,2.16f.). Die Liebe Gottes ist stärker als jede todbringende Wasserflut.

7b Nachdem die Liebe mit der Urmacht des Todes und den Mächten der Natur verglichen wurde, wird sie nun noch der größten Macht aus dem Bereich der menschlichen Gesellschaft gegenübergestellt, nämlich der Macht des Geldes. Meint hier ein Mann, sich mit einem genügend hohen Brautpreis eine Frau kaufen zu können – ohne das lästige Werben? Wer die Liebe für ein Rechts- und Wirtschaftsgut hält oder sie zu einem machen will, wer einen Mangel an Charakter und Persönlichkeit mit einem Mehr an Geld ausgleichen will, der ist, wie der Text durch die Wiederholung des Verbs unterstreicht (eine sogenannte *figura etymologica*), zutiefst verachtenswert. Liebe ist ein freies Geschenk. Sie kann weder erzwungen noch künstlich erregt werden (Stadler 74).

2.5.2.4 Zusammenfassung und Aussage von 8,5-7

Zum ersten Mal steht der Leser dem jungen Mann und der jungen Frau als Paar gegenüber. Gemeinsam kommen sie aus der Steppe herauf. Das Wunder der Liebe, wie es sich von Generation zu Generation wiederholt, hat sich erneut ereignet.

Nun soll die Verbindung der Partner auch rechtlich besiegelt werden. Der eheliche Treueschwur mündet in eine allgemeine weisheitliche Aussage über die Macht der Liebe. Die Liebe ist dem Tod ein ebenbürtiges Gegenüber, sie ist unauslöschlich, sie ist eine Gabe Gottes, sie ist nicht mit Geld und Gut verrechenbar.

Inwiefern die Liebe dem Tod gegenübertritt, wurde in der Einzelauslegung schon entfaltet: Liebe bedeutet Lebensglück;

aus der Liebe entsteht neues Leben; aus Liebe treten Menschen für das Leben des anderen ein.

Schließlich und endlich ist es die Liebe Gottes, die auf umfassende Weise den Tod überwindet. Auch wenn das Hohelied sich vor allem mit der Liebe zwischen Mann und Frau befasst, dürfen wir die generelle Aussage von 8,6b im Kontext des Alten Testaments und der gesamten Bibel zu Recht auch auf Gott beziehen. Das Alte Testament macht deutlich: Mit wem der ewige Gott in Gemeinschaft lebt, der braucht den Tod nicht zu fürchten. Henoch »wandelte mit Gott« und »Gott nahm ihn hinweg« (1Mo 5,21-24). Ebenso setzte sich Elia kompromisslos für Gott ein, der das Leben ist, und wurde entrückt (2Kön 2,11-12), und sein ebenso treuer Nachfolger Elisa erweckte noch in seinem Tod einen anderen zum Leben (2Kön 13,20f.). Auch der Psalmbeter weiß, dass er auf ewig in Gott geborgen ist (Ps 16,10f.; 17,15; 73,26). Am Ende wird Gott den Tod für immer vernichten (Jes 25,8). Hier weist das Alte Testament über sich hinaus auf eine kommende Erlösungstat Gottes (z.B. 1Mo 3,15; Jes 53,5). Erfüllt werden diese Ankündigungen dann in Jesus Christus: Er selbst ist von den Toten auferstanden (Mt 28,6). Durch sein stellvertretendes Sterben hat er uns mit Gott versöhnt und allen, die an ihn glauben, ewiges Leben geschenkt (Röm 5; Joh 3,16 u.a.).

Wenn Liebe und Leidenschaft eine solche gewaltige Macht sind, wie der weisheitliche Abschnitt 8,6b-7 sagt, dann besteht eine große Herausforderung darin, mit ihr auf eine gute Art und Weise umzugehen. Wie dies geschehen kann, sagen die 117 Buchstaben von 8,6b-7 nicht, wohl aber die 117 Verse des Hohenliedes, auf die sie sich beziehen.

Genauer gesagt, besteht zwischen dem weisheitlichen Abschnitt 8,6b-7 und dem gesamten Hohenlied eine doppelte Beziehung. Zum einen erklärt der Weisheitssatz das Hohelied. Er benennt, was all die verschiedenen Gedichte des Hohenliedes miteinander verbindet und was ihnen zugrunde liegt, nämlich die Gottesflamme der Liebe.

Zum andern erklärt aber auch das Hohelied den Weisheitssatz. Es zeigt nämlich am Beispiel auf, wie mit der Gottesflamme der Liebe auf eine gelingende Weise umgegangen werden kann. Vor allem gilt: Die Liebe soll sich gemäß den ihr selbst innewohnenden Gesetzmäßigkeiten Schritt für Schritt entfalten können. Die Dinge sollen jeweils dann geschehen, wenn die Zeit dafür reif ist. Und: Jeder Schritt auf dem Weg der Beziehung soll ausgekostet und gefeiert werden (➤ 1.9.10).

2.5.2.5 Vorschlag zur Bibelarbeit (Predigt) über 8,5-7

Thema: Die Liebe – eine Gotteskraft, die neues Leben schafft

Zielgruppe: Gemeinde

Ziele:

- Die Hörer sollen darin bestärkt werden, die Liebe zwischen Mann und Frau positiv als eine Gabe Gottes wahrzunehmen. Die Liebe zwischen Mann und Frau ist nicht ein blasses Abbild der Liebe Gottes, sondern vielmehr ein konkreter Ausdruck.
- Die Hörer sollen sich der positiven Kräfte bewusst werden, die die Macht der Liebe bereithält, um sie im Alltag einzusetzen.

Zur Vorbereitung siehe auch die Kap. 1.9.1 »Liebe ist … eine Urmacht«; und 1.9.4 »Liebe ist … eine Gottesgabe«.

2.5.2.5.1 Hinführung

Erzählen Sie den Hörern von einer Situation, wo jemand um der Liebe willen ein großes Hindernis überwunden hat. – Liebe treibt uns zu großen Taten an. Unser Leben ist zu einem großen Teil von der Liebe und von der Suche nach Liebe bestimmt.

Von der Macht der Liebe und dem richtigen Umgang mit ihr handelt auch das Hohelied Salomos und Hld 8,6-7. Lesen Sie den Text vor.

Je nach Hörerschaft ist nun eine mehr oder weniger ausführliche Vorbemerkung zur allegorischen Auslegung notwendig (➤ 1.1.2). Eine Gefahr der allegorischen Auslegung besteht darin, dass indirekt die Ehe zur Nebensächlichkeit erklärt wird. Dies ist eine traurige Realität, z.B. im Leben mancher Ehemänner, die im Reich Gottes Großes bewegen wollen, aber darüber die eigene Ehe und Familie vernachlässigen, die ihnen anvertraut ist. – Menschliche Liebe ist nicht ein bloßer »Abklatsch« der Liebe Gottes, sondern vielmehr Ausdruck der Liebe Gottes (z.B. Joh 13,34; 1Joh 4,19).

Das Hohelied selbst benötigt keine theologische Rechtfertigung, um über die Liebe zwischen Mann und Frau zu reden. Die Liebe ist eine Urmacht des Lebens, an der man nicht vorbeigehen kann. Das Hohelied beobachtet und beschreibt die Liebe, es bestaunt sie und feiert sie. Es lädt ein, darüber nachzudenken, was für eine gewaltige Macht die Liebe ist und wie man mit ihr gut umgehen kann.

2.5.2.5.2 Erster Hauptteil: Die Liebe zwischen Mann und Frau – eine Lebensmacht

a) »Stark wie der Tod ist die Liebe«: Die Liebe ist eine Urmacht im Leben des Menschen, wie auch der Tod. Aber noch mehr: Die Liebe tritt dem Tod ebenbürtig gegenüber. Liebe schafft neues Leben. Veranschaulichen Sie diesen Gedanken, indem Sie die Bilder der

Gazelle und der Lotusblume erklären, die im Hohenlied häufig verwendet werden und die den Sieg des Lebens über den Tod symbolisieren (siehe Sacherklärungen).

Inwiefern schafft die Liebe neues Leben?

- Liebe schenkt Lebensfreude, Lebenssinn, Lebensglück. Ihr gegenüber stehen Verachtung, Gleichgültigkeit, Einsamkeit, Tod. Wer dem anderen Liebe und Wertschätzung zeigt, schenkt ihm Lebensglück. Konkretisieren Sie diesen Gedanken für den Ehealltag.
- Wer liebt, steht für den anderen ein, kämpft für dessen Leben und Lebensglück (1Sam 19,9-17; 25; 2Sam 20,14-22; 21,8-14).
- Aus der Liebe entsteht nicht zuletzt auch biologisch gesehen neues Leben. Es ist ein faszinierendes Wunder, wenn man als Ehepaar die Geburt und das Heranwachsen von Kindern erleben kann.

b) »Hart wie das Totenreich die Leidenschaft«: Hier können Sie nach Bedarf etwas zur negativen, bedrohlichen Seite der Liebe sagen, z.B. zur verschmähten Liebe und zur Eifersucht. Leidenschaft und Tod können unversehens in eine verhängnisvolle Nähe zueinander rücken.

c) »Wenn einer den ganzen Besitz seines Hauses gäbe …«: Erklären Sie den historischen Hintergrund des Brautpreises. Die Macht des Geldes kommt gegen die Macht der Liebe nicht an. Liebe kann nicht mit etwas anderem verrechnet werden. Gefühle dürfen nicht manipuliert werden.

2.5.2.5.3 Zweiter Hauptteil: Die Liebe zwischen Mann und Frau – eine »Gottesflamme«

Gott ist der Urheber aller Liebe. Unsere Liebe ist Ausdruck der Liebe Gottes. Die Liebe Gottes stellt sich dem Tod entgegen.

»Mächtige Ströme schwemmen sie nicht fort«: Der Israelit denkt bei dieser Aussage an die Teilung des Meeres beim Auszug aus Ägypten. Weil Gott sein Volk liebt, hat er mächtige Wunder getan, um es zu retten.

Die Aussage »Die Liebe ist stark wie der Tod« wird auf eine besondere Weise erfüllt durch Jesus Christus, der aus Liebe zu uns den Tod erlitten und überwunden hat.

Die Liebe, die Gott uns durch seine großen Rettungstaten zeigt, hat er als eine »Gottesflamme« auch in unsere Herzen gelegt, damit wir einander ebenso lieben. Gott hat uns erlöst, und als Erlöste dürfen wir nun unser Miteinander gestalten.

2.5.2.5.4 Abschluss

»Fromme Menschen sind oft weltfremd.« Dieses Klischee ist leider nicht ganz aus der Luft gegriffen. Das Hohelied zeigt uns dagegen, wie konkret das Leben mit Gott im Alltag Gestalt annimmt. Es lädt uns ein, die Liebe zwischen Mann und Frau als eine Schöpfungsgabe Gottes zu feiern und im Bewusstsein dessen, dass wir selbst Beschenkte sind, einander Liebe, Wertschätzung und Lebensglück zu schenken.

2.5.3 Die Weinberghüterin steht im Konflikt mit ihren Brüdern, Teil II (8,8-12)

2.5.3.1 Übersetzung von 8,8-12

SIE, DIE WORTE IHRER BRÜDER WIEDERGEBEND

8 *»Wir haben eine Schwester, die ist klein*
und sie hat noch keine Brüste.
Was sollen wir mit unserer Schwester tun,
wenn um sie geworben wird?

9 *Wenn sie eine Mauer ist,*
bauen wir auf ihr eine Mauerkrone aus Silber.
Wenn sie aber eine Tür ist,
versperren wir sie mit Zedernbrettern.«

SIE

10 *Ich bin eine Mauer,*
und meine Brüste sind wie Türme.
Nun aber bin ich vor ihm wie eine Festung, die Frieden anbietet.
11 *Einen Weinberg hatte Salomo in Baal-Hamon.*
Er übergab den Weinberg den Hütern.
Man würde für seine Frucht tausend Silberstücke einnehmen.
12 *Meinen eigenen Weinberg habe ich vor mir.*
Die tausend gönne ich dir, Salomo,
und zweihundert denen, die seine Frucht hüten.

2.5.3.2 Kontext und Aufbau von 8,8-12

Der Abschnitt 8,8-10 behandelt eine Kontroverse der jungen Frau mit ihren Brüdern. Über das Thema und die verwendeten Vergleiche sind die Verse dicht miteinander verbunden und gleichzeitig vom Vorangehenden abgegrenzt. Die Verse 11 und 12, die von Weinbergen handeln, scheinen auf den ersten Blick nicht dazuzugehören. Das Verständnis erschließt sich aber, wenn die Verbindung zu Hld 1,5-6 gesehen wird, wo ebenfalls die Brüder der jungen Frau in Erscheinung treten und wo ebenfalls vom Hüten fremder und eigener Weinberge die Rede ist:

1,6b Mein Weinberg, der mir gehört, ich habe ihn nicht gehütet.
8,12 Mein Weinberg, der mir gehört, er ist vor mir.

Das Wort für **Hüter** bzw. **hüten** kommt im Hohenlied nur in 1,6 und 8,11.12 vor. Ebenso treten die Brüder der jungen Frau nur in 1,6 und 8,8-9 auf (Gerhards 220f.).

Es handelt sich demnach um eine kleine zweigeteilte Episode. Sie beschreibt den Übergang vom Mädchen zur Frau und die Kontroverse mit ihren Brüdern darüber, wann die Zeit reif ist für eine Liebesbeziehung (vgl. Sparks 288-291). Kurz gefasst lässt sich der Aufbau wie folgt darstellen:

1,5-6 Das *Mädchen* hütet, auf Betreiben der Brüder,
die Weinberge anderer, aber nicht den eigenen.

8,8-9 Das *Mädchen* ist, nach Ansicht der Brüder, unreif.
Verhält es sich als Mauer oder als Tor?

8,10 Die *junge Frau* ist, nach ihrer Ansicht, reif.
Sie ist Mauer, Türme und Stadt, die ihre Tore öffnet.

8,11-12 Die *junge Frau* hütet, nach ihrer Entscheidung,
den eigenen Weinberg, nicht mehr den anderer.

Die Episode ist demnach als ein Rahmen um das gesamte Hohelied angelegt (1,7-8,7), dem am Anfang lediglich die Einleitung vorausgeht (1,2-4) und am Ende ein kurzer Ausklang folgt (8,13-14).

2.5.3.3 Einzelauslegung von 8,8-12

Die Worte dieses und des folgenden Verses stammen von den **8**
älteren Brüdern der jungen Frau. Wahrscheinlich sprechen diese aber nicht selbst, sondern die junge Frau zitiert ihre Worte – um sie dann anschließend widerlegen zu können (Gerhards 225).

In 1,5-6 hatte die junge Frau darüber geklagt, dass ihre Brüder zornig auf sie waren und sie dazu zwangen, Weinberge zu hüten. Der Grund dafür war noch nicht genannt worden. Erst jetzt erfahren wir etwas über die Motive der Brüder. Nach der Ansicht der Brüder ist die **Schwester klein** und körperlich noch nicht reif für eine Liebesbeziehung.

Die Brüder stehen also in der Verantwortung, den Weg ihrer Schwester ins Erwachsenenleben schützend zu begleiten. Dass Brüder eine solche Verantwortung übernahmen, begegnet auch in einigen alttestamentlichen Erzählungen: Laban für Rebekka (1Mo 24,29ff.), Simeon und Levi für Dina (1Mo 34), Absalom für Tamar (2Sam 13,21ff.). Auch heute ist dies aus den vorderasiatischen Kulturen bekannt.

Dass die Brüder die Heiratsfähigkeit am Vorhandensein der **Brüste** festmachen, ist nur aus der Sicht unserer Kultur ein Problem, wo körperliche Reife und gesellschaftliche Eigenständigkeit einige Jahre auseinanderliegen, sodass eine eigentlich unnatürliche Kluft entsteht. In der damaligen Zeit kann man von einer späteren körperlichen und gleichzeitig einer früheren sozialen Reife ausgehen, sodass mit dem Abschluss der Pubertät auch in gesellschaftlicher Sicht die Heiratsfähigkeit gegeben ist.

Einige Bibelübersetzungen stellen den Sachverhalt so dar, als sei zwischen dem ersten und dem zweiten Versteil einige Zeit vergangen. So lautet V. 8b in der *Gute Nachricht Bibel*: »Kommt sie erst ins rechte Alter, dass sie jemand freien will, müssen ihre Brüder wachen.« Eine solche Deutung löst zwar die Spannung auf, dass das junge Mädchen anscheinend Bewerber anzieht, während es sich noch im Kindesalter befindet. Doch wenn die junge Frau schon im »rechten Alter« zum Heiraten wäre – warum sollten die Brüder dann noch einschreiten müssen? Das Problem lässt sich lösen, wenn berücksichtigt wird, dass es genau um diese Streitfrage geht: Die Pubertät ist eine mehrjährige Übergangszeit, während der bei den verschiedenen Parteien durchaus unterschiedliche Auffassungen darüber bestehen können, wann die Reife erreicht ist.

Die Brüder erklären auf eine bildhafte Weise, wie sie mit ih- 9
rer jungen Schwester umgehen wollen. Wenn sie sich wie eine **Mauer** verhält, sich also Bewerbern gegenüber verschließt, dann wollen die Brüder auf ihr eine silberne **Mauerkrone** errichten. Eine Mauerkrone hat die Funktion, die Mauer am oberen Rand zu befestigen und abzusichern, und auch, sie zu verzieren. Vielleicht ist auch an einen oben angebrachten Wehrgang zu denken, von dem aus die Mauer noch besser verteidigt werden kann. Jedenfalls ist gemeint, dass die Brüder ihre junge Schwester in ihrer Abwehrhaltung unterstützen und bestärken wollen.

Wenn sich das Mädchen andererseits wie eine **Tür** verhält, also einen potenziellen Bewerber einlassen will, dann wollen die Brüder dies verhindern, indem sie – metaphorisch – die Türöffnung mit **Zederbrettern** (wörtlich: mit einer Zedernplatte) versperren.

Zu Letzterem sehen sich die Brüder allerdings veranlasst. Um weiteren Begegnungen ihrer Schwester mit dem Liebhaber zu verhindern, beauftragen sie sie mit dem Hüten des Weinbergs. So erklärt sich rückblickend der Zorn der Brüder, von dem 1,5-6 spricht.

Die junge Frau ist ganz anderer Ansicht. Mit dem ersten Satz 10
Ich bin eine Mauer greift sie zwar noch das positive Bild der Brüder auf: Sie gehört nicht zu denen, die überstürzte Beziehungen eingehen. Die zweite Zeile bringt nun aber eine Wendung. Die **Türme** unterstreichen zwar zunächst die Wirkung der Mauer als Symbol der Verteidigung bzw. Abwehr. Dass aus der Mauer unter der Hand eine ganze Festung geworden ist, die sich selbst verteidigen kann, bringt aber gleichzeitig eine Eigenständigkeit der jungen Frau zum Ausdruck, mit der die Brüder nicht gerechnet haben. Der Vergleich **Meine Brüste sind wie Türme** darf wieder nicht rein optisch verstanden werden. Der Vergleichspunkt ist vielmehr die Eigenständigkeit: Die junge Frau kann ihre Brüste stolz tragen, die Zeichen ihrer Reife sind. Wenn sie

also nun entscheidet, eine Liebesbeziehung einzugehen, ist das, anders als ihre Brüder meinen, keinesfalls verfrüht.

Die dritte Zeile des Verses lautet wörtlich: »Da bin ich in seinen Augen geworden wie eine, die Frieden findet/finden will.« Verständlich wird die Aussage, wenn man das vorher beschriebene Bild der Festung voraussetzt: Die junge Frau vergleicht sich mit einer Festung, die von ihrem Liebhaber gewissermaßen belagert wird und die nun ein Friedensangebot macht, indem sie ihm ihre Tore öffnet.

11.12 Die Lage des Ortes **Baal-Hamon** ist heute nicht mehr bekannt. Dass Salomo **Weinberge** besaß, geht aus 1Chr 27,27 hervor. Ein Ertrag von 1000 Silberschekeln für einen Weinberg wird auch in Jes 7,23 genannt. 20 % des Ertrags sind dabei für die Weinbergshüter vorgesehen, wie die letzte Zeile von V. 12 andeutet.

Die Nennung **Salomos** wirft an dieser Stelle Fragen auf. War Salomo in 3,6-11 noch als der Bräutigam erschienen, scheint sich die Geliebte hier eher von ihm abzugrenzen. Ausleger, die das Hohelied als Dreiecksgeschichte verstanden, sahen hier den Punkt, an dem sich die junge Frau endgültig von Salomo ab- und ihrem Hirtenliebhaber zuwendet. Maier hingegen, der das Lied konsequent historisch auf eine Hochzeit Salomos auslegt, versteht die Stelle so, dass die junge Frau ihren Lohn an Salomo verschenkt. Dabei bleibt der genauere Sinn der Aussage aber unklar, besonders in V. 11, wie Maier auch selbst einräumt (S. 178). Delitzsch meint, die junge Frau versuche hier, ihre Brüder in eine einträgliche Stellung als Salomos Weinberghüter zu vermitteln (S. 140).

Meiner Ansicht nach ist 8,11-12 der deutlichste Beleg dafür, dass man den Bräutigam des Hohenliedes *nicht* mit dem historischen Salomo gleichsetzen kann (➛ 1.3.2). Die Aussage ist besser in der folgenden Weise zu verstehen: Mit dem Ertrag des königlichen Weinbergs lässt sich eine große Menge Geld verdienen und ebenso auch mit dem Lohn, den man für das Hüten bekommt. Aber diese Perspektive interessiert die junge Frau nun nicht mehr. Sie will nun nicht mehr die Weinberge anderer Leute hüten – und dabei von der Sonne schwarz gebrannt werden (1,5-6). Sondern sie ist nun reif, willens und in der Lage, sich um ihren eigenen Weinberg, also ihre eigenen Interessen, zu kümmern, nämlich die Beziehung zu ihrem Geliebten.

In gewissem Sinne malt der Abschnitt auch die Aussage von 8,7 aus, dass Liebe nicht mit Geld verrechnet werden kann (Heinevetter 166f.).

2.5.3.4 Zusammenfassung und Aussage von 8,8-12

Die älteren Brüder fühlen sich in der Verantwortung, ihre noch unreife Schwester in Sachen Liebe zu beschützen. Wenn sich das Mädchen vor potenziellen Bewerbern verschließt, wollen sie sie darin unterstützen und bestärken. Wenn sie sich hingegen einem Liebhaber öffnet, wollen die Brüder einschreiten und die Beziehung verhindern.

Die junge Frau hingegen verkündet, dass sie nun sehr wohl reif für eine Beziehung ist, was auch äußerlich an ihren Brüsten eindeutig zu erkennen ist. Die von den Brüdern ergriffene Gegenmaßnahme, sie einen Weinberg hüten zu lassen (1,5-6), ist somit hinfällig. Auch die Bezahlung als Weinberghüterin interessiert die junge Frau nicht. Sie wird sich fortan um ihren eigenen Weinberg kümmern, nämlich um die Beziehung zu ihrem Liebsten.

Mit den beiden Episoden von der Weinberghüterin und ihren Brüdern in 1,5-6 und 8,8-12 ist das Hohelied in einen erzählerischen Rahmen eingefasst. Die Erzählung handelt von der Zeit des Übergangs vom Mädchen zur Frau und von der Frage, wann in diesem Zusammenhang die Zeit reif ist für eine Liebesbeziehung. Damit stehen die Verse in direktem Zusammenhang mit dem Mottosatz des Hohenliedes: »... dass ihr nicht weckt, dass ihr nicht erregt die Liebe, bis es ihr gefällt« (2,7; 3,5; 8,4).

Auf ihrem Weg in die Selbstständigkeit wird die junge Person von Autoritäten begleitet, die sie vor dem schützen, was sie ihrem Entwicklungsstand entsprechend noch nicht bewältigen kann. Die Rolle der Brüder im Hohenlied ist also durchaus positiv zu bewerten. Heute sind es in erster Linie die Eltern, die die Aufgabe haben, wie die beiden Geländer einer Brücke den Weg von der Kindeswelt zur Erwachsenenwelt schützend zu begleiten (Koorevaar 2000b, S. 30).

Wie auch im Hohenlied angesprochen, ist diese Aufgabe mitunter sehr konfliktreich. Konflikte gehören dazu, ja, mehr noch: Gerade *am* Konflikt, von der ersten Trotzphase an bis zur Pubertät, reift der junge Mensch Schritt für Schritt zur Eigenständigkeit heran. Deshalb muss es auch so sein, dass die Brüder bzw. Eltern auf lange Sicht »verlieren«: Der junge Mensch muss sich aus ihrer Vormundschaft befreien und zwischen den Extremen der Anpassung auf der einen Seite und der Rebellion auf der anderen Seite eine erwachsene, eigenständige Person werden, die ihren Weg zielsicher geht.

2.5.3.5 Vorschlag zur Bibelarbeit (Themenabend) über 1,5-6 und 8,8-12

Thema: Wann ist die rechte Zeit für die Liebe? – Jugendliche und Sexualität

Zielgruppe: Gemeinde

Ziel: Die Gemeinde, die traditionell sehr in Kategorien von Geboten und Verboten gedacht hat, soll das Thema »Jugendliche und Sexualität« in einer neuen, ganzheitlichen Sicht wahrnehmen lernen, so wie sie das Hohelied anbietet.

Zur Vorbereitung siehe auch 1.9.2 »Liebe ist ... ein Garten«; 1.9.6 »Liebe ist ... Verlangen feiern«; 1.9.9 »Liebe ist ... eine Frage der richtigen Zeit« und 1.9.10 »Das Hohelied, Sexualität und Ehe«.

2.5.3.5.1 Hinführung

Das Thema »Jugendliche und Sexualität« ist für die christliche Kirche und Gemeinde immer wieder eine Herausforderung. Die klassischen konservativ geprägten Antworten stehen in einer großen Spannung zur Sicht der säkularen Umgebung. Auch werden die klassischen Antworten zwar mit Überzeugung verkündet, aber auf Nachfrage der Jugendlichen nur unzureichend begründet. Insgesamt erscheint es unbefriedigend, wenn die Gemeinde zum Thema »Jugendliche und Sexualität« nicht mehr zu sagen hat, als Verbote auszusprechen.

Die Bibel selbst bietet jedenfalls zu dem Thema weit mehr, und zwar insbesondere in der alttestamentlichen Weisheitsliteratur. Das Sprüchebuch rät den jungen Mann, mit Beziehungen zum weiblichen Geschlecht weise umzugehen. Das Hohelied feiert die Liebe zwischen Mann und Frau und lädt ein, darüber nachzudenken, wie Liebe auf eine erfüllende Art und Weise gestaltet werden kann.

2.5.3.5.2. Wann ist die rechte Zeit für die Liebe? – Zur Texterklärung

Das Hohelied ist von einer kleinen Geschichte eingerahmt, die in 1,5-6 beginnt und in 8,8-12 abgeschlossen wird. Sie handelt von einer Weinberghüterin und ihren Brüdern. Im eigentlichen Sinne geht es aber um ein Mädchen, das sich zu einer jungen Frau entwickelt und heiraten möchte. Die Geschichte ist in zwei Teilen als Rahmen um das Hohelied gelegt und gibt dem Lied eine übergreifende Deutung.

Der erste Teil bleibt noch sehr in Andeutungen. Er wird erst rückblickend vom zweiten Teil her verständlich.

1,5-6 Die Brüder nehmen Aufgaben wahr, die heute den Eltern obliegen – die Brüder sind ungehalten und sorgen dafür, dass ihre Schwester eine Beschäftigung bekommt (warum?) – die junge Frau ist unglücklich über ihre Bräune – die Brüder hindern sie, das zu tun, was sie eigentlich möchte (worum geht es?). Die Verse eröffnen einen Spannungsbogen, der erst kurz vor Ende des Hohenliedes endgültig aufgelöst wird.

8,8-9 Erklären Sie die Bilder von der Mauer und von der Tür. Die Brüder halten ihre Schwester für unreif. Sie wollen verhindern, dass sie eine Liebesbeziehung eingeht. Deshalb betrauen sie sie mit dem Hüten eines Weinbergs.

8,10 Die junge Frau antwortet, indem sie das Bild der Brüder aufgreift, es aber in seiner Bedeutung umkehrt: Sie ist reif, eigenständig und entscheidet selbst, eine Liebesbeziehung einzugehen.

8,11-12 Die Frau lehnt es ab, weiter Weinberge zu hüten. Sie kümmert sich von jetzt an um ihre eigenen Interessen.

Fazit: Der Text beschreibt eine typische Situation, nämlich die Entwicklung eines Mädchens zur Frau. Am Anfang steht das Mädchen noch unter dem Willen ihrer Brüder, dann aber befreit sie sich und findet ihren eigenen Weg.

Wann ist die rechte Zeit für die Liebe? Die Erziehungsberechtigten meinen, es sei noch zu früh. Die junge Frau hingegen hält die Zeit für gekommen. Ein ganz typischer Konflikt. Die Frage steht als Thema über dem gesamten Hohenlied.

2.5.3.5.3. Das Hohelied gibt keine einfachen Antworten

Wann ist die rechte Zeit für die Liebe? – Das Hohelied beobachtet Typisches und stellt Fragen, gibt jedoch anscheinend keine eindeutige Antwort. Christliche Leser des Hohenliedes waren immer wieder davon irritiert, dass das Hohelied keine klaren Grenzen zieht. Doch gibt es Gründe dafür:

a) Eine einfache Antwort wäre unpassend angesichts unterschiedlicher Kulturen: Im alten Israel heiratete man durchschnittlich zehn Jahre früher als heute. Wir haben es mit einer veränderten Situation zu tun, die veränderte Antworten benötigt.

b) Eine einfache Antwort wäre unpassend, weil Teenager und Jugendliche keine fertigen Antworten vorgesetzt bekommen möchten. Sie wollen begründen und verstehen und eigene Positionen finden.

c) Eine einfache Antwort wäre unpassend, weil es möglicherweise keine einfache Antwort gibt.

d) Eine einfache Antwort wäre unpassend, weil die Frage falsch bzw. zu eng gestellt ist.

2.5.3.5.4 Das Hohelied stellt die Frage in ihren Zusammenhang

Das Hohelied fordert uns als Gemeinde heraus, zum Thema Jugendliche, Liebe und Sexualität neu zu denken, und zwar in mehrfacher Hinsicht:

a) In der christlichen Gemeinde herrscht zum Thema »Liebe und Sexualität« vielerorts vor allem Schweigen. Den Jugendlichen fehlt es an Informationen wie auch an authentischen Vorbildern. Demgegenüber widmet das Hohelied dem Thema Aufmerksamkeit. Es baut uns eine Brücke, selbst darüber ins Gespräch zu kommen.

b) In der christlichen Gemeinde wird das Thema »Liebe und Sexualität« vor allem von den Grenzen her gedacht: Was ist erlaubt, was ist verboten? Das Hohelied entfaltet das Thema dagegen von der Mitte. Liebe ist nach dem Hohenlied wie ein Garten, den man betreten und gestalten kann. Das Hohelied lädt ein, die Liebesbeziehung zwischen Mann und Frau bewusst zu erleben, sie zu genießen und zu gestalten.

c) In der christlichen Gemeinde wird die Frage nach den Grenzen traditionell sehr pauschal beantwortet: »Vor der Ehe darf man nichts, in der Ehe darf man alles.« Die Geschichte von der Weinberghüterin und ihren Brüdern zeigt dagegen, dass es um viel mehr geht, nämlich um das Erwachsenwerden eines Menschen. Dazu gehört, sich schrittweise von der elterlichen Autorität loszulösen, eine eigene Identität aufzubauen, selbst Verantwortung für sein Leben zu übernehmen.

Ein Teil dieses Prozesses ist dann auch die Entwicklung der eigenen Sexualität und Beziehungen zum anderen Geschlecht. In die Sexualität spielen dabei ganz unterschiedliche Faktoren hinein: körperliches Verlangen, aber auch der Wunsch nach Anerkennung und Akzeptanz durch einen Partner, der Druck der Gruppe von Gleichaltrigen, einem bestimmten Bild zu entsprechen, u.a.

Die Entwicklung vom Kind zum Erwachsenen ist komplex und von Konflikten begleitet, wie es auch das Hohelied darstellt. Die Konflikte sind keine lästige Nebenerscheinung beim Erwachsenwerden, sondern ein wichtiges Mittel, um Eigenständigkeit zu gewinnen.

Wie ist das mit der Sexualität vor der Ehe? Das Hohelied gibt auf diese Frage durchaus eine Antwort – wenn auch die Antwort, dass die Frage zu einfach gestellt ist und dass eine weitere, ganzheitliche Sicht auf das Thema notwendig ist, wenn die Gemeinde ihren Jugendlichen gerecht werden will.

2.5.3.5.5 Das Hohelied fordert heraus, Antworten zu finden

Die rahmende Geschichte von der Weinberghüterin wirft die Frage auf: Welche der Parteien hat recht? Wann ist die rechte Zeit für die Liebe? Die Frage wird im Hohenlied an anderer Stelle aufgegriffen, nämlich mit dem Mottosatz, der im Lied insgesamt viermal erscheint und lautet: »Weckt nicht, stört nicht auf die Liebe, bevor es ihr gefällt« (2,7; 3,5; 8,4; vgl. 5,8).

Interessanterweise fragt das Hohelied hier nicht direkt danach, was Gott als richtig oder falsch benennt. Es fragt auch nicht danach, was die Gesellschaft richtig oder falsch findet. Damit setzt das Hohelied zwar nicht die übrigen Aussagen der Bibel zur Sexualität außer Kraft. Es lädt aber ein, einmal von einer anderen Seite zu denken: Das Hohelied fragt, was der Liebe selbst gefällt. Mit anderen Worten: Wie kann man mit dem Thema Liebe so umgehen, dass die Beziehung zum anderen Geschlecht gelingt? Hinter der Frage steht das Denken der alttestamentlichen Weisheit: Die Liebe ist eine Schöpfungsgabe Gottes, die es gemäß den ihr selbst innewohnenden Gesetzmäßigkeiten zu gestalten gilt (➤. 1.2).

Das Hohelied bietet uns also keine fertige Antwort an, aber einen Weg, Antworten zu finden. Die Weisen fordern uns auf, selber zu denken. Die Gemeinde muss ihre eigenen Antworten auf die Frage finden. Antworten, ...

... die die biblischen Rahmenvorgaben respektieren,
... die für die heutige Zeit angemessen sind und
... bei denen es darum geht, wie die Liebe am besten gelingt.

2.5.3.5.6 Das Hohelied gibt ein Beispiel

Das Hohelied macht keine Vorschriften, aber es gibt beispielhaft vor, wie eine gelingende Beziehung aussehen kann. Es lädt uns ein, daran anzuknüpfen. Es gilt allerdings, nicht zu kopieren, sondern zu »kapieren«.

Die Texte des Hohenliedes umfassen die Zeit vom Kennenlernen der Partner bis zur Hochzeit. Sie beschreiben somit eine Übergangszeit und handeln von der Erwartung, die noch nicht erfüllt ist. Die meisten Abschnitte des Hohenliedes sind Sehnsuchtslieder. Die Partner erzählen nicht von sexuellen Erlebnissen, die sie bereits haben, sondern sie formulieren Wünsche. Das Hohelied beschreibt ein Wechselspiel von Distanz und Nähe und stellt dar, wie die Partner einander Schritt für Schritt näherkommen. Die Spannung, die aus dieser Übergangssituation entsteht, wird nicht nur ausgehalten, sondern sie wird im Gegenteil gefeiert und ausgekostet. Für diese aufregende Zeit können die Langverheirateten den Jüngeren nur raten: »Kostet diese Zeit aus, genießt sie, aber überstürzt nichts!«

Den Höhepunkt und Zielpunkt der Entwicklung bilden die Hochzeitsfeier im Zentrum und der Treueschwur am Ende des Hohenliedes.

2.5.4 Die Partner laden einander ein (8,13-14)

2.5.4.1 Übersetzung von 8,13-14

ER

13 *Die du wohnst in den Gärten:*
Die Gefährten sind gespannt auf deine Stimme –
lass sie mich hören!

SIE

14 *Eile, mein Geliebter,*
und gleiche doch einer Gazelle
oder einem jungen Hirsch
auf den Bergen von Balsam.

2.5.4.2 Kontext und Aufbau von 8,13-14

Nachdem in 8,5-7 Gewichtiges und Grundlegendes über die Macht der Liebe gesagt wurde und in 8,8-12 die rahmende Erzählung von der Weinberghüterin abgeschlossen ist, die ebenfalls zentrale Aspekte der Botschaft des Hohenliedes vermittelt, kehren die beiden letzten Verse des Hohenliedes zur Leichtigkeit des Anfangs zurück.

Formal geschieht dies, indem die noch fehlenden Elemente der »emotionalen« zyklischen Struktur (➤ 1.6.1) ergänzt werden: Er verlangt nach ihr (5-C, V. 13) – sie lädt ihn ein (5-D, V. 14). In beiden Versen finden sich Motive, die schon im zweiten Zyklus an der jeweils entsprechenden Stelle aufgetreten waren: 8,13 greift ein Motiv von 2,14 auf; 8,14 ist weitgehend identisch mit 2,17.

2.5.4.3 Einzelauslegung von 8,13-14

Der junge Mann sehnt sich danach, seiner Geliebten zu begeg- 13
nen und ihre Stimme zu hören. Wer die **Gefährten** sind, ist nicht genauer zu klären, hat aber auf das Verständnis des Verses weiter keinen Einfluss. Die Gefährten **sind gespannt** (Maier 175): Das Wort bezeichnet ein genaues Hinhören oder Achtgeben. Doch wünscht sich der junge Mann, dass seine Geliebte den Kreis der Freunde verlässt und sich ihm allein widmet.

Das erste Wort kann im Hebräischen »fliehen« oder »eilen« be- 14
deuten. Luther und Elberfelder übersetzen beispielsweise mit »Flieh …!« bzw. »Enteile …!«. Es wäre allerdings überraschend, wenn die Geliebte ihren Freund auffordern würde, den Schauplatz des Geschehens zu verlassen. Vielmehr geht es, wie auch in 2,17, um die Verabredung zu einem Treffen. Dementsprechend

übersetzen die *Gute Nachricht Bibel* und auch *die Hoffnung für alle* mit »Komm … zu mir!«.

Die wendige ➤ **Gazelle**, die der scheinbar lebensfeindlichen Kargheit der Einöde trotzt, steht für Lebenskraft und Lebensfreude. Das Gleiche gilt für den **Hirsch**. Die unzugänglichen **Berge** mit ihren duftenden Kräutern stehen für Wildheit und Exotik. Mit einer solchen Aura sieht die Geliebte ihren Freund umgeben.

2.5.4.4 Zusammenfassung und Aussage von 8,13-14

Die Wirkung der Schlussverse lässt sich am besten beschreiben, wenn man darüber nachdenkt, welche Alternativen zur Verfügung stehen. Würde z.B. das Lied bei 8,7 enden, so wäre der letzte Eindruck ein monumental-theologischer. Bei einem Abschluss nach 8,12 würde dagegen das Kämpferisch-Emanzipatorische im Raum stehen bleiben. Weiterhin hätte das Lied auch mit einem emotionalen Höhepunkt wie einer Einladung zum Liebesakt beendet werden können, wie das z.B. am Ende des dritten und vierten Zyklus geschieht, mit »Kommt, Freunde, … berauscht euch an der Liebe!« oder »Dort will ich dir meine Liebe schenken« (5,1; 7,13). Doch nichts davon ist der Fall. Der Schluss ist in dieser Hinsicht sogar noch zurückhaltender als der Anfang des Liedes, wo die Geliebte sich Küsse und Zärtlichkeiten wünscht.

Nein, sondern am Ende bleibt das wechselseitige Verlangen, das noch einmal mit nur ganz leisen Andeutungen und mit schwebenden Metaphern zum Ausdruck gebracht wird. Das Lied klingt aus mit einem Hauch, es verblasst wie ein schöner Traum, aus dem man erwacht. So viel vorher über die Liebe erklärt worden war, so flüchtig und unfassbar bleibt am Ende das Wunder der Liebe – so wie die wendige Gazelle auf abgelegenen Berghängen, auf denen kostbare Kräuter ihre Düfte verströmen.

2.5.4.5 Vorschlag zur Bibelarbeit (Eheseminar) mit 8,13-14

Thema: Happy End?! – Die Geschichte unserer Liebe geht weiter …

Zielgruppe: Paare in der Hochzeitsvorbereitung; Ehepaare

Ziele:
- Die Teilnehmer sollen sich bewusst werden, dass ihre Erwartungen an die Partnerschaft von geprägten Vorstellungen bzw. nach R. Sternberg von darunter liegenden Geschichten bestimmt sind.
- Die Partner sollen sich über ihre Vorstellungen austauschen und dadurch den anderen und seine Bedürfnisse besser kennenlernen.
- Die Partner sollen gemeinsame Zielvorstellungen für die zukünftige Geschichte ihrer Liebe entwickeln.

Zur Vorbereitung: Die Einheit basiert auf dem Buch von R. Sternberg, *Love is a Story,* auf Deutsch erschienen unter dem Titel: Warum der Gärtner nie auf die Prinzessin hereinfällt (weitere Angaben in der Bibliografie). Siehe außerdem Kap. 1.9.3 »Liebe ist … eine Geschichte«.

Falls Sie die Spitzenthese Sternbergs nicht aufnehmen wollen, können Sie die Geschichten auch als Metaphern ansehen, die bestimmte Aspekte der Beziehung veranschaulichen. Die Metaphern helfen den Teilnehmern, ihre Vorstellungen von Beziehung in Worte zu fassen und sich darüber mit dem Partner auszutauschen.

2.5.4.5.1 Einheit: Biblische und thematische Einführung

Das Hohelied erzählt die Geschichte einer Liebe. Der Zeitraum, der behandelt wird, reicht von den ersten Begegnungen der Liebenden bis zur Hochzeitsfeier (3. Zyklus) und der feierlichen Besiegelung der Liebe (5. Zyklus). An dieser Stelle endet das Hohelied, aber natürlich nicht die Geschichte der Liebe. Die letzten beiden Verse zeigen an, wie sich das Wechselspiel von Einladung und Gegeneinladung, von Verlangen und Erfüllung über das Ende des Liedes hinaus fortsetzt.

Das Hohelied definiert, was Liebe ist, indem es eine Geschichte erzählt. Mehr als wir meinen, ist auch unser Denken und Leben durch Geschichten geprägt.

Warum gelingen manche Partnerschaften sehr gut und andere nicht? Der Psychologe Dr. Robert Sternberg zeigt in seinem Buch, dass die Frage viel mit dem zu tun hat, welche Vorstellungen von Liebe und Partnerschaft die beiden Partner in ihre Beziehung mitbringen. Es handelt sich um Prägungen, die wir durch das Elternhaus und auch durch unsere eigenen bisherigen Erfahrungen gewonnen haben. Sternberg beschreibt diese Prägungen als eine Art inneres Drehbuch, als eine Geschichte, an der wir uns – meist unbewusst – orientieren.

Wenn die Vorstellungen von der idealen Liebesgeschichte bei den beiden Partnern stark voneinander abweichen, dann sind Konflikte vorprogrammiert. Das Zusammenleben wird dann gelingen, wenn sich die Partner ihrer Vorstellungen bewusst werden und sich darüber austauschen – und wenn es ihnen gelingt, eine gemeinsame Version für die Geschichte ihrer Liebe zu entwickeln.

Stellen Sie drei der von Sternberg vorgestellten Geschichten mit ihren Beispielen vor, um das Prinzip zu verdeutlichen, z.B. die Haus-und-Heim-Geschichte, die Zusammen-unterwegs-Geschichte und die Opfer-und-Helfer-Geschichte.

2.5.4.5.2 Einheit: Analyse

Bereiten Sie eine Kurzübersicht über die von Sternberg beschriebenen Geschichten vor, die Sie den Teilnehmern ausgeben (Vorschlag siehe unten). Erklären Sie die einzelnen Geschichten mit jeweils ein bis zwei Sätzen und beantworten Sie aufkommende Rückfragen.

Stellen Sie den Teilnehmern die folgende erste Aufgabe: Gehen Sie durch die einzelnen Geschichten und vergeben Sie jeweils Punkte:

- 3 Punkte = die Geschichte spricht mich sehr an bzw. ich erkenne mich in der Geschichte sehr stark wieder; 2 Punkte = die Geschichte spricht mich an; 1 Punkt = ein Teilaspekt der Geschichte spricht mich an, auch wenn ich die Geschichte insgesamt ablehne.
- Wenn Ihnen bei einer der Geschichten die Ehe Ihrer Eltern vor Augen tritt, notieren Sie dies. Das Gleiche gilt für die Paarbeziehungen anderer Personen, die in Ihrem Leben einen großen Einfluss hatten oder haben.
- Fällt Ihnen zu einer der Geschichten ein Buch oder Film ein, den Sie schätzen, vermerken Sie dies ebenfalls.
- Vielleicht erinnert Sie die Geschichte auch an einen Ihrer Tagträume.
- Wenn Sie »Ihr« Thema auf der Liste nicht finden, können Sie auch selbst eines notieren.

Nehmen Sie sich Zeit und Ruhe zur Beantwortung der Aufgabe. Unterscheiden Sie sorgfältig zwischen Geschichten, von denen Sie meinen, so »müsste es sein«, und solchen, die Sie tatsächlich innerlich ansprechen.

Sternberg selbst führt die Analyse über einen Fragebogen durch, der aus den im Buch angegebenen Informationen zusammengestellt werden kann.

2.5.4.5.3 Einheit: Auswertung und Zukunftswerkstatt

Stellen Sie die folgenden beiden Aufgaben für ein Gespräch der Partner miteinander:

Aufgabe 1: Stellen Sie Ihrem Partner Ihre Ergebnisse vor. Der Partner darf Rückmeldung geben, inwieweit er Ihre Selbsteinschätzung für realistisch hält bzw. was er bei Ihnen erwartet hätte und was ihn überrascht. Auch der Partner stellt Ihnen dann seine Ergebnisse vor, und Sie geben ihm Rückmeldung zu seiner Selbsteinschätzung.

Aufgabe 2: Formulieren Sie, wie Sie den derzeitigen Stand Ihrer Beziehung einschätzen, und sammeln Sie Wünsche und Ziele für die Zukunft. – Wo sich bei der Wahl der Geschichten Übereinstimmungen ergeben haben, entwickeln Sie Ihre Geschichte gemeinsam weiter, indem Sie Vorstellungen und auch konkrete gemeinsame Ziele notieren. – Wo Sie sich bei der Wahl der Geschichten sehr stark voneinander unterscheiden, benennen Sie tatsächliche und mögliche auftretende Konfliktpunkte, formulieren Sie Ihre Bedürfnisse und Wünsche und loten Sie Kompromisse aus. Manche Probleme lassen sich durch praktische Absprachen entschärfen, wenn diese von beiden Seiten als fair empfunden werden. Andere Konflikte benötigen dagegen weiter gehende seelsorgerliche Begleitung. In jedem Fall hilft es, wenn mit den Unterschieden bewusst umgegangen wird.

In einer Auswertungsrunde lassen Sie diejenigen Teilnehmer, die das möchten, über ihre Erfahrungen berichten. Bieten Sie anschließend nach Wunsch und Bedarf Einzelgespräche und Paarberatung an.

2.5.4.5.4 Übersicht über einige Liebes-»Geschichten« nach Sternberg

Die Haus-und-Heim-Geschichte: Das (eigene) Haus bildet das Zentrum der Beziehung. Es wird schön gestaltet und gut gepflegt, sodass sich die Partner und ihre Kinder wohlfühlen und miteinander glücklich leben können.

- Vorteil: Ein angenehmes Lebensumfeld wirkt sich positiv auf Beziehungen aus.
- Gefahr: Die Pflege des Heims kann zur Obsession werden. Die Aufmerksamkeit richtet sich auf das Haus anstatt auf den Partner.

Die Zusammen-unterwegs-Geschichte: Das Leben ist eine gemeinsame Reise. Die Partner verfolgen ein oder mehrere Ziele. Sie genießen es, zusammen auf dem Weg zu sein.

- Vorteil: Ein gemeinsames Ziel zu verfolgen, schweißt die Partner zusammen.
- Gefahren: Wenn das lang ersehnte Ziel erreicht ist, droht die Partnerschaft langweilig zu werden. Wenn Ziele nicht mehr übereinstimmen, trennen sich die Wege.

Die Romantische-Fantasie-Geschichte: Der Ritter und die Prinzessin überwinden auf ihrer Suche nach dem Partner viele Hürden, bis sie sich schließlich finden und dann für immer glücklich zusammenleben.

- Vorteil: Die Fantasie entfaltet eine starke emotionale Kraft, den Partner zu bewundern, zu ehren und sich in ihn zu investieren.
- Gefahr: Ist die Fantasie zu idealistisch, wird sie am Ehealltag zerbrechen. – Nach Sternberg können Romantische-Fantasie-Geschichten dann tragfähig sein, wenn die Ideale realistisch genug sind.

Die Gartenpflege-Geschichte: Die Beziehung ist wie ein Garten, der stetiger Pflege bedarf, um in einem ansprechenden Zustand erhalten zu werden. Es ist wichtig, dass die Partner andauernd in die Beziehung investieren.

Variante: Ein Partner ist der Gärtner, der andere eine Gartenblume.

- Vorteil: Jede Beziehung braucht Pflege. Die Gartenpflege-Geschichte verträgt sich gut mit anderen Geschichten, da der »Gärtner« immer bereit ist, sich im Sinne der Beziehung zu investieren.
- Gefahren: Durch eine sehr berechenbare Art der Beziehungspflege kann Langeweile entstehen. Übertriebene Aufmerksamkeit auf die Beziehungspflege kann Beziehungen ersticken.

Varianten dazu:

- *Die Patentrezept-Geschichte:* Die Beziehung wird gelingen, wenn sich die Partner an bestimmte Regeln halten. Manche Beziehungsratgeber leisten einer solchen Sichtweise Vorschub.
- Die Liebe-als-Wissenschaft-Geschichte: Die Beziehung wird ständig wissenschaftlich analysiert, um ihre unterliegenden Mechanismen zu verstehen.

Die unkonventionelle Geschichte: Die Beziehung folgt keinen vorgegebenen Konventionen, sondern die Partner entscheiden frei, wie sie ihr Miteinander gestalten wollen. Sie heben sich von der breiten Masse ab und leben bewusst ihren eigenen Weg.

- Vorteil: Die Einstellung setzt Kreativität frei; die Partner nehmen Möglichkeiten der Lebensgestaltung bewusst wahr.
- Gefahren: Wenn die Vorstellungen der Partner voneinander abweichen, fühlt sich der eine schnell vom anderen ausgebremst; der Druck, anders sein zu wollen, wirkt auf Dauer angestrengt – nicht nur für Freunde und Bekannte, sondern auch für das Paar selbst.

Die historische Geschichte: Die Partner denken viel über die historische Entwicklung ihrer Beziehung nach und betrachten die Gegenwart im Licht der Vergangenheit.

- Vorteil: Die Erinnerung an glückliche Momente in der Vergangenheit kann durch schwere Zeiten hindurchtragen.
- Gefahr: Fehler der Vergangenheit kommen immer und immer wieder auf den Tisch.

Die Verlangen-und-Hingabe-Geschichte: Bei dieser Geschichte steht die sexuelle Leidenschaft im Vordergrund, wobei der eine Partner den anderen kontrolliert. Diese Kontrolle kann spielerisch und für den einzelnen Sexualakt ausgeführt sein, etwa durch Augenverbinden oder Fesseln, sie kann aber auch die gesamte Beziehung bestimmen.

Obwohl dies meist nicht direkt zugegeben wird, zeigt die Behandlung des Themas z.B. in Literatur und Film, dass diese Geschichte weit verbreitet ist.

- Vorteil: Bei Rollenspielen lernen sich die Partner auf neue Weise kennen; die Abwechslung in der Sexualität wird als positiv erlebt.
- Gefahr: Eine Beziehung, die insgesamt auf Erniedrigung des Partners basiert, ist ungesund. Glaubt hier der Erniedrigte, nur auf diese Weise Liebe bekommen zu können?

Die Geheimnisvolle-Aura-Geschichte: Einer der Partner umgibt sich mit einer Aura des Geheimnisvollen und wirkt dadurch besonders faszinierend auf den anderen.

- Vorteil: Das Geheimnisvolle ist aufregend. Es ist ein Abenteuer, den Partner nach und nach mehr kennenzulernen.
- Gefahren: Die Aura das Geheimnisvollen lässt sich in einer Beziehung nicht beliebig lang aufrechterhalten. Bei manch einem, der geheimnisvoll schweigt, stellt sich am Ende heraus, dass er gar nichts zu sagen hatte.

  Eine Variante dazu ist die UFO-Geschichte: Man fühlt sich zu einem Partner hingezogen, der extrem seltsam und fremdartig erscheint, oder man meint, selbst völlig anders als die anderen zu sein, und sucht einen Partner, der das besonders schätzt.

Die Kriegs-Geschichte: Die Partner streiten sich viel und heftig. Beide sind der Überzeugung, dass man Bedürfnisse und Wünsche nicht unterdrücken darf, sondern sie offensiv vertreten muss. Trotz der vielen Auseinandersetzungen fühlen sich die Partner in ihrer Beziehung sehr wohl.

- Vorteil: Die Partnerschaft kann gut gelingen, wenn beide dieselbe Einstellung zum Thema Streit vertreten.
- Gefahren: Manche Paare streiten viel, ohne dies eigentlich zu wollen. Eine destruktive Art der Kommunikation schadet der Beziehung.

  Eine Variante dazu ist die Spiel-Geschichte: Die Beziehung wird hierbei als ein spielerischer Wettkampf betrachtet, bei dem einmal der eine Partner gewinnt, dann wieder der andere.

Die Abhängigkeits-Geschichte: Einer der Partner hängt so sehr am anderen, dass er sich nicht vorstellen mag, auch nur einen Tag ohne ihn zu leben. Der andere fühlt sich gerade dadurch auf besondere Weise geliebt und wertgeschätzt.

- Vorteil: Für beide ist die Beziehung gerade in der Anfangszeit mit einem absoluten Hochgefühl verbunden.
- Gefahr: Im Lauf der Zeit verringert sich das Hochgefühl, und der Abhängige wird mehr und mehr von Verlustangst geplagt, während der Partner sich im Gegensatz dazu mehr Distanz und Freiheit wünscht.

Die Selbstaufopferungs-Geschichte: Einer der Partner opfert sich für den anderen auf oder meint, sich aufopfern zu müssen.

Eine solche Haltung wird manchmal argumentativ mit Aussagen des Neuen Testaments begründet. Die eigentlichen Motive können aber auch ganz anders liegen, z.B. glaubt der Partner, sich durch Aufopferung Liebe erkaufen zu müssen (Helfer-Syndrom).

- Vorteil: Die Beziehung kann glücklich sein, wenn beide Partner einander Opfer bringen. Dies geschieht meist in unterschiedlichen Bereichen.
- Gefahr: Eine dauerhafte einseitige Selbstaufopferung ist Zeichen einer ungesunden Beziehung.

Die Opfer-und-Helfer-Geschichte: Einer der Partner hat ein schweres Erlebnis hinter sich oder ist in einer schwierigen Situation (z.B. Missbrauch, Sucht ...). Er benötigt die Beziehung, um sein Problem zu bewältigen. Er hofft, dass der Partner für ihn das bewerkstelligt, was er selbst nicht erreichen kann.

- Vorteil: Ein Partner kann tatsächlich eine Hilfe sein, wenn es gilt, ein Problem zu bewältigen. Der Wille und die tatsächlichen Schritte zur Veränderung müssen aber vom Betroffenen selbst kommen.
- Gefahren: Opfer und Helfer begeben sich in eine gefährliche gegenseitige Abhängigkeit. Wenn das Opfer sein Problem nicht bewältigt, ist eine lange Leidenszeit die Folge. Wenn das Opfer sein Problem doch bewältigt, braucht es den Helfer anschließend nicht mehr.

Die Lehrer-Schüler-Geschichte: Hierbei übernimmt einer der Partner die Rolle des Lehrers oder Philosophen, der andere die des interessierten Schülers oder »Jüngers«.

- Vorteil: Sind sich die Partner über ihre Rollen einig, genießen beide das Verhältnis. In manchen Beziehungen wechseln auch die Rollen je nach Themengebiet.
- Gefahren: Das Ungleichgewicht der Macht belastet auf lange Sicht die Partnerschaft. Wenn die Beziehung tatsächlich im Umfeld von Schule oder Arbeitsplatz entstanden ist, besteht der

Verdacht, dass der Lehrer seine Autorität für persönliche Interessen missbraucht und dass der Schüler sich von der Beziehung berufliche Vorteile erhofft.

Die autokratische Geschichte: Hierbei bestimmt einer der Partner über alle Belange der Beziehung und der andere fügt sich ein. Die Herrschaft besonders des Mannes kann religiös begründet sein (vor allem im Islam); sie kann sich aber auch aus einem übersteigerten Machtbedürfnis eines der Partner ergeben, der z.B. zu Hause das auslebt, was ihm in der Arbeitswelt verwehrt bleibt. In manchen Fällen treffen die Partner auch gemeinsam die Entscheidung, einem der beiden die Verantwortung zu übergeben.

In allen Beziehungen spielen Machtfragen eine Rolle. Neben der autokratischen Form ist in Beziehungen auch die demokratische (beide entscheiden gemeinsam) und die anarchische (keiner übernimmt die Verantwortung) Variante anzutreffen.

Es ist wichtig und hilfreich, die Frage der Machtverteilung zu thematisieren und die notwendigen Absprachen zu treffen.

- Gefahr der autokratischen Machtausübung: Menschen neigen dazu, ihre Autorität über andere zu missbrauchen.
  Nach einem klassischen christlichen Rollenverständnis trägt in der Ehe der Mann die Letztverantwortung z.B. in finanziellen Belangen. Es ist allerdings darauf hinzuweisen, dass die biblische Urgeschichte die Herrschaft des Mannes über die Frau nicht als Teil einer Schöpfungsordnung, sondern im Gegenteil als einen Fluch in Folge des Sündenfalles beschreibt.
  Vergleichbar dazu ist die *Polizist-Verdächtiger-Geschichte:* Der eine Partner überwacht den anderen und möchte ihn kontrollieren. Menschen mit geringem Selbstwertgefühl fühlen sich in einer solchen Beziehung unter Umständen geborgen, bezahlen letztlich aber den hohen Preis einer eingeschränkten Selbstständigkeit.

Die Statussymbol-Geschichte: Man sucht sich einen Partner, der zum eigenen Lebensstil passt und ihn vervollkommnet. Der Partner bildet gewissermaßen ein Objekt in der eigenen Sammlung von Statussymbolen.

Die Business-Geschichte: Die Partner sind erfolgreiche Geschäftsleute. Sie arbeiten viel für ihr Ziel, wohlhabend zu sein. Auch ihre Beziehung gestalten sie wie ein Geschäft. Der Alltag ist gut organisiert und läuft reibungslos. Beziehungsangelegenheiten verschlingen nicht unnötig viel Zeit.

Die Körperkult-Geschichte: Die Anziehungskraft geht in erster Linie von der körperlichen Schönheit des Partners aus – auch wenn man sich dies nicht eingestehen will. Die körperliche Anziehung überstrahlt alle anderen Bereiche, sodass man zunächst leicht bereit ist, z.B. charakterliche Schwächen zu entschuldigen.

Die religiöse Geschichte: Die Liebe ist eine Macht, die alles Unglück heilt. Deshalb ist die Liebesbeziehung Ort der Zuflucht und der Geborgenheit vor den Übeln der Welt.

Nicht wiedergegeben sind von Sternbergs Zusammenstellung die »Horror Story«, die »Theater Story« und die »Humor Story«. Die Verlangen-und-Hingabe-Geschichte heißt bei Sternberg »Pornography Story« und bezieht sich nur auf die Variante der erniedrigenden Sexualität ohne echte Beziehung.

3. Anhänge

3.1 Eine Übertragung des Hohenliedes in modernes Deutsch

Für die ursprünglichen Leser des Hohenliedes hat die altvorderorientalische Bildsprache ihre Wirkung unmittelbar entfaltet. Heute erschließt sich die tiefere Bedeutung dagegen erst nach intensivem Studium. Die folgende Übertragung des Hohenliedes will dem abhelfen. Sie übersetzt nicht nur die Wörter, sondern die Bildsprache als Ganzes. Beispielsweise wird aus dem Weinberg (Ort der Liebe) ein Rosengarten, aus den Brüdern (Erziehungsberechtigte) werden die Eltern, aus der Gazelle (Symbol für die Liebe) eine Bootsfahrt im Mondschein, aus Äpfeln (Genussmittel) werden Pralinen usw. Die Übertragung lädt dazu ein, den Bibeltext auf eine neue Weise unmittelbar zu erleben, und sie gibt ein Beispiel dafür, wie man sich selbst dem Lied auf eine kreative Weise nähern kann.

Der erste Zyklus: Kennenlernen (1,2-2,4)

Sie: Ich schwärme von dir! (1,2-4)

Sie, übersprudelnd

2 *Er soll mich küssen, küssen, küssen!*
Deine Berührungen berauschen mich – mehr als Alkohol!

3 *Der Duft deines Rasierwassers tut gut;*
er verbreitet sich überall, wie auch dein Ruf.
Darum lieben dich die Mädchen.

4 *Zieh mich dir nach, schnell!*

Der König meines Herzens – er hat mich in sein Zimmer eingeladen.
Wir wollen ausgelassen sein und dich genießen,
wollen von deinen Berührungen schwärmen, die mich berauschen.
Mit Recht lieben sie dich!

Die Rosengärtnerin und ihre Eltern, Teil I (1,5-6)

SIE

5 *Blass bin ich und doch anziehend,*
meine Freundinnen,
wie eine Mondprinzessin,
wie eine Königin der Nacht.

6 *Schaut mich nicht so an,*
weil ich so blass bin,
weil die Sonne mich nicht gebräunt hat!
Meine Eltern waren zornig auf mich,
sie teilten mich ein, im Rosenhaus zu arbeiten.
Meinen eigenen Rosengarten konnte ich nicht pflegen.

Sie: Wo kann ich dich finden? (1,7-8)

7 *Wenn du mir doch sagen würdest,*
mein Geliebter,
wo du trainierst,
wo du deine Bahnen schwimmst!
Denn was sollen die anderen Männer denken:
dass ich sie anmache, wenn ich sie nach dir frage?

Die Freundinnen, herausfordernd

8 *Wenn du es doch nicht weißt,*
du Schönheit unter den Frauen,
so geh doch zum See hinaus,
den Spuren der Sportler nach,
und zeig dich in deinem Bikini
am Ufer, wo sie ihre Pause machen!

Er und Sie: Annäherungen (1,9-2,3)

Erster Dialog

Er

9 *Wenn die edle Stute im Rennstall erscheint,*
werden alle Hengste unruhig.
So ist es auch da, wo du dich sehen lässt,
meine Freundin.

10 *Wie anziehend sind deine Hände mit den Ringen,*
dein Hals mit der Schmuckkette!

11 *Kettchen aus echtem Silber will ich dir schenken*
und einen Ring mit Diamant.

Sie

12 *Solange der König meines Herzens bei mir ist,*
berauscht ihn der Blumenduft meines Parfüms.

13 *Wie rote Rosenblätter ist mir mein Geliebter,*
die zwischen meinen Brüsten liegen.

14 *Wie Edelweiß ist mir mein Geliebter,*
von den Berghängen des Himalaja.

ZWEITER DIALOG

ER

15 *Wie schön du bist,*
meine Freundin,
wie schön du bist!

In deinen Augen leuchten Herzen.

SIE

16 *Wie schön du bist,*
mein Geliebter,
ja, wie gut du aussiehst!

Ja, weiches Laub soll unser Bett sein.

17 *Unsere Hauswände sind Buchenstämme,*
die Zimmerdecke grüne Blätter.

DRITTER DIALOG

SIE

2,1 *Ich bin eine Rose,*
eine Seerose auf dem Weiher.

ER

2 *Wie eine Rose zwischen Dornengestrüpp,*
so ist meine Freundin unter den Mädchen.

SIE

3 *Wie eine Eiche zwischen nutzlosem Gehölz,*
so ist mein Liebster unter den Männern.

An ihren Stamm möchte ich mich anlehnen,
unter ihren Blättern das Leben genießen.

Sie: Alle Zeichen stehen auf Liebe (2,4)

4 *Er hat mich eingeladen, ist mit mir ausgegangen,*
und alle Zeichen stehen auf Liebe.

Der zweite Zyklus: Frühlingseinladung (2,5-17)

Sie: Ich warte sehnlichst auf dich (2,5-7)

5 *Gebt mir Pralinen,*
stärkt mich mit Schokolade,
denn ich bin krank vor Liebe!

6 *Ach, wenn er doch da wäre,*
sein linker Arm unter meinem Kopf,
und mit dem rechten hält er mich umschlungen.

7 *Ich beschwöre euch,*
meine Freundinnen,
bei der Bootsfahrt im Mondschein,
beim Dinner im Kerzenlicht,

dass ihr nicht weckt,
dass ihr nicht erregt die Liebe,
bis es ihr gefällt!

Sie und Er: Verabredung für den Abend (2,8-17)

Sie

8 *Hört! Mein Geliebter!*
Seht, da kommt er,
braust die Straße entlang,
biegt in den Hof ein.

9 *Mein Geliebter ist wie ein weißer Hengst*
oder ein stolzer Hirsch.
Seht, da steht er vor unserem Haus,
klingelt an der Tür,
klopft an mein Fenster.

10 *Mein Geliebter spricht zu mir:*

ER

Mach dich doch auf,
meine Freundin,
meine Schöne,
und komm doch!

11 *Schau doch, der Winter ist vorbei,*
die trüben Tage sind vorüber,
sind vergangen.

12 *Die ersten Blumen lassen sich sehen,*
und das Zwitschern der Vögel lässt sich hören in unserem Land.

13 *Die Apfelbäume blühen duftend,*
und die Rosen beginnen zu knospen.
Mach dich doch auf,
meine Freundin,
meine Schöne,
und komm doch!

14 *Meine Taube in den Schlupfwinkeln der Felsen,*
im Versteck an den Felsnischen,
lass mich deine Gestalt sehen,
lass mich deine Stimme hören!
Denn deine Stimme klingt so schön
und deine Gestalt ist hinreißend.

Die Freundinnen

15 *Verscheucht uns die Böcke,*
die aufdringlichen Böcke,
die den Rosengarten zertreten,
unseren knospenden Rosengarten!

Sie

16 *Mein Geliebter gehört mir,*
und ich gehöre ihm,
der sich bei den Seerosen erfrischt.

17 *Heute Abend um sechs,*
wenn die Schatten lang werden,
dann komm her!

Sei ein weißer Hengst,
mein Geliebter,
oder ein stolzer Hirsch
in den kalten Talgründen.

Der dritte Zyklus: Hochzeitstag und Hochzeitsnacht (3,1-5,1)

Sie: Im Traum suchte ich nach dir, Teil I (3,1-5)

Am Abend vor der Hochzeit. Die Braut liegt unruhig auf ihrem Bett.

3,1 *Nachts auf meinem Bett –*
räume ich oder bin ich wach? –
da suchte ich, den ich liebe und verlange.
Ich suchte ihn, aber ich fand ihn nicht.

2 *Ich will aufstehen,*
will die Stadt durchstreifen,
die Straßen und die Plätze,

will suchen, den ich liebe und verlange.
Ich suchte ihn, aber ich fand ihn nicht.

3 *Nachtwächter hielten mich an,*
die nachts auf Streife gehen:

Den ich liebe und verlange –
habt ihr ihn gesehen?

4 *Kaum war ich an ihnen vorüber,*
da fand ich, den ich liebe und verlange.

Ich hielt ihn fest und ließ ihn nicht mehr los,
bis ich ihn gebracht hatte
zur Tür der Kirche
und bis vor den Traualtar.

5 *Ich beschwöre euch,*
meine Freundinnen,
bei der Bootsfahrt im Mondschein,
beim Dinner im Kerzenlicht,

dass ihr nicht weckt,
dass ihr nicht erregt die Liebe,
bis es ihr gefällt!

Der Bräutigam erscheint in festlichem Zug (3,6-11)

AM HOCHZEITSTAG. DIE BEIM HAUS DER BRAUT VERSAMMELTE GESELLSCHAFT ERWARTET DIE ANKUNFT DES BRÄUTIGAMS.

BEOBACHTER

6 *Wer ist sie,*
die da herankommt aus der Ferne,
sie braust heran wie ein Frühlingssturm,
wirbelt die Blütenblätter von der Straße auf?

7 *Es ist seine schwarze Limousine!*
Sie gehört dem wahrhaft königlichen Bräutigam!
Motorräder sind rings um sie her,
seine Krieger, seine Ehrengarde.

8 *Sie alle sind bewaffnet,*
geübt im Kampf.
Jeder von ihnen hat seinen Schlagstock an seiner Hüfte
gegen den Schrecken der Nacht.

9 *Eine Limousine hat sich der Bräutigam bestellt,*
lackiert in glänzendem Schwarz.
Nun fährt sie vor.

10 *Ihre Felgen sind aus Silber,*
ihre Galionsfigur aus Gold,
ihre Armaturen in poliertem Wurzelholz,
ihr Innenraum ausgekleidet mit Liebe.

11 *Ihr Freundinnen der Braut,*
kommt doch heraus
und betrachtet doch,
ihr Brautjungfern,

den Bräutigam in seinem festlichen Anzug,
mit dem sein Vater ihn eingekleidet hat
für den Tag seiner Hochzeit,
für den schönsten Tag seines Lebens!

Er: Wie schön du bist (4,1-7)

DER BRÄUTIGAM BETRITT DAS HAUS, WO IHN DIE BRAUT IM HOCHZEITLICHEN SCHMUCK ERWARTET.

4,1 *Wie schön du bist,*
meine Freundin,
wie schön du bist!
In deinen Augen leuchten Herzen
durch deinen Brautschleier hindurch.
Dein lockiges Haar duftet
wie ein Frühlingswind,
wenn die Knospen der Bäume aufbrechen.
2 *Dein Lächeln ist wie der Sonnenaufgang*
nach einer Nacht am See,
und deine Zähne blitzen.
3 *Erdbeerrot leuchten deine Lippen,*
und dein Reden betört mich.
Wie ein Kunstwerk in Pastell
schimmern deine Gesichtszüge
durch deinen Brautschleier hindurch.
4 *Wie ein Schwan seinen Hals aufreckt,*
so stehst du stolz und selbstbewusst vor mir.
Deine Halsketten funkeln –
wer wird dir heute widersprechen?

5 *Deine Figur ist schlank und weiblich,*
deine Rundungen zart und voller Lebenskraft,
eine romantische Sinfonie.

6 *Wenn der Tag verklingt*
und die Schatten lang werden,
will ich ins Land der roten Rosen gehen,
ins Tal der wilden Orchideen.

7 *Alles an dir ist schön,*
meine Freundin,
und kein Makel ist an dir.

Er: Komm mit mir aus deinem Eispalast (4,8-11)

DER BRÄUTIGAM BITTET SEINE BRAUT ZUM FEST.

8 *Mit mir aus deinem Eispalast,*
meine Braut,
mit mir aus deinem Eispalast
sollst du kommen,
sollst du herabsteigen,
vom Thron im kristallenen Saal,
von der sturmumtosten Turmkammer,
Herrscherin über die Eisbären,
Herrscherin über die wilden Drachen.

9 *Du hast mich verzaubert,*
meine Liebste, meine Braut,
du hast mich verzaubert
mit einem einzigen Blick aus deinen Augen,
mit einer einzigen Perle von deinem Halsschmuck.

10 *Wie wohltuend sind deine Berührungen,*
meine Liebste, meine Braut!
Wie berauschend sind deine Berührungen,
mehr als Alkohol,
und der Duft, der von dir ausgeht,
mehr als jeder Rosenduft!

11 *Flüssiger Honig tropft von deinen Lippen,*
meine Braut.
Honig und Milch sind unter deiner Zunge,
und deine Kleider duften
wie ein warmer Regen.

Er und Sie: Komm in mein Paradies der Liebe (4,12-5,1)

Auf dem Fest. Der Bräutigam lädt seine Braut zur Hochzeitsnacht ein.

12 *Ein verschlossener Garten bist du,*
meine Geliebte, meine Braut,
ein verschlossener Garten,
eine versiegelte Quelle.

13 *Du bist für mich ein wunderschöner Garten.*
Dort wachsen Orangenbäume und Limonen,
rote Rosen, weißer Flieder und wilde Orchideen,

14 *Feuerlilien, Flamingoblumen und Edelweiß,*
Venusschuh, Mädchenauge und Frauenhaar.

15 *Eine Quelle mitten im Garten bist du,*
ein Springbrunnen, aus dem das Wasser sprudelt,
kristallklar wie ein Gebirgsbach.

SIE

16 *Erwache, lauer Abendwind!*
Lass duften meinen Garten,
lass seine Blüten sich öffnen!
Komm, mein Geliebter, in deinen Garten
und genieße seine köstlichen Früchte!

ER

5,1 *Ich komme in meinen Garten,*
meine Geliebte, meine Braut.
Ich pflücke meine Orangen und die Limonen dazu,
ich esse meinen Honig und die Waben dazu,
ich trinke meine Milch und den Wein dazu!

ZUR HOCHZEITSGESELLSCHAFT

Esst,
Freunde,
trinkt,
und berauscht euch an der Liebe!

DER VIERTE ZYKLUS: WILDE ROMANTIK (5,2-7,13)

Sie: Im Traum suchte ich nach dir, Teil II (5,2-8)

2 *Ich lag und träumte.*
Horch, mein Geliebter steht unterm Fenster!
»Öffne mir,
meine Liebste,
meine Freundin,
meine Taube,
meine Vollkommene!

Schnell, denn die Nacht ist kalt
und mein Haar ist schon voller Tau!«

3 *»Ich habe mich schon ausgezogen –*
soll ich mich etwa wieder anziehen?
Ich habe meine Füße schon gewärmt –
sollen sie etwa wieder kalt werden?«

4 *Mein Geliebter streckte seine Hand zum Fenstersims hoch,*
da überkam mich die Erregung.

5 *Ich schlich nach unten, um meinem Geliebten zu öffnen,*
da zitterten meine Hände,
da wurden meine Hände feucht
am Schloss der Haustür.

6 *Ich öffnete meinem Geliebten,*
doch mein Geliebter war weg, verschwunden.

Ich war außer mir, dass er weg war!
Ich suchte ihn, aber ich fand ihn nicht.
Ich rief ihn, doch er antwortete nicht.

7 *Mich fanden die Nachtwächter,*
die nachts auf Streife gehen.

Sie stellten mich zur Rede, verwarnten mich,
sie weckten meine Eltern auf.
Nun habe ich Hausarrest.
Tolle Nachtwächter!

8 *Ich beschwöre euch,*
meine Freundinnen,
dass ihr meinen Geliebten findet!
Was sollt ihr ihm ausrichten?
Dass ich krank bin vor Liebe!

Sie: Mein Geliebter ragt heraus unter Zehntausenden (5,9-16)

DIE FREUNDINNEN, HERAUSFORDERND

9 *Was hat dein Geliebter, was andere Geliebte nicht haben,*
du Schönheit unter den Frauen?
Was hat dein Geliebter, was andere Geliebte nicht haben,
dass du uns so beschwörst?

SIE

10 *Mein Geliebter ist stark und schön,*
er sticht heraus unter Zehntausenden!
11 *Seine Gesichtszüge sind edel wie pures Gold,*
seine Locken wild wie Schlingkraut,
schwarz wie ein Rabe.
12 *Seine Augen sind wie tiefblaue Bergseen,*
gespeist von Wildwasserbächen,
in der Sonne glitzernd.
13 *Seine Wangen sind frisch und gepflegt,*
sie fühlen sich an wie Samt.
Seine Lippen sind sinnlich und süß,
wie reife Beeren, aus denen der Saft tropft.
14 *Seine Arme sind edel wie goldene Stäbe,*
besetzt mit Türkissteinen;
sein Leib ein Kunstwerk aus Elfenbein,
bedeckt mit Saphiren;
15 *seine Beine sind wohlgeformt,*
wie Säulen aus Alabaster
mit Füßen aus Gold.

Er ist erhaben wie der Himalaja,
herausragend wie der Mount Everest.

16 *Sein Mund ist voll Süße,*
und alles an ihm ist begehrenswert. –

Das ist mein Geliebter,
und das mein Freund,
ihr meine Freundinnen!

Sie: Wieder vereint (6,1-3)

DIE FREUNDINNEN

6,1 *Wohin ist dein Geliebter gegangen,*
du Schönste der Frauen?
Wohin hat sich dein Geliebter gewandt,
dass wir ihn mit dir suchen?

SIE

2 *Mein Geliebter ist hinabgegangen in seinen Garten*
zu den Rosenbüschen,
um seine Früchte zu genießen
und um Seerosen zu pflücken.

3 *Ich gehöre meinem Geliebten,*
und mein Geliebter gehört mir,
der sich bei den Seerosen erfrischt.

Er: Du faszinierst und erschreckst mich (6,4-10)

4 *Schön bist du,*
meine Freundin,
wie das Weiße Haus in Washington,

hinreißend wie der Rote Platz in Moskau,
furchterregend wie eine Formation rollender Panzer.

5 Wende deine Augen von mir ab,
denn sie wühlen mich auf!

Ja, es ist wahr:
»Dein lockiges Haar duftet
wie ein Frühlingswind,
wenn die Knospen der Bäume aufbrechen.

6 Dein Lächeln ist wie der Sonnenaufgang
nach einer Nacht am See,
und deine Zähne blitzen.

7 Wie ein Kunstwerk in Pastell
schimmern deine Gesichtszüge
durch deinen Brautschleier hindurch.« (nach 4,1-3)

8 Viele berühmte Frauen gibt es in Hollywood
und viele Schönheiten unter den Stars
und hübsche Mädchen ohne Zahl.

9 Einzig ist sie,
meine Taube,
meine Vollkommene,
einzigartig ist sie für ihre Eltern,
das Wertvollste für die, die ihr das Leben schenkten.

Würden die Mädchen sie sehen, sie würden nur staunen,
die Stars und Sternchen, sie würden sie bewundern:

10 Wer ist sie,
die da hervorbricht wie die Morgenröte,
schön wie der Mond,
heiß wie die Sonne,
majestätisch wie die Formationen der Sterne im All?

Er: Mein Frühlingsverlangen treibt mich um (6,11-12)

11 *In den Olivenhain ging ich hinab,*
um zu sehen die Sprösslinge bei der Quelle,
um zu sehen, ob die Rosenstöcke treiben,
ob die Apfelbäume blühen. –
12 *Was ist mit mir?*
Mein Verlangen treibt mich um!

Er: Tanze für mich, schöne Braut (7,1-6)

Auf dem Fest. Die Braut soll den traditionellen Brauttanz aufführen.

Freunde des Bräutigams

1 *Tanze für uns,*
schöne Braut,
tanze für uns,
damit wir dich betrachten können!

Er

Was – ihr wollt die Braut anstarren
wie eine Tänzerin im Lokal?

Er zu ihr

2 *Wie schön sind deine Füße in den Sandalen,*
du edle Frau!

Die Rundungen deiner Hüften sind wie Geschmeide,
ein Werk aus Künstlerhand.

3 *Dein Schoß ist eine runde Schale.*
Nie soll es ihr an Perlwein mangeln!

Deine Figur ist schlank und weiblich,
eine romantische Sinfonie.

4 *Deine beiden Brüste sind wunderschön,*
zart und voller Lebenskraft,
wie zwei spielende Rehkitze.

5 *Dein Hals strahlt Adel aus, wie ein Elfenbeinturm.*

Deine Augen bezaubern
wie glitzernde Teiche,
die den müden Wanderer erfrischen.

Wenn du deine Nase krausziehst,
zeigst du Stolz und Selbstsicherheit,
wie ein Wachturm,
der die Grenzen sichert.

6 *Du trägst deinen Kopf hoch, wie ein Schwan,*
und dein fallendes Haar schimmert wie Seide.

Ein König ist gefesselt in deinen Locken!

Er: Ich will mit dir schlafen (7,7-10)

7 *Wie schön bist du,*
und wie bezaubernd bist du,
meine Liebe, meine Lust!

8 *Deine Figur ist schlank und üppig:*
Sie gleicht einer Palme
und deine Brüste ihren Früchten.

9 *Ich habe mir vorgenommen:*
Ich will die Palme ersteigen,
ich will nach ihren Früchten greifen.

Dann werden mir deine Brüste wie üppige Trauben sein
und dein heftiger Atem wie Apfelduft
10 *und dein Gaumen wie der beste Wein,*
der dem Liebhaber glatt eingeht,
der noch die Lippen der Schlafenden benetzt.

Sie: Ich will dir meine Liebe schenken (7,11-13)

11 *Ich gehöre meinem Geliebten,*
und nach mir ist sein Verlangen.
12 *Komm,*
mein Geliebter,
wir wollen aufs Feld hinausgehen,
wir wollen bei den Fliederbüschen die Nacht verbringen.
13 *Wir wollen uns früh aufmachen zum Rosengarten,*
wollen sehen,
ob die Schösslinge treiben,
ob die Rosenblüten sich geöffnet haben,
ob die Apfelbäume blühen.
Dort will ich dir meine Liebe schenken.

Der fünfte Zyklus: Stark wie der Tod ist die Liebe (7,14-8,14)

Sie: Ach wären die Eltern doch verreist (7,14–8,4)

Die junge Frau, allein in ihrem Elternhaus

14 *Die Rosen verströmen Duft,*
und an meiner Wand hängen viele Herzen,

große und kleine –
mein Geliebter, für dich habe ich sie gesammelt.

8,1 *Ach wären die Eltern doch verreist*
und die Nachbarn unterwegs.
Würde ich dich dann auf der Straße treffen,
würde ich dich einfach so küssen.
Keiner würde etwas sagen.

2 *Ich würde dich mitnehmen,*
dich in mein Zimmer bringen.
Ich würde dir zu trinken geben vom prickelnden Sekt,
von meinem süßesten Wein.

3 *Ach, wenn er doch da wäre,*
sein linker Arm unter meinem Kopf,
und mit dem rechten hält er mich umschlungen.

4 *Ich beschwöre euch,*
meine Freundinnen,
Was wollt ihr wecken,
was wollt ihr erregen die Liebe,
bevor es ihr gefällt!

Sie: Die Liebe währt ewig (8,5–7)

Am Morgen nach der Hochzeitsfeier.
Die Brautleute sind abwesend.

Beobachter

5 *Wer ist sie,*
die da heraufkommt von den Feldern,
gelehnt an ihren Geliebten?

Feierlicher Treueschwur

Sie

Unter der Linde habe ich deine Liebe geweckt,
dort saßen schon deine Eltern, als sie verliebt waren,
dort saßen die, die dich großzogen.

6 *Ich will dein Ausweis sein,*
den du immer bei dir trägst,
der Siegelring an deinem Finger.

Denn mächtig wie der Tod ist die Liebe,
hart wie das Totenreich die Leidenschaft.

Ihre Gluten sind Feuergluten,
eine Gottesflamme.

7 *Auch gewaltige Wasser können die Liebe nicht auslöschen,*
und Ströme schwemmen sie nicht fort.
Wenn einer auch all seinen Besitz gäbe für die Liebe,
verachten, ja verachten würde man ihn.

Die Rosengärtnerin und ihre Eltern, Teil II (8,8-12)

Sie

Meine Eltern haben gesagt:

8 *»Wir haben eine Tochter, die ist noch klein*
und muss noch viel fürs Leben lernen.

Was sollen wir mit unserer Tochter tun,
wenn die jungen Männer an der Türe stehen?

9 *Wenn sie dann eine Mauer ist,*
dann bauen wir noch goldene Zinnen obendrauf.

Wenn sie aber eine Tür ist,
dann vernageln wir sie mit Eichenbrettern.«

Doch ich sage:
10 *»Ich bin eine stolze Festung, mit Mauern und mit Türmen.*
Und wenn mein Geliebter kommt, mich zu erobern,
dann hisse ich die weiße Fahne.«

11 *Einen Rosengarten hat der Herr Salomo.*
Dieser Garten braucht viel Pflege.
Zehntausend Euro kann man mit seinen Rosen verdienen.

12 *Ich habe jetzt meinen eigenen Rosengarten.*
Die zehntausend Euro gönne ich Ihnen, Herr Salomo,
und die zweitausend Euro Bezahlung denen,
die ihn jetzt an meiner Stelle hüten.

Er und Sie: Einladung (8,13-14)

Er

13 *Du, in der Gartenlaube,*
im Kreise der Freunde,
alle lauschen gespannt auf deine Stimme –
lass sie mich hören!

Sie

14 *Beeil dich, mein Geliebter,*
und sei ein weißer Hengst
oder ein stolzer Hirsch
in den blühenden Talgründen.

3.2 Bibliografie

Barton, John. »On the Canonicity of Canticles«. In: Hagedorn. *Perspectives on the Song of Songs.* 1-7.

Baum, Alice. *Worte der Skepsis – Lieder der Liebe: Prediger – Hohes Lied.* Stuttgarter kleiner Kommentar: Altes Testament 21. Stuttgart: Katholisches Bibelwerk, 1971.

Bergant, Dianne. »›My Beloved Is Mine and I Am His‹ (Song 2:16): The Song of Songs and Honor and Shame«. *Semeia 68* (1994), 23-40.

Birr, Simon. *Let's talk about sex! Überlegungen über das Gespräch mit Jugendlichen in der Seelsorge im Jahr 2010 über Geschlechtsverkehr vor der Ehe im Kontext Freier evangelischer Gemeinden.* Unveröffentlichte Abschlussarbeit. Theologisches Seminar Ewersbach, 2010.

Borger, Rykle. „Die mittelassyrischen Gesetze." In: Texte aus der Umwelt des Alten Testaments, Bd. I (TUAT). O. Kaiser, Hg. Gütersloh, 1982, S. 90-92.

Brandenburg, Hans. *Das Buch der Sprüche, der Prediger und das Hohelied: Die Weisheit und die Liebe.* Lebendiges Wort 15. 2. Aufl. Gießen u.a.: Brunnen, 1982.

Brenner, Atalya. *A Feminist Companion to the Song of Songs.* Sheffield: Academic Press, 1993.

Carr, G. Lloyd. *The Song of Solomon: An Introduction and Commentary.* Tyndale Old Testament Commentaries 17. Leicester: Inter-Varsity, 1984.

Chapman, Gary. *Die fünf Sprachen der Liebe: Wie Kommunikation in der Ehe gelingt.* Marburg: Francke, 2003.

Childs, Brevard S. *Introduction to the Old Testament as Scripture.* Philadelphia: Fortress, 1979.

Crüsemann, Frank. »›... für Salomo‹? Salomo und die Interpretation des Hohenliedes«. In: Hossfeld, Frank-Lothar und

Ludger Schwienhorst-Schönberger, Hrsg. *Das Manna fällt auch heute noch: Beiträge zur Geschichte und Theologie des Alten, Ersten Testaments.* FS E. Zenger. Herders Biblische Studien 44. Freiburg u.a.: Herder, 2004. 141-157.

Davidson, Richard M. *Flame of Yahweh: Sexuality in the Old Testament.* Peabody, Massachusetts: Hendrickson, 2007.

Delitzsch, Franz. *Hoheslied und Kohelet.* Biblischer Commentar über das AT 4,4. Leipzig: Dörffling und Franke, 1875.

Eibach, Ulrich. *Liebe, Glück und Partnerschaft: Sexualität und Familie im Wertewandel.* Wuppertal: Brockhaus, 1996.

Eichner, Jens und Andreas Scherer. »Die ›Teiche‹ von Hesbon: Eine exegetisch-archäologische Glosse zu Cant 7,5ba«. *Biblische Notizen 109* (2001), 10-14.

Exum, J. Cheryl. »Seeing Solomon's Palanquin (Song of Songs 3:6-11)«. *Biblical Interpretation 11* (2003), 301-316.

Ders. *The Song of Songs.* OTL. Philadelphia: Westminster, 2005.

Fischer, Stefan. *Das Hohelied Salomos zwischen Poesie und Erzählung: Erzähltextanalyse eines poetischen Textes.* Forschungen zum Alten Testament 72. Tübingen: Mohr Siebeck, 2010.

Frydrych, Tomáš. *Living under the Sun: Examination of Proverbs and Qoheleth.* Vetus Testamentum Supplement 90 (Leiden u.a.: Brill, 2002).

Garrett, Duane. *Song of Songs.* Word Biblical Commentary 23B. Waco, Texas: Word, 2004.

Gerhards, Meik. *Das Hohelied: Studien zu seiner literarischen Gestalt und theologischen Bedeutung.* Leipzig: Evangelische Verlagsanstalt, 2010.

Gerlemann, Gillis. *Ruth. Das Hohelied.* Biblischer Kommentar, Altes Testament 18. Neukirchen-Vluyn: Neukirchener, 1965.

Gledhill, Tom. *The Message of the Song of Songs: The Lyrics of Love.* The Bible Speaks Today. Nottingham: Inter-Varsity, 1994.

Gollwitzer, Helmut. *Das hohe Lied der Liebe.* München: Kaiser, 1978.

Gordis, Robert. *The Song of Songs and Lamentations: A Study, Modern Translation and Commentary.* 2., überarb. u. erw. Aufl. New York: KTAV, 1974.

Haag, Herbert und Katharina Elliger. *Zur Liebe befreit: Sexualität in der Bibel und heute.* Zürich u.a.: Benziger, 1998.

Hagedorn, Anselm C. »Of Foxes and Vineyards: Greek Perspectives on the Song of Songs«. *Vetus Testamentum 53* (2003), 337-352.

Ders., Hrsg. *Perspectives on the Song of Songs: Perspektiven der Hoheliedauslegung.* Beihefte zur Zeitschrift für die alttestamentliche Wissenschaft 346. Berlin u.a.: de Gruyter, 2005.

Harding, Kathryn. »›I sought him but I did not find him‹: The Elusive Lover in the Song of Songs«. *Biblical Interpretation 16* (2008), 43-59.

Haubeck, Wilfrid, Wolfgang Heinrichs und Michael Schröder, Hrsg. *Geschaffen als Mann und Frau: Ehe und Sexualität im Spannungsfeld von Gesellschaft und Gemeinde.* Theologische Impulse 2. Witten: Bundes-Verlag, 2000.

Heinevetter, Hans-Josef. *»›Komm nun, mein Liebster, Dein Garten ruft Dich!‹: Das Hohelied als programmatische Komposition.«* Bonner Biblische Beiträge 69. Frankfurt a.M.: Athenäum, 1988.

Himmelstoß, Andreas Franz. *»Ach wärst du nur wie wir«: Schwiegereltern und Schwiegerkinder – ein kompliziertes Verhältnis.* Kösel, 2009.

Hunt, Patrick. *Poetry in the Song of Songs: A Literary Analysis.* Studies in Biblical Literature 96. New York u.a.: Lang, 2008.

Illies, Joachim. *Theologie der Sexualität: Die zweifache Herkunft der Liebe.* 2. Aufl. Osnabrück: Fromm, 1983.

Keel, Othmar. *Das Hohelied.* Zürcher Bibelkommentare, AT 18. Zürich: Theologischer Verlag, 1986.

Klement, Herbert H. und Julius Steinberg, Hrsg. *Themenbuch zur Theologie des Alten Testaments.* Wuppertal: Brockhaus, 2007.

Koorevaar, Hendrik J. »De boodschap van het boek Hooglied: Hartstochtelijke liefde en reinheid«. *Magazine voor pastoraat, gezin en gemeenteopbouw 11/46* (2000), 42-47.

Ders. »De boodschap van het boek Hooglied (2): Hartstochtelijke liefde en reinheid«. *Magazine voor pastoraat, gezin en gemeenteopbouw 11/47* (2000), 26-32.

Krinetzki, Günter. *Hoheslied.* Neue Echter 2. Würzburg: Echter, 1980.

Ders. *Kommentar zum Hohenlied: Bildsprache und theologische Botschaft.* Beiträge zur biblischen Exegese und Theologie 16. Frankfurt a.M. u.a.: Lang, 1981.

Krinetzki, Leo. *Das Hohe Lied: Gestalt und Kerygma eines alttestamentlichen Liebesliedes.* Düsseldorf: Patmos, 1964.

Lalleman, Hetty. *Celebrating the Law? Rethinking Old Testament Ethics.* Bletchley/Milton Keynes: Paternoster, 2004.

Lamparter, Helmut. *Das Buch der Sehnsucht: Das Buch Ruth; das Hohe Lied; die Klagelieder.* 3. Aufl. Stuttgart: Calver, 1988.

Lee, Nicky und Sila. *Das Ehe-Buch: Schritt für Schritt zu einer erfüllten Partnerschaft.* 3. Aufl. Gerth Medien, 2008.

Littmann, Enno. *Die Erzählungen aus den Tausendundein Nächten.* 6 Bde., 3. Aufl. Leipzig: Insel, 1966.

Longman, Tremper, III. *Song of Songs.* Grand Rapids, Michigan u.a.: Eerdmans, 2001.

Lüthi, Kurt. »Das Hohe Lied der Bibel und seine Impulse für eine heutige Ethik der Geschlechter«. *Theologische Zeitschrift 49* (1993), 97-114.

Maier, Gerhard. *Das Hohelied.* Wuppertaler Studienbibel. Wuppertal: Brockhaus, 1991.

Mazor, Yair. »The Song of Songs or the Story of Stories: ›The Song of Songs‹: Between Genre and Unity«. *Scandinavian Journal of the Old Testament 1* (1990), 1-29.

Müller, Hans-Peter. »Die lyrische Reproduktion des Mythischen im Hohenlied«. In: *Mythos – Kerygma – Wahrheit: Gesammelte Aufsätze zum Alten Testament in seiner Umwelt und zur biblischen Theologie.* Beihefte zur Zeitschrift für die alttestamentliche Wissenschaft 200. Berlin u.a.: de Gruyter, 1991.

Ders. *Vergleich und Metapher im Hohenlied.* Orbis Biblicus et Orientalis 56. Freiburg/Schweiz: Universitätsverlag. Göttingen: Vandenhoeck & Ruprecht, 1984.

Müller, Hans-Peter, Otto Kaiser und James A. Loader. *Das Hohelied, Klagelieder, das Buch Ester.* Das Alte Testament Deutsch 16/2. 4., völlig neu bearb. Aufl. Göttingen: Vandenhoeck & Ruprecht, 1992.

Murphy, Roland E. *The Song of Songs: A Commentary on the Book of Canticles or The Song of Songs.* Minneapolis: Fortress, 1990.

Noegel, Scott B. und Gary A. Rendsburg. *Solomon's Vineyard: Literary and Linguistic Studies in the Song of Songs.* Ancient Israel and Its Literature 1. Atlanta: Society of Biblical Literature, 2009.

Oorschot, Jürgen van. »Er schuf sie als Mann und Frau: Der Mensch als geschlechtliches Wesen«. In: Haubeck/Heinrichs/Schröder. *Geschaffen als Mann und Frau.* 7-31.

Paul, Mart-Jan, G. van den Brink, J. C. Bette, Hrsg. *Bijbelcommentaar Hooglied – Jesaja.* Studiebijbel Oude Testament 9. Veenendaal: Centrum voor Bijbelonderzoek, 2012.

Pope, Marvin H. *Song of Songs: A New Translation with Introduction and Commentary.* Anchor Bible 7C. Garden City, New York: Doubleday, 1977.

Ders. »Metastases in Canonical Shapes of the Super Song«. In: Tucker, Gene M., David L. Petersen und Robert R. Wilson, Hrsg. *Canon, Theology, and Old Testament Interpretation: Essays in Honor of Brevard S. Childs.* Philadelphia: Fortress, 1988. 312-328.

Precht, Richard David. *Liebe: Ein unordentliches Gefühl.* München: Goldmann, 2009.

Reese, James M. *The Book of Wisdom, Song of Songs.* OT Message 20. Wilmington, Delaware: Glazier, 1983.

Rudolph, Wilhelm. *Das Buch Ruth, das Hohelied, die Klagelieder.* Kommentar zum Alten Testament 17. Gütersloh: Mohn, 1962.

Sæbø, Magne. »On the Canonicity of the Song of Songs«. In: *On the Way to Canon: Creative Tradition History in the Old Testament.* Journal for the Study of the Old Testament, Supplement Series 191. Sheffield: JSOT Press, 1998. 271-284.

Schindler, Ludwig, Kurt Hahlweg, Dirk Revenstorf. *Partnerschaftsprobleme: Möglichkeiten zur Bewältigung: Ein Handbuch für Paare.* 3. Aufl. Berlin u.a.: Springer-Verlag, 2007.

Schmökel, Hartmut. *Heilige Hochzeit und Hoheslied.* Abhandlungen für die Kunde des Morgenlandes 32,1. Wiesbaden: Steiner, 1956.

Schott, Siegried. *Altägyptische Liebeslieder: Mit Märchen und Liebesgeschichten.* Zürich: Artemis, 1950.

Schreiner, Stefan. *Das Hohelied: Lied der Lieder von Schelomo.* Frankfurt u.a.: Verlag der Weltreligionen, 2007.

Seybold, Klaus. »Zur Sprache des Hohenliedes«. *Theologische Zeitschrift 55* (1999), 112-120.

Sparks, Kenton L. »The Song of Songs: Wisdom for Young Jewish Women«. *Catholic Biblical Quarterly 70* (2008), 277-299.

Stadler, Michael. »Erlösende Erotik: Ethische Aspekte im Hohenlied«. *Zeitschrift für Theologie und Gemeinde 3* (1998), 53-82.

Steinberg, Julius. *Die Ketuvim: Ihr Aufbau und ihre Botschaft.* Bonner Biblische Beiträge 152. Hamburg: Philo, 2006.

Steinberg, Julius. »Gottes Ordnungen verstehen und leben: Eine Theologie der alttestamentlichen Weisheit«. In: Klement/ Steinberg. *Themenbuch zur Theologie des Alten Testaments.* 211-236.

Sternberg, Meir. *The Poetics of Biblical Narrative: Ideological Literature and the Drama of Reading.* Bloomington: Indiana University, 1987.

Sternberg, Robert J. *Love Is A Story: A New Theory of Relationships.* New York u.a.: Oxford University, 1998.

Ders. *Warum der Gärtner nie auf die Prinzessin hereinfällt. Das verborgene Drehbuch unserer Beziehungen.* München: Knaur, 2002.

Stoop-van Paridon, P. W. T. *The Song of Songs: A Philological Analysis of the Hebrew Book Shir Hashirim.* Ancient Near Eastern Studies, Supplement 17. Leuven: Peeters, 2005.

Suderman, W. Derek. »Modest or Magnificent? Lotus versus Lily in Canticles«. *Catholic Biblical Quarterly 67* (2005), 42-58.

Tawil, Hayim. »Paved with Love (Cant 3,10d): A New Interpretation«. *Zeitschrift für die alttestamentliche Wissenschaft 115* (2003), 266-271.

Tromp, Nico. »De twee sleutels van het Hooglied: het wek- en sjaloom-motief«. *Nederlands Theologisch Tijdschrift 38* (1984), 89-101.

Uehlinger, Christoph. »Achabs ›Elfenbeinhaus‹ und der ›Elfenbeinturm‹ in Hld 7,5: Archäologie und Poetik«. *Biblische Notizen 102* (2000), 95-111.

VanGemeren, Willem A. u.a., Hrsg. *New International Dictionary of Old Testament Theology and Exegesis.* Carlisle: Paternoster, 1996.

Wagner, Andreas. »Das Hohe Lied: theologische Implikationen seines literarischen Charakters als Sammlung von Liebesliedern«. *Zeitschrift für die alttestamentliche Wissenschaft 119* (2007), 539-555.

Wannenwetsch, Bernd. *Die Freiheit der Ehe: Das Zusammenleben von Frau und Mann in der Wahrnehmung evangelischer Ethik.* Evangelium und Ethik 2. Neukirchen: Neukirchener, 1993.

Wetzstein, J. G. »Bemerkungen zum Hohenliede«. In: Delitzsch. *Hoheslied, Kohelet.* 162-177.

Wolff, Hans Walter. *Anthropologie des Alten Testaments.* 6. Aufl. (1. Aufl. 1973). Gütersloh: Kaiser/Gütersloher Verlagshaus, 1994.

Zakovitch, Yair. *Das Hohelied.* HThK. Freiburg u.a.: Herder, 2004.

3.3 Sacherklärungen

In die Sacherklärungen sind solche Begriffe aufgenommen, deren Bedeutung und/oder Symbolik heute nicht allgemein bekannt ist. Einige der Begriffe werden in den Bibelübersetzungen unterschiedlich wiedergegeben. Hierfür sind entsprechende Querverweise eingerichtet. Als Informationsquellen haben die einschlägigen Wörterbücher und Lexika sowie Informationen aus dem Kommentar von Othmar Keel gedient.

Alabaster (*schēsch*)
Das hebräische Wort bezeichnet Marmor oder Alabaster. Alabaster ist eine Varietät des Minerals Gips, die vom Aussehen her dem Marmor ähnelt, dünn geschnitten aber leicht durchscheinend ist. Er kommt in verschiedenen Farbtönen vor: weiß, grau, gelblich, rötlich oder bräunlich. Alabaster wurde unter anderem im alten Ägypten abgebaut und zu Kunstgegenständen verarbeitet.

In Hld 5,15 dient Alabaster bzw. Marmor neben anderen kostbaren Materialien dazu, die edle Gestalt bzw. den edlen Charakter des Geliebten zu verbildlichen (vgl. Est 1,6; 1Chr 29,2).

Aloe (*'ăhālôt*)
Zur Abwehr von Krankheitserregern durchtränkt der Adlerholzbaum (*Aloexyllon agallochum* oder *Aquilaria agallocha*) sein Holz mit einem aromatischen Harz bzw. Öl. Das durchtränkte Holz wurde u.a. aus Indien und Ostafrika importiert und zu einem Duftstoff verarbeitet.

Nach Ps 45,9 trägt der König am Tag seiner Hochzeit Aloeduft; in Spr 7,17 parfümiert die Prostituierte oder Nymphomanin ihr Bett mit Aloe. 4Mo 35,6 führt Aloebäume (Adlerbäume) auf, um Gottes Segen über Israel bildlich zum Ausdruck zu bringen. In Hld 4,14 unterstreicht die Aloe die Kostbarkeit, Exotik und Erotik des »Gartens der Liebe«.

Adlerholz ist auch heute sehr begehrt. Ein Kilogramm des getränkten Holzes kann unter Umständen mehrere Zehntausend Euro einbringen. Die Jagd auf das Adlerholz hat die Bestände inzwischen stark dezimiert.

Alraune *siehe* Liebesäpfel

Apfel, Apfelbaum (*tappûăch*)
Das hebräische Wort ist von der Wurzel »duften« (hebr. *nāfach*) abgeleitet und bedeutet wörtlich »der Duftende«. Nach Spr 25,11, wo goldene Äpfel auf silbernen Schalen serviert werden, galt der Apfel als ein kostbares Genussmittel. Das mag auch damit zu tun haben, dass Apfelbäume im Gebiet Israels relativ selten waren. In Joel 1,12 wird der Apfel neben anderen fruchttragenden Bäumen genannt.

Darüber hinaus hatte der Apfel aber auch eine symbolische Bedeutung. So wird in einem assyrischen Beschwörungstext gesagt, die Liebesgöttin Inanna liebe Äpfel und Granatäpfel. Der Liebhaber soll den Apfel, über den er die Beschwörung ausgesprochen hat, seiner Angebeteten zu essen geben, um ihre Liebe zu wecken. In einem sumerischen Liebeslied wird die Geliebte bezeichnet als »mein Apfelbaum, der bis hinauf zur Krone Früchte trägt«. Nach dem Alten Testament spielen grünende Bäume im kanaanäischen Fruchtbarkeitskult eine wichtige Rolle (z.B. Jes 57,5; Jer 2,20).

Das Hohelied nennt den Apfel an vier Stellen. In 2,3 wird der Geliebte, ähnlich wie in dem sumerischen Lied, mit einem Apfelbaum verglichen. Der Apfelbaum steht hier für Kostbarkeit, Genuss und auch für die Liebe. In 2,5 geht es vor allem um die Kostbarkeit: Das Beste ist gerade gut genug, um der jungen Frau die Abwesenheit des Geliebten erträglich zu machen. 7,9 nimmt speziell den Bezug zum Duft des Apfels auf. In 8,5 steht dagegen die Symbolik im Vordergrund: Der Apfelbaum ist der symbolische Ort, an dem die Liebe geweckt wird.

Balsam (*bōśäm*)
Das hebräische Wort bedeutet allgemein »Wohlgeruch« und wird als Sammelbegriff für verschiedene Duftstoffe und Gewürze verwendet. Wo es im spezielleren Sinne gebraucht wird, bezeichnet es den aus dem Harz der Balsampflanze (*Commiphora opobalsamum*; *Amyris opobalsamum*) und verwandten Arten durch Auskochen gewonnenen Duftstoff. Er hat einen feinwürzigen Geruch, der entfernt mit dem Geruch vom Harz der Tanne vergleichbar ist. Nach dem Schriftsteller Josephus (1. Jahrhundert n. Chr., Bellum Judaicum 4, 469) handelte es sich um das wertvollste Handelserzeugnis der Provinz Judäa. Auch der römische Naturwissenschaftler und Schriftsteller Plinius der Ältere (ca. 23–79 n. Chr., Naturalis Historia 12, 111) berichtet, dass das in Judäa hergestellte Balsamöl in der römischen Gesellschaft als der wertvollste Duftstoff angesehen wurde.

Hes 27,22 führt Balsam als ein Importgut auf. In 1Kön 10,10 wird die besondere Kostbarkeit der von der Königin von Saba gelieferten Balsamöle gerühmt.

Das Hohelied nennt den Balsam an einer Reihe von Stellen (4,10.14.16; 5,1.13; 6,2; 8,14) als einen kostbaren, angenehmen Duft.

Cyperblume *siehe* Henna

Dattelpalme *siehe* Palme

Gazelle (*ṣəvî*), **Hirsch** (*'ajjāl*), **Hirschkuh** (*'ajjālāh*)
Beide Tierarten waren im Israel der biblischen Zeit weit verbreitet. Im Alten Testament werden sie als Nahrungsmittel aufgeführt (z.B. 5Mo 12,15). In der Bildsprache stehen sie in erster Linie für Schnelligkeit und Beweglichkeit (z.B. 2Sa 2,18; Jes 35,6; Ps 18,34; 1Chr 12,9), nur an einer Stelle wird auf ihre Schreckhaftigkeit Bezug genommen (Jes 13,14). Das Hohelied greift an mehreren Stellen die Schnelligkeit und Beweglichkeit von Hirsch und Gazelle metaphorisch auf (2,9; 2,17; 8,14).

Die Lebendigkeit und Beweglichkeit der Tiere bildet einen starken Kontrast zu ihrem kargen, zerklüfteten, für den Menschen unbewohnbaren Lebensraum. Dieser Kontrast hat Hirsch und Gazelle im Alten Vorderen Orient zu einem Symbol für den Sieg des Lebens über Tod und Chaos werden lassen. Sie stehen für Leben und Lebenserneuerung, für Lebensfreude und Lebenslust.

Noch konkreter werden im Alten Vorderen Orient Hirsch und Gazelle der Sphäre der Liebesgöttin zugerechnet. Solche Göttinnen werden z.B. öfter im Zusammenhang mit springenden oder säugenden Gazellen dargestellt. An einigen Stellen nimmt die Göttin auch selbst die Gestalt einer Gazelle an (siehe die Abbildung bei Keel 91).

Im Hohenlied ist von einer Liebesgöttin natürlich nicht die Rede. Der Autor des Liedes hat aber offensichtlich keine Schwierigkeiten damit, die im weiteren Zusammenhang stehende kulturelle Bildsprache aufzugreifen. So geht es bei dem Vergleich der weiblichen Brüste mit Gazellenkitzen symbolisch um Lebensfreude wie auch um Fruchtbarkeit (4,5; 7,4). Und so wie man in alter Zeit nicht bei Gott selbst, sondern lieber bei einem seiner Beiworte (Attribute) schwor, z.B. bei dem »Thron Gottes«, schwört die Geliebte bei Gazelle und Hirsch als den Beiworten der Liebe (2,7; 3,5).

Die *Gute Nachricht Bibel* und auch die *Hoffnung für alle* verwenden an dieser Stelle die Übersetzung »scheues Reh«, was den Kern der Aussage aber nicht trifft.

An einigen Stellen wird außerdem das Bild von der Gazelle mit dem Bild der Lotusblume kombiniert (2,16; 4,5; 6,2f.). Die ➛ Lotusblume stellt ebenfalls ein Symbol für den Sieg des Lebens über den Tod dar.

Auch Spr 5,18f. verwendet diese Bildsprache. Die Stelle wirbt dafür, der eigenen Frau die Treue zu halten, und bezeichnet diese als »liebliche Hirschkuh und anmutige Gämse«.

Gewürzrohr *siehe* Würzrohr

Granat *siehe* Türkis

Granatapfel (*rimmôn*)

Der Granatapfel (*punica granatum*) ist ein strauchartiger Baum, der vom Mittelmeerraum über den Nahen Osten bis zum Orient weit verbreitet ist. Die etwa apfelgroßen Früchte nehmen zur Reifezeit einen leuchtend roten Farbton an. Die Frucht ist von einer dünnen, ledrigen Schale umgeben und im Innern in Kammern unterteilt. Sie enthält zahllose Samen, die jeweils einzeln von einem saftigen rötlichen Fruchtfleisch ummantelt sind.

Das Alte Testament führt den Granatapfel unter den landwirtschaftlichen Produkten des verheißenen Landes auf, die Wohlstand und Wohlergehen sicherstellen (4Mo 13,23; 5Mo 8,8; Joel 1,12; Hag 2,19). Künstliche Granatäpfel wurden zur Dekoration der Priesterkleidung (2Mo 28,33f.; 39,25f.) und der Säulen im Eingangsbereich des Tempels verwendet (1Kön 7,18ff.).

In Ägypten galt der Granatbaum als eine Art Lebensbaum. Er wird auch in der ägyptischen Liebeslyrik erwähnt.

Der reife Granatapfel konnte aufreißen und den Blick auf sein

Inneres freigeben. Dies bildet möglicherweise den Hintergrund für den Vergleich mit dem Mund oder Gaumen der Geliebten (Hld 4,3; 6,7). Daneben wird der Granatapfel in Hld 4,13; 6,11; 7,13 und 8,2 genannt.

Henna (*kōfär*)
Der hebräische Begriff ist mit dem griechischen *kypros* verwandt, was sowohl die Insel Zypern als auch die Zyperblume bezeichnet (*Lawsonia inermis*). Die heute bekanntere Bezeichnung für diese Pflanze lautet Henna, abgeleitet aus dem Sanskrit, mit der Bedeutung »das, was Farbe gibt«.

Die Blütendolden des Hennastrauchs werden heute vor allem zu dem gleichnamigen Färbemittel verarbeitet. Bis in die Neuzeit hinein war aber auch der aus der Pflanze gewonnene Duftstoff sehr beliebt. Er ist süß und leicht erdig und wird mit dem Duft von Rosen verglichen. Der Prophet Mohammed soll die Hennapflanze aus diesem Grund zur »Königin aller Blüten« ernannt haben. Daneben wird die Pflanze traditionell als Heilmittel verwendet. Nachgewiesen ist eine antibakterielle Wirkung.

Im Alten Testament wird der Hennastrauch nur innerhalb des Hohenliedes genannt (1,14; 4,13; 7,12), wobei der Duft im Vordergrund steht.

Hinde *siehe* Gazelle

Hirsch *siehe* Gazelle

Kalmus *siehe* Würzrohr

Karmesin (*schānî* ; auch *schənî tôla'at*/*tôla'at schānî*)
Das Wort bezeichnet einen leuchtend roten Farbstoff, der aus den Eiernestern einer Schildlaus (*Coccus ilicis* und verwandten

Arten) gewonnen wurde. Eine andere Bezeichnung für den Farbstoff ist Scharlach.

Karmesingefärbte Stoffe werden im Alten Testament vor allem für die Stiftshütte und die Priesterkleidung verwendet (2Mo 25-28; 35-39). Der vom Aussatz Gereinigte soll mit einer Mischung besprengt werden, die auch Karmesin enthält (3Mo 14). Im Alltagsleben sind karmesingefärbte Stoffe ein Zeichen für Wohlstand und Luxus (2Sam 1,24; Jer 4,30; Kla 4,5; Nah 2,4).

Die rote Farbe des Karmesins steht in Jes 1,18 im Vordergrund, wo gesagt wird, dass Israels Sünden »rot wie Karmesin« seien (das »blutrot« bei Luther ist eine sinngemäße Übertragung). Ein karmesinrotes Seil bzw. Schnur wird bei der Geburt von Perez und Serach verwendet (1Mo 38,28ff.) und als Zeichen der Rahab in Jericho (Jos 2,18ff.). Auch im Hld 4,3 steht die Signalwirkung der leuchtend roten Farbe von Band bzw. Lippen im Vordergrund.

Kurkuma (*karkōm*)

Das Wort bezeichnet die Gelbwurz bzw. den Kurkuma (*curcuma longa*), ein aus Südasien stammendes Ingwergewächs, das als Gewürz und auch als Farbstoff verwendet wird. Die alte griechische Übersetzung des AT, die Septuaginta (LXX), hat stattdessen *krokos*. Damit wäre der Safran gemeint (*crocus sativus*), eine Krokusart, aus deren Blättern das gleichnamige Gewürz gewonnen wird, das ebenfalls auch als Farbstoff diente. *karkōm* kommt in der Bibel nur in Hld 4,14 im Zusammenhang mit dem »Garten der Liebe« vor und steht dort für exotischen Genuss.

Lapislazuli *siehe* Saphir

Liebesäpfel (dûdā'îm)

Das hebräische Wort klingt ähnlich wie das Wort für »Liebende« und für »Liebe/Zärtlichkeiten« (dôdîm). Es bezeichnet die

Früchte der Alraune oder Mandragora, eines im gesamten Mittelmeerraum verbreiteten Nachtschattengewächses. Die gelblichen, kirschgroßen Beeren wachsen in Trauben. Wenn sie ausgereift sind, strömen sie einen angenehmen Geruch aus.

Dem Duft der Alraunenfrucht wurde im alten Ägypten eine aphrodisische Wirkung zugeschrieben. Sie ist Gegenstand zahlreicher Abbildungen (Beispiele bei Keel 237) und wird auch in der Liebeslyrik behandelt. In einem der alten Gedichte wünscht sich ein Liebhaber, das Zimmermädchen der Geliebten zu sein. So wäre er in der Lage, ihr Liebesäpfel zu bringen, damit sie an ihnen riecht und sich in ihn verliebt.

Auch das Alte Testament kennt die Symbolik der Liebesäpfel. Allerdings verwendet die vernachlässigte Lea die Liebesäpfel nicht, um Jakobs Liebe zu wecken, sondern sie tauscht die Früchte gegen eine Nacht mit Jakob ein. Rahel wiederum hofft, mithilfe der Liebesäpfel ihre Unfruchtbarkeit zu überwinden (1Mo 30,14-16).

In Hld 7,14 trägt der Duft der Liebesäpfel zu einer romantischen Atmosphäre bei.

Die rübenförmige Wurzel der Alraune, die narkotisierende Wirkung hat, ist in diesem Zusammenhang übrigens nicht von Bedeutung. Ihr wird erst seit dem Mittelalter magische Bedeutung zugeschrieben.

Lilie *siehe* Lotusblume

Lotusblume (*schôschan, schôschannāh)*

Von der hebräischen Bezeichnung leitet sich der Name »Susanne« ab. Die alte griechische Übersetzung des Alten Testaments (die Septuaginta, auch LXX) übersetzt dieses Wort mit *krinon* = Lilie. Dem schließen sich fast alle heutigen deutschen Übersetzungen an.

Othmar Keel (S. 80) weist jedoch darauf hin, dass das Wort *schôschan* eigentlich aus dem Ägyptischen stammt und dort eindeutig die Lotusblume bzw. Seerose bezeichnet. Bestätigt wird das indirekt auch durch das AT. So wird vom »ehernen Meer« gesagt, dass es einen Rand in *schôschan*-Form hatte (1Kön 7,26), und auch von Säulenkapitellen in *schôschan*-Form ist die Rede (1Kön 7,19.22). Archäologische Ausgrabungen haben mehrfach Gefäße und Kapitelle in Lotusform zutage gefördert, nie jedoch in Lilienform. Anders als behauptet wird, waren und sind verschiedene Arten von Seerosen auch in Israel heimisch. Der in Hld 2,1 genannte Scharon war in alter Zeit von Sümpfen durchsetzt, in denen Seerosen vermutlich in großer Zahl gediehen.

Auf die Begriffsverwirrung macht auch der griechische Dichter Herodot aufmerksam, wenn er um 450 v. Chr. über die jährliche Nilüberschwemmung schreibt: »Wenn der Fluss anschwillt und das Land zum See macht, wachsen im Wasser viele Lilien (*krinon*), die man in Ägypten Lotus (*lotos*) nennt« (Historien II, 92). Dies mag der Grund sein, warum die Septuaginta mit »Lilie« übersetzt.

Die Frage nach der richtigen Zuordnung dieser Pflanze hat großen Einfluss auf das Verständnis des Hohenliedes. Die Lilie wird klassischerweise als ein Symbol für Reinheit, Keuschheit und Bescheidenheit angesehen, während die Lotusblume für Leben und Lebenserneuerung steht.

Wenn die jährliche Nilüberschwemmung zurückging, blühten in den zurückbleibenden Teichen und Tümpeln die Lotusblumen auf, ein Zeichen, dass das Ackerland wieder in Besitz genommen werden konnte. So wird der Lotus zum Symbol für den Sieg des Lebens über das todbringende Wasser. Dieser Zusammenhang fand auch in die ägyptische Mythologie Eingang, nach der über der Urflut der Urlotus erblühte, aus dem heraus die ersten Gottheiten entstanden.

Der Lotus wurde im ägyptisch-syrischen Raum zu einem der beliebtesten Symbole. Beispielsweise wird, dem beschriebenen Mythos entsprechend, der Sonnengott als Kind über einer Lotusblume sitzend abgebildet. Den Kopf von Toten stellte man in einer Lotusblume dar, um der Hoffnung auf Auferstehung Ausdruck zu geben (Keel 81.83). Nahrungsmittel werden mit Lotus dekoriert, um deren Frische bildlich zum Ausdruck zu bringen. In ägyptischen Liebesliedern werden Geliebter und Geliebte mit dem Lotus verglichen, um Lebenskraft und -frische sowie Fruchtbarkeit zum Ausdruck zu bringen.

Noch heute wird die Lotusblume z.B. auf Verpackungen von Seife abgebildet, um die Assoziation von Reinheit und Frische zu wecken.

Das Hohelied greift das Bild vom Lotus an einer Reihe von Stellen auf (2,1f.16; 4,5; 5,13; 6,2f.; 7,3). An drei Stellen wird es mit dem Bild der ➛ Gazelle kombiniert (2,16; 4,5; 6,2f.), die das andere große Symbol für den Sieg des Lebens über den Tod darstellt.

Marmor *siehe* Alabaster

Myrrhe (*môr*)
Der hebräische Begriff ist von der Bedeutung »bitter« abgeleitet (vgl. Mara »die Bittere«). Er bezeichnet das Harz des Baumes *Commiphora myrrha* und verwandter Gewächse. Dieses wurde zu Pulver verarbeitet und dann als Räucherwerk verbrannt oder auch in Wasser oder Öl gelöst als Parfüm verwendet. Sein Duft ist fein und leicht würzig-süß. Im Alten Vorderen Orient war Myrrhe ein beliebtes und teures Handelsobjekt. Die ägyptische Königin Hatschepsut soll es in großen Mengen aus dem Land Punt (östlicher Sudan, nördliches Eritrea) importiert haben. Bilddarstellungen zeigen das Abwiegen ganzer Berge von Myr-

rhe. In der ägyptischen Lyrik erscheint das Land Punt als ein sagenhaftes Wunderland der Liebe.

Im alten Israel wurde Myrrhe sowohl im sakralen Bereich verwendet, nämlich zur Herstellung des heiligen Salböls für die Stiftshütte (2Mo 30,23), als auch im Bereich der Erotik: Hochzeitskleider (Ps 45,9), ein Liebeslager (Spr 7,17) und Haremsmädchen vor ihrem ersten Gang zum König (Est 2,12f.) sind mit Myrrhe parfümiert. Im Hohenlied wird Myrrhe einige Male genannt (1,13; 3,6; 4,6.14; 5,1.5.13), um Kostbarkeit und Erotik zu signalisieren. Das »Wunderland der Liebe« mit seinen Myrrhenbergen klingt möglicherweise in 4,6 an.

Narde (*nērd*)

Narde (Altpersisch *narda* von Sanskrit *nálada* »die Wohlriechende«) ist ein kostbarer Duftstoff, der aus der ursprünglich im Himalaja heimischen Pflanze *Nardostachys grandiflora* gewonnen wird. Er ist mit dem Baldrian verwandt, auch was seine entspannende Wirkung betrifft. In Indien galt Narde sogar als Aphrodisiakum. Das AT nennt die Narde sonst nicht. Echtes Nardenöl war aber auch zurzeit Jesu eine Kostbarkeit (Mk 14,3 und Parallelstelle Joh 12,3).

In Hld 1,12 betört die junge Frau den Geliebten mit ihrem Nardenduft; in 4,13-14 wird Narde zusammen mit anderen kostbaren Duftkräutern des Gartens aufgezählt.

Narzisse

In Hld 2,1 vergleicht sich die junge Frau mit einer *chăvaṣṣălăt* genannten Blume, deren biologische Art heute nicht mehr identifiziert werden kann. Einige Bibelübersetzungen geben die Stelle versuchsweise mit »Narzisse« wieder.

Nuss (*ĕgôz*)

Das Hohelied erwähnt in 6,11 einen Nussgarten. Gemeint sind Walnussbäume. Allerdings ist die Region für Nussbäume eher zu heiß, und Walnüsse wurden meist importiert. Die Nennung der Nuss verleiht dem Bild vom Garten daher eine exotische Note.

Palme (*tāmār*)
Die Dattelpalme (*phoenix dactylifera*) ist als alte Kulturpflanze im ganzen Vorderen Orient verbreitet. Sie wächst in sonnigen Gebieten auch auf kargen Böden, benötigt aber im Sommer viel Wasser. Die Dattelpalme erreicht Wuchshöhen von 15-20 Metern. Alle zwei Jahre lassen sich bis an die 100 kg Früchte ernten. Auf Abbildungen ist die Palme seit dem 3. Jahrtausend v. Chr. häufig zu finden und gilt als Baum des Lebens. Auch im Alten Testament wird diese Symbolik aufgegriffen. So kommt das Volk Israel nach einer Zeit der Entbehrung nach Elim, wo sich »zwölf Wasserquellen und siebzig Palmen« befinden (2Mo 15,27). Während die Gottlosen wie Gras vergehen, wird der Gerechte wie eine Palme gedeihen (Ps 92,13). Die Täfelungen im salomonischen Tempel sind mit Palmenornamenten verziert (1Kön 6,29ff.; Hes 40,16ff.) – Gottes Gegenwart schenkt Leben.

Darüber hinaus erscheint die Palme im Alten Vorderen Orient als Symbol bei Göttinnen. Auf mehreren Abbildungen werden der schlanke Wuchs und die üppigen Fruchtstände der Palme mit dem Frauenkörper verglichen (z.B. Keel 227). Diesen Vergleich nimmt auch Hld 7,7-10 auf, wo der junge Mann seine Geliebte als Palme beschreibt, die er ersteigen möchte.

Von der *tāmār* ist der Frauenname Tamar bzw. Tamara abgeleitet.

Purpur (*'argāmān*)
Der Farbstoff wurde in einem aufwendigen Verfahren aus einer Drüse der im Mittelmeer heimischen Purpurschnecke gewon-

nen. Für die Herstellung von einem Gramm Farbstoff waren ca. 10.000 Schnecken erforderlich. Das Verfahren wurde zuerst von den Phöniziern entwickelt, die Purpur zur Handelsware machten. Im biblischen Israel wurde Purpur nach unserem Wissen ausschließlich für den kultischen (2Mo 25,4; Jer 10,9) und königlichen Bedarf (Est 1,6; 8,15) verwendet. In Hld 3,10 ist Salomos Sänfte mit Purpurstoffen bespannt, und in Hld 7,6 leuchtet das Haar der Geliebten wie Purpur – wobei hier offensichtlich nicht auf eine rote Haarfarbe, sondern eher auf den edlen Glanz der Haare angespielt wird.

Reh *siehe* Gazelle

Rosinenkuchen (*ăschîschāh*)
Es handelt sich um einen mit getrockneten oder möglicherweise gelierten (Hinweis von Emanuel Krenz) Trauben hergestellten Kuchen. Das AT erwähnt Rosinenkuchen nur an wenigen Stellen. Nach der Überführung der Bundeslade lässt David zur Feier des Tages Rosinenkuchen an das Volk verteilen (2Sam 6,19 mit Parallelstelle 1Chr 16,3).

An zwei anderen Stellen wird Rosinenkuchen in Verbindung mit einem Götzenkult genannt (Hos 3,1; Jes 16,7); im Speziellen scheinen Kuchen (allerdings keine Rosinenkuchen) für die »Königin des Himmels« angefertigt worden zu sein (Jer 7,18). Die Schlussfolgerung, der Rosinenkuchen sei allgemein ein Symbol für die Liebe, bleibt dennoch gewagt. Richtig ist aber, dass im Hohenlied der Weinberg, Wein und dann entsprechend auch Weinbeeren als Metapher für die Liebe verwendet werden.

In Hld 2,5 will sich die junge Frau mit verschiedenen Genussmitteln trösten. Das Beste ist gerade gut genug, um ihr die Abwesenheit des Geliebten erträglich zu machen. Darüber hinaus wählt sie mit dem Rosinenkuchen aber auch ein für die Liebe in besonderer Weise »passendes« Nahrungsmittel aus.

Safran *siehe* Kurkuma

Saphir (*sappîr*)
Als Saphir werden verschiedene Varianten des Minerals Korund bezeichnet, im engeren Sinne vor allem die blau leuchtenden Varianten. Möglicherweise meint der biblische Text aber auch den Lapislazuli, ebenfalls ein blau glänzendes Gestein, das aus unterschiedlichen Anteilen von Lasurit, Pyrit, Kalzit und anderen Mineralien besteht. Das Alte Testament kennt den Saphir jedenfalls als einen blau glänzenden Edelstein (2Mo 24,10), der beim Bergbau gewonnen wurde (Hiob 28,6). Eingesetzt wurde er z.B. als einer von zwölf Edelsteinen auf der Brusttasche des Hohepriesters (2Mo 28,18; 39,11). Er galt als sehr kostbar (Hiob 28,16; Jes 54,11; Hes 28,13) und ist auch mit Erscheinungen Gottes verknüpft (2Mo 24,10; Hes 1,26; 10,1). In Israels Umwelt wurde der Körperbau von Göttern mit Edelsteinen verglichen. In Hld 5,14 stehen Saphire für die fast göttergleiche, edle Gestalt des Geliebten.

Scharlach *siehe* Karmesin

Tarsisstein *siehe* Türkis

Taube (*jônāh*), **Turteltaube** (*tôr*)
Von der sehr artenreichen Familie der Tauben (*columbidae*) kommen im Hohenlied die als *jônāh* bezeichnete Felsentaube vor (*columba livia*), von der die Haustaube und die Straßentaube abstammt, sowie die Turteltaube (Gattung der *streptopelia*). Als Zugvögel kamen sie jeweils im Frühling, d.h. Mitte April, nach Israel.

Im AT werden Tauben in Zusammenhang mit Tieropfern genannt (3Mo 1,14 u.a.). Die Bildsprache nimmt auf ihr Gurren (Jes 38,14; 59,11; Nah 2,8), ihre Flugfähigkeit (Ps 55,7), ihre entlegenen Nistplätze (Jer 48,28), aber auch auf ihre Dummheit Bezug (Hos 7,11). Der Name des Propheten Jona bedeutet »Taube«.

Auch das Hohelied nimmt das Bild vom versteckten Nistplatz der Taube auf (2,14). Das Gurren der Turteltauben ist ein Zeichen des beginnenden Frühlings (2,12). An mehreren Stellen nennt der Liebhaber seine Geliebte zärtlich »meine Taube« (2,14; 5,2; 6,9), zusammen mit Wörtern wie süß, anmutig, vollkommen. Ein Psalm Asafs bezeichnet sogar das Volk Israel als Gottes »Turteltaube«, d.h. als seine geliebte Braut (Ps 74,19).

Die Aussage »Deine Augen sind Tauben« (Hld 1,15; 4,1; vgl. 5,2) erschließt sich allerdings aus den biblischen Vergleichsstellen allein nicht. Hier hilft die Beobachtung, dass die Taube im alten Vorderen Orient ein weitverbreitetes Symbol für Liebe und Liebeswilligkeit war. So erscheinen auf Abbildungen Tauben neben Liebesgöttinnen, aber auch zwischen Personen, um deren Verliebtheit symbolisch anzuzeigen (Abbildungen bei Keel 87). Diese Symbolik war auch im griechischen Raum bekannt, und der römische Dichter Catull lässt sich über das auffällige Liebesspiel der »turtelnden« Tauben aus. Bei der Taufe Jesu erscheint mit den Worten Gottes »Dies ist mein lieber Sohn« eine Taube aus dem Himmel (Mt 3,16f. mit Parallelstellen Mk 1,10ff; Lk 3,22; Joh 1,32).

Die Aussage »Deine Augen sind Tauben« meint dementsprechend »Deine Blicke sind Liebesboten« oder »Du schaust mich so liebevoll an«.

Traubenkuchen *siehe* Rosinenkuchen

Türkis (*tarschîsch*)
Das Wort bezeichnet wahrscheinlich den blaugrün schimmernden Edelstein Türkis (andere Deutung: Granat). Die Ägypter bauten ihn schon von frühester Zeit an auf der Sinaihalbinsel ab, dem wichtigsten Fundgebiet. Das Hohelied nennt den Edelstein in 5,14, um die edle Gestalt des Geliebten bildhaft zu beschreiben.

Turteltaube *siehe* Taube

Wacholder *siehe* Zypresse

Weihrauch (*ləvônāh*)
Das Weihrauchgewächs (Gattung *Boswellia*) sondert ein weißliches Harz ab (*ləvônāh* bedeutet »weißlich«, von *lāvān* »weiß«), das beim Verbrennen einen schweren, fast betäubend süßen Duft verbreitet. Schon bei den alten Ägyptern wurde es für kultische Zwecke verwendet, aber auch als desinfizierendes und entzündungshemmendes Räucher- und Heilmittel. Aus einer Expedition nach Punt (östlicher Sudan, nördliches Eritrea) um 1470 v. Chr. soll die Königin Hatschepsut u.a. große Mengen an Weihrauch mitgebracht haben.

Im Alten Testament kommt der Weihrauch vor allem im Zusammenhang mit der Stiftshütte bzw. dem Tempel vor. Nach Jer 6,20 werden Weihrauch und Würzrohr als Handelsgüter aus Saba geliefert. Nach Jes 60,6 werden als ein Zeichen der kommenden Heilszeit Gold und Weihrauch nach Israel gebracht werden, vgl. die Gaben der Weisen aus dem Morgenlande (Mt 2,11).

Im Hohenlied schafft der Weihrauch eine Atmosphäre der Festlichkeit, ja, der Heiligkeit (3,6; 4,6; 4,13f.).

Wein, Weinberg (*jajin, käräm*)
Von Wein, vom Weinberg, von den Reben usw. ist im Hohenlied häufig die Rede. Das Alte Testament kennt wie auch der Alte Vordere Orient den Wein in erster Linie als Genussmittel. Nach Ri 9,13 erfreut der Wein »Götter und Menschen«; nach Ps 104,13-15 sorgt Gott für das Wachstum des Weins, um das Herz der Menschen zu erfreuen. Aber auch die Gefahren übermäßigen Weingenusses werden natürlich thematisiert (z.B. 1Mo 9,20-27; Spr 23,29-35).

Darüber hinaus wird der Wein im Alten Vorderen Orient oft mit der Liebe in Verbindung gebracht. In den altägyptischen »Baumgartenliedern« spricht beispielsweise der Granatbaum (zitiert nach Schott 58):

Die Geliebte und ihr Geliebter
wandeln unter meinen Zweigen,
trunken von Wein und Süßwein,
gesalbt mit Öl und Balsam.

Und in einem anderen Gedicht heißt es (Schott 66):

Küsse ich sie
und sind ihre Lippen offen,
so frohlocke ich
auch ohne Bier.

Auch im Buch Jesus Sirach heißt es beispielsweise (Sir 40,20):

Wein und Bier erfreuen das Herz,
doch mehr als beide die Liebe.

Ganz ähnlich vergleicht auch das Hohelied die Liebe mit dem

Trinken von Wein (5,1; 7,3; 8,2). Die Liebe ist köstlicher als Wein (1,2.4; 4,10); die Brüste der Frau werden mit Weintrauben verglichen (7,9), der Geschmack ihres Mundes mit Wein (7,10); Begegnungen der beiden Liebenden finden im Weinhaus (2,4) und in den Weinbergen (2,13.15; 7,13) statt; der Weinberg wird schließlich zum Symbol für die Geliebte und für die Liebe selbst (1,5f.14; 8,11f.).

Würzrohr (*qānäh*)
Das hebräische Wort bedeutet einfach »Rohr, Schilf«, gemeint ist jedoch eine Gewürzpflanze, wie sich aus der erweiterten Bezeichnung »Balsam-Rohr« (*qənēh-vōśäm*) in 2Mo 30,23 schließen lässt. Wahrscheinlich handelt es sich um den Kalmus (*acorus calamus*), der aus Asien stammt und dort für medizinische Zwecke sowie zur Herstellung von Duftstoffen verwendet wurde. Nach den Angaben des AT wurde es für teures Geld aus fernen Ländern importiert (Jes 43,24; Jer 6,20) und bei der Herstellung des heiligen Salböls für die Stiftshütte verwendet (2Mo 30,23).

Zeder (*'äräz*) **des Libanon** (*ləvānôn*)
Der Libanon ist das höchste Gebirge in Israels Umgebung, mit Gipfeln bis über 3000 m ü.M. Er lag weit entfernt von den Zentren altisraelitischer Zivilisation; seine Ehrfurcht gebietenden Massive strahlen eine wilde Schönheit aus. Bei Israels Nachbarn galten Berge als Wohnsitze der Götter – eine Vorstellung, die das Alte Testament an einigen Stellen bildhaft aufgreift (z.B. Ps 48,2.3; 121,1-2).

Im Altertum war der Libanon von Zedern bewachsen. Weil Holz als Baustoff im Gebiet Israels knapp war, ließ Salomo für seine umfangreichen Bauvorhaben Libanonzedern in großem Stil importieren. Zeitweise waren dafür 10 000 Arbeiter zum Libanon entsandt (1Kön 5,20.27f.).

Der hohe, schlanke Wuchs der Zeder hat sie zu einem Symbol für Stattlichkeit werden lassen. In Verbindung mit dem Libanon steht sie für eine fast göttergleiche Erhabenheit. So wird nach Ps 92,13 der Gerechte »wie eine Zeder auf dem Libanon« emporwachsen. Hesekiel vergleicht den Gott-König Pharao mit einer Zeder auf dem Libanon (Hes 31), und Jeremia beschreibt den Hochmut Jerusalems mit den Worten: »Die du auf dem Libanon wohnst und auf den Zedern nistest …« (Jer 22,23; vgl. Jes 2,12f. u.a.).

Aus dem Zedernöl wurde außerdem schon damals der auch heute bekannte Duftstoff hergestellt.

Im Hohenlied bilden Zedern und ➛ Zypressen das »Haus« der Liebenden (1,17), es handelt sich also um einen abgelegenen und gleichzeitig erhabenen Ort; die Gestalt des Geliebten ist stattlich wie eine Libanonzeder (5,15). Die junge Frau hält sich, bildlich gesprochen, auf dem Libanon auf, was ihr eine beinahe göttinnengleiche Erhabenheit verleiht (4,8.11); der »Garten der Liebe« ist von frischem Wasser gespeist, wie es als Gebirgsbach vom Libanon strömt (4,15). Die Sänfte Salomos besteht aus hochwertigem Zedernholz (3,9); schließlich soll ein Zedernbrett die metaphorische Tür versperren, die die junge Frau ihrem Geliebten öffnet (8,9).

Zimt (*qinnāmôn*)
Das bekannte Gewürz, dessen deutsche Bezeichnung von der semitischen abstammt (über griech. *kinnamonon*, lateinisch *cinnamomum*, mittelhochdeutsch zinemin), wurde im alten Israel zur Herstellung von Duftölen verwendet. Es diente zur Aromatisierung des heiligen Salböls für die Stiftshütte (2Mo 30,23f.), aber auch die Prostituierte oder Nymphomanin von Spr 7,16f. verwendet es, um ihr Bett zu parfümieren. Eine andere Sorte, die Zimtkassie (hebr. *qəṣîʿāh*), wurde dem König am Tag sei-

ner Hochzeit als Duftstoff angelegt (Ps 45,9). Dasselbe Wort ist auch der Eigenname einer der Töchter Hiobs, die ihm nach seinen überstandenen Leiden geschenkt werden (Hiob 42,9). Es handelt sich nach dem AT also um einen Duftstoff, der bei feierlichen Anlässen verwendet wurde und der auch im Zusammenhang mit Liebe und Sexualität steht. In Hld 4,14 wird Zimt neben einer Reihe anderer kostbarer und exotischer Pflanzen im »Garten der Liebe« aufgeführt.

Zyperblume *siehe* Henna

Zypresse (*bərôt*)
Die Familie der Zypressengewächse (*cupressaceae*) umfasst eine Reihe von Arten, unter ihnen auch die Wacholdergewächse (*juniperus*). Welche Art der hebräische Begriff genau bezeichnet, ist nicht sicher. Infrage kommen z.B. der *juniperus phoenicea* oder der *cypressus sempervirens.* Der Baum wuchs zusammen mit der ➛Zeder auf dem Libanon; die beiden werden in der Bibel öfter zusammen genannt: Jes 14,8; Sach 11,1f; 2Kön 19,23. Dasselbe gilt für Hld 1,17, wo Zedern und Zypressen das »Haus« der Liebenden bilden.